CORWIN

创建
思维课堂

引领当今教育变革

CREATING THINKING
CLASSROOMS

LEADING EDUCATIONAL
CHANGE FOR THIS CENTURY

[加]

加菲尔德·吉尼·纽曼
（Garfield Gini-Newman）
/著
罗兰·凯思
（Roland Case）

陈红美 邓奕华 甄桂春 /译
盛群力 /审订

华东师范大学出版社
ECNUP 全国百佳图书出版单位
·上海·

大夏书系·培养学习力译丛

盛群力 主编

上海市版权局著作权合同登记 图字：09-2018-1288 号

基金项目

浙江省高等学校师资培训中心

2018 年度高校国内访问学者"教师专业发展项目"（编号：FX2018052）

大学生创造性思维能力培养的路径研究——基于大学英语对分课堂

教学模式实践探索成果之一

《创建思维课堂》推介语

我很喜欢这本书，并强烈推荐它。这本书有助于学校领导者、教师和专业开发人员理解创建思维课堂的重大意义和必要条件。此外，该书内容丰富、实用性强、理论和实践知识扎实，是一本不可多得的好书。

吉塞尔·O·马丁－克尼普（Giselle O.Martin-Kniep）

（纽约加登城，"以学习者为中心"项目负责人，哲学博士）

近二十年来，我一直与批判性思维研究团队、加菲尔德·吉尼·纽曼（Garfield Gini Newman）和罗兰·凯思（Roland Case）合作。作为一名前校长和社区主管，我亲自见证了他们是如何改变课堂、学校社区以及教学体系的。《创建思维课堂》吸收了相关的理论和研究成果，并提供了精心设计、即时有用的策略，供教学实践者直接使用。这项工作不仅提升了学生的参与度和成绩，也转变了教师和学生的思维方式。有关教学的理念与行为从被动的信息获取转变为积极主动、有目的、有意识的课程互动和课堂体验。它是一本必读书！

厄休拉·A·赫尔曼（Ursula A. Hermann）

（马里兰州罗克维尔市蒙哥马利县公立学校退休校长和社区主管，哲学博士）

所有希望从新的角度不断改进教育的教育领导者都必须阅读《创建思维课堂》。确定思维导向、丰富目标、激励实践构成了这本书简捷有效的框架。在教育改革中，人们往往会轻视实践而不是强化实践。然而，加菲尔德·吉尼·纽曼和罗兰·凯思却提出一种革新的思维模式来挑战这种观念。基于这种思维模式，如今的课堂正经历着转型的、可操作的、意义重大的变革。

芭芭拉·伍德沃（Barbara Woodward）

（马里兰州罗克维尔市蒙哥马利县公立学校哈利威尔斯中学校长，哲学博士）

《创建思维课堂》是教育领导者的优质资源。书中很多内容我都很喜欢，但给我印象最深的是这本书倡导的理念，即将学校教育变革定义为革新或振兴，而不是一种革命。这种理念与持续、系统地关注有限的策略领域如出一辙。

很多人过多地要求学校进行"改革"，但他们似乎忽视了学校教育中许多值得保留的美好东西。他们也似乎忽视了一些只需经过重构或改动就可以给予教育生命力的其他因素。在这方面，我认为改善医疗保健或医疗程序与之有相似之处。在医疗领域，我们基于现有的成效改善某些方面，就可以使之变得更好。总之，有目的、持续地关注长远的成功这一理念极其有效。我们应该力排众议，加以重视。

书中大量的图表和实例详细地阐述了一些想法得以展现或实施的方式，非常实用，非常人性化！

戴维·霍伊纳茨基（David Chojnacki）

（近东南亚海外学校理事会前执行董事）

我们的学校文化已经发生了改变。过去，我们往往认为学生没有能力完成工作，而现在，我们要担心的是有没有给他们提供足够的挑战。

诺拉·迪茨（Nora Dietz）

（马里兰州日耳曼敦蒙哥马利县公立学校詹姆斯·E·戴利小学校长）

《创建思维课堂》为我们全体教师提供了实用有效的方法，并以这些方法在整个探究式学校教育中培养创造性、批判性和协作性思维。我们的教师发现这些想法思路清晰、简洁并相互关联，而且提供了"对现有好的做法稍加调整就能显著提高学习效果"的方法。我们必须将"通过趣味活动促使学生快速进入学习状态"的这种以学生为中心的教学途径与制定清晰的标准结合起来，才能有效阅读和应用《创建思维课堂》。

特丽莎·贝莱尔（Teresa Belisle）

（布拉格国际学校学习研究与发展部主任）

致　谢

　　致"批判性思维联盟"全体同事，你们的奉献精神鼓舞了我们，你们的深刻见解启发了我们；致成千上万的教育领导者和一起工作的教师，你们的热情和献身精神使我们的付出得到了丰厚的回报；致劳拉（Laura）和苏珊（Susan），非常感谢你们所做的一切！

目 录
contents

前　言

　　本书是为课堂、地区和大学教育工作者所著。他们致力于通过有效的学校教育，培养学生严谨而富有想象力的思维能力。基于他们的努力，学校将学生培养成健康的个体、贡献卓越的全球公民、有主见的媒体产品消费者以及可以在瞬息万变的世界中茁壮成长的环境适应型学习者。

　　我们的目标是帮助各级教育工作者深入思考并积极应对当前各种各样、势不可当的教育改革呼声。这些改革呼声目前俨然已成了公众和教育专业人士的关注焦点。它们嘈杂、混乱、不够连贯。我们希望能够对当今世界上普遍存在的有关学习的虚假之词、流行说法以及含混不清的主张加以甄别，去伪存真。此外，我们试图分析那些备受推崇的目标、倡议以及教育改革支持者所捍卫的教学实践。最后，我们向教育工作者推荐一种方法，提供一些实用的建议，帮助他们应对教育变革的重大挑战（常常令人沮丧的挑战）。

　　本书最大的贡献在于它试图阐明和贯通当前的教育改革工作。就其本质而言，这场运动代表了从三个重要方面转变教育体系的愿望，其中涉及九个核心思想：

　　● 转变1：重新定位教与学的基本观念，将发现型或讲解型课堂模式转变为思维课堂。

　　● 转变2：重新调整三大传统教学目标，将了解知识转变为深入理解，将技能转变为现实生活能力，将态度转变为真正的承诺。

　　● 转变3：将教学实践与有效学习的五个关键原则相结合。这些指导原则旨在吸引学生参与、保持探究、培养自我调节型学习者、创建富评估学习，以及通过数字技术增强学习。

至于其他与这场改革运动有关的众多想法，对于实现这些目标而言都是次要或有待商榷的方式。理解这些转变的重要性和意义，以及这些转变所依据的九个核心思想是本书的重点。

一些人认为，这些必要的变革急需改变教育制度，而另一些人的想法则相对温和。在我们看来，改革的力度完全取决于不同学校和教师教学实践的情况。这些改革呼声中没有一种是全新的，其中的一些主张已经提出来十年或者更长的时间，而另一些则长达几个世纪。这意味着每个学校和课堂需要作出改革的具体情况是不一样的。对一些人来说，为了响应改革号召，他们会作出相对温和的教育革新；然而，其他人可能需要对其实践的各个方面进行实质性改变。

在最后一章，我们认为，教育领导者能够最有效地帮助教师。他们可以让教师在教学中尝试本书提倡的各种转变。肯定教师做得好的地方，改进那些需要细微调整的做法，并且从长远来看，希望他们能在需要进行重大革新的领域作出更具实质性的改变。与 20 多万名教师一起工作的经历使我们充分相信这种方式是可行的——也许，在如潮水般涌来的改革呼声面前，这是唯一现实可行的方式。

本书的早期版本是为加拿大教育工作者所著，由批判性思维联盟（TC^2）、哥伦比亚校长和副校长协会与安大略校长理事会联合出版。我们 TC^2 的全体同事都以某种方式对创作这一作品的思想有所增益，并且有几位同事实际上参与了本书内容的著写工作。在这方面，我们要特别感谢斯蒂芬·斯蒂普（Stefan Stipp）、沃伦·沃特克（Warren Woytuck）和乌莎·杰姆（Usha Jame）。同时，我们非常感谢阿尼斯·布尔维科夫（Arnis Burvikovs）和 Corwin 团队的其他成员给我们提供的支持和建议，特别是梅兰尼·伯索尔（Melanie Birdsall）、戴安·温赖特（Diane Wainwright）和伊丽莎·里格尔（Eliza Rieger）。

中文版序言

　　随着世界经济的迅速转变以及真假信息的爆炸式传播，目前的教育模式在不久的将来将会过时。虽然遵从性和复制模式可能为工业时代提供了良好的服务，但它们无法满足知识经济社会的需求。随着中国从以制造业为主的经济转型为高科技经济，并继续崛起成为全球领先经济体，中国的教育体系将需要彻底改革，其核心是批判性和创造性思维。由于认识到中国必须调整教育发展方向以适应不断变化的世界以及中国在当今世界上的突出地位，中共中央办公厅、国务院办公厅联合发布《关于深化教育体制机制改革的意见》。这份文件确定了四个关键能力，为中国教育改革奠定了基础。这些能力包括：（1）批判性思维（培养学生的认知能力，引导学生具备独立思考、逻辑推理、信息加工、学会学习、语言表达和文字写作的素养）；（2）协作性思维（培养学生的合作能力，引导学生学会自我管理，学会与他人合作，学会过集体生活，学会处理好个人与社会的关系，遵守、履行道德准则和行为规范）；（3）创造性思维（培养创新能力，激发学生的好奇心、想象力和创新思维，养成创新型人格，鼓励学生勇于探索、大胆尝试、创新创造）；（4）职业能力（培养学生的专业能力，引导他们适应社会需求，树立爱岗敬业、精益求精的专业精神，践行"知行合一"，积极解决实际问题）。

　　虽然中国的教育改革目标是必要且明智的，但重构课堂的旅程任重道远。对于一种教育体系来说，阐明一个愿景往往要比成功地实施为实现该愿景所需要的变革容易得多。为了实现中国政府的愿景，我们必须为教师提供必要的专业学习机会，使他们能够重新构建课堂教学实践，从而使课堂成为真正的思维社区，在这里，智慧得以培养，批判性、创造性和协作性思维得以蓬勃发展。

本书是为各级教育工作者所著。他们致力于使学校成为有效的教育机构，培养学生严谨且富有想象力的思维能力，并将他们培养成健康的个体、贡献卓越的全球公民、有主见的媒体产品消费者以及可以在瞬息万变的世界中茁壮成长的适应型学习者。

我们的目标是帮助教育工作者理解、深入思考并积极应对不断变化的世界经济带来的重大挑战，以及响应中共中央和国务院为应对这些全球性变化提出的改革号召。我们希望澄清在这次教育改革中课堂实践改革的实质。此外，我们还试图揭示构成中国教育改革基础的四大关键能力。最后，我们为教育工作者应对教育变革带来的重大挑战提供切实可行的建议和方法。

本书最大的贡献在于它试图阐明并贯通这场席卷中国大地的教育改革。从本质上来讲，这场改革运动代表了从三个重要方面转变教育体系的愿望，其中涉及九个核心思想：

● 转变 1：重新定位教与学的基本观念，将发现型或讲解型课堂模式转变为思维课堂。

● 转变 2：重新调整三大传统教学目标，将了解知识转变为深入理解，将技能转变为现实生活能力，将态度转变为真正的承诺。

● 转变 3：将教学实践与有效学习的五个关键原则相结合。这些指导原则旨在吸引学生参与、保持探究、培养自我调节型学习者、创建富评估学习，以及通过数字技术增强学习。

至于其他与这场改革运动有关的众多想法，对于实现这些目标而言都是次要或有待商榷的方式。理解这些转变的重要性和意义，以及这些转变所依据的九个核心思想是本书的重点。

一些人认为，这些必要的变革急需改变教育制度，而另一些人的想法则相对温和。在我们看来，改革的力度完全取决于不同学校和教师教学实践的具体情况。这些改革呼声中没有一种是全新的，其中的一些主张已经提出来十年或者更长的时间，而另一些则长达几个世纪。这意味着每个学校和课堂需要作出改革的具体情况是不一样的。对一些人来说，为了响应改革号召，他们会作出相对温和的教育革新；然而，其他人可能需要对其实践的各个方面进行实质性改变。

在最后一章，我们认为，教育领导者能够最有效地帮助教师。他们可以让教师在教学中尝试本书提倡的各种转变。肯定教师做得好的地方，改进那些需要细微调整的做法，并且从长远来看，希望他们能在需要进行重大革新的领域作出更为实质性的改变。与 20 多万名教师一起工作的经历使我们充分相信这种方式是可行的——也许，在如潮水般涌来的改革呼声面前，这是唯一现实可行的方式。

本书的早期版本是为加拿大教育工作者所著，由批判性思维联盟（TC²）、哥伦比亚校长和副校长协会与安大略校长理事会联合出版。我们 TC² 的全体同事都以某种方式对创作这一作品的思想有所增益，并且有几位同事实际上参与了本书内容的著写工作。在这方面，我们要特别感谢斯蒂芬·斯蒂普（Stefan Stipp）、沃伦·沃特克（Warren Woytuck）和乌莎·杰姆（Usha Jame）。我们非常感谢陈红美、邓奕华、甄桂春以及来自中国浙江大学的盛群力教授为本书所做的大量翻译工作，以及华东师范大学出版社为本书在中国的出版所做的一切。

加菲尔德·吉尼·纽曼、罗兰·凯思

（Garfield Gini-Newman & Roland Case）

2021 年 7 月 25 日

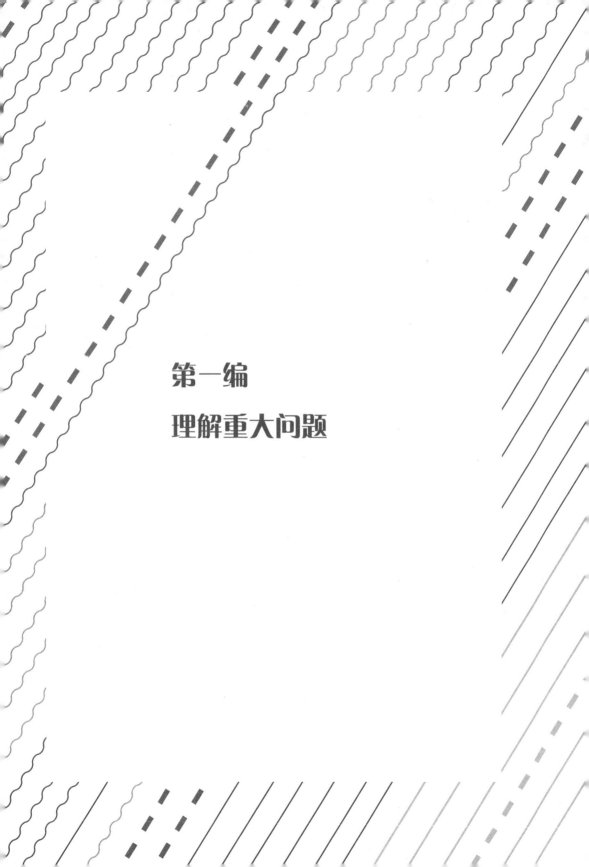

第一编

理解重大问题

第1章　机遇和挑战

本章探讨当代教育改革倡导者所提的各种举措，并就学校当前面临的挑战和机遇提出一致的应对措施。更具体地说，本章讨论：

◇揭示当前系列改革活动的重大问题；

◇处理这些问题的迫切性和不确定因素；

◇各种举措的复杂性和潜在隐患；

◇对持久性教育挑战作出的"三部曲"反应。

> 如果我们要理解某个特定的教育改革运动，那么研究它的基本价值观和原则比琢磨它所推崇的教学活动类型或结构更重要。
>
> ——杰西·古德曼（Jesse Goodman）

当21世纪学习这一话题开始流行时，我遇到了一位高中行政人员。他自豪地宣称，他所在的学校基本上解决了高年级学生参与学习的问题[1]，其解决办法

---

① 为了语言上的方便，我们用第一人称来表示其中一位作者有过这样的经历。

是允许学生作出重大选择。学校不再要求学生完成高中的必修课程，而是允许他们自由选择喜欢的选修课。我问他，学生选择的是话题很有趣的课程还是能弥补学习差距的课程？他说"都不是"。大多数情况下，学生都会选修一些学习轻松的课程，包括可以轻松通过的在线课程，或者只是为了提高成绩的重修课程。

这所学校似乎并没有采取多少措施来吸引学生接受教育（除了强化以"分数为导向"的心态）或者更好地让他们为迎接 21 世纪作好准备。学生的选择不会使自己成为成功的工程师或技工，或更好的公民和伙伴。这些学生并没有选择那些能帮助自己发展个人或职业兴趣的课程。相反，他们在这种体制下感到举步维艰。12 年前，学生满怀好奇心，投入到系统学习中，而现在他们对学习却不再感兴趣。可见，这所学校的"解决方案"强化甚至是恶化了必须克服的问题，而不是解决了为应对复杂世界进行学习所提出的挑战。

这件事使我想起了多年前我在一所高风险（high-risk）小学做启蒙老师的一段经历。为了激发学生的兴趣，我答应每个星期三下午都允许他们选择自己要做的事情，只要这些事情是安全、可行、有教育价值的。起初，学生们听到这一消息，满心欢喜，但不久后，一些学生就开始担心自己的选择。在几经提示后，几乎每个学生在第一个下午都找到了要做的事情。然而，几分钟内，有几个学生就感到无聊了。在第一节课结束时，几乎所有学生（除两名学生以外）都放弃了各自选择的活动。因为我先前答应过这种方案可以持续到期末，所以必须在接下来的几个周三继续进行这一"游戏"，直至全班学生同意放弃这个计划。学校既没有教授给学生一些他们喜欢的东西，也没有激起他们的好奇心。我的学生甚至不知道什么东西能对他们形成挑战或者引起兴趣。当然，如果我在当代教室里重申相同的要求，情况可能会有所不同。绝大多数学生可能会带着移动设备来教室，迫不及待地发短信或者连续玩几个小时视频游戏。如果这就是当代学生在学校时间内选择做的事情，我们不得不问，他们来学校的意义是什么呢？

这两件事说明了几个有趣的问题。直觉上有吸引力的解决方案，如让学生选择或者允许他们使用流行的数字技术，并不是一蹴而就就能解决所有问题的灵丹妙药。也许我们目前面临的更深层次的问题并不是什么新鲜事儿：几十年来，对学生而言，学校一直都不是一个有吸引力的地方，我们教给他们的东西也未能在校外引起共鸣。当代的危机可能只是因为与他们的前辈相比，现在的一代人更不愿意忍受那些无关紧要的事情，尤其是因为数字时代为他们提供了许多更有趣的打发时间的方式。

定义挑战

　　教育工作者经常要面临大量的此起彼伏、相互对立或者模糊不清的学校教育改革呼声。图 1.1 所示的 Wordle 文字云图片反映了要澄清大量的改革提议，教育工作者所要面对的挑战规模。这张图是对最近的重要政策文件进行抽样创建的（Ananiadou & Claro，2009；Crockett，2016；Fullan & Langworthy，2014；National Education Association，n.d.；Partnership for 21st Century Learning，2007；Rotherham & Willingham，2009）。许多术语容易引起相互矛盾的解释，而且从整体上来看，根本不清楚它们是否以及如何被整合成一个可行的系统。

　　也许我们会问一个最重要的问题：改革呼吁是对新挑战的回应，还是对现有挑战的反应？我们在多大程度上并且以何种方式面临本世纪特有的根本性问题？这些问题又在多大程度上体现出持久性问题和改革愿望？当前的 21 世纪改革呼声，正如它在新千年伊始那样，是源自这一特定改革运动的时机吗？或者它是否预示了教育史上这场空前的、源自新数字化时代的改革需求？

资料来源：The Critical Thinking Consortium。

图 1.1　当前改革举措的范围

　　所有这些问题的答案至关重要，但仍存在很大的争议。人们对于这些改革提议的真正含义尚不清楚，甚至对如何在实践中运用这些提议也未能达成共识。这是因为诸如 21 世纪学习之类的术语只是提出的口号。口号在教育领域无处不在，就像其他教育口号一样——真实任务、全纳教育、深度学习、可视化思维、个性化学习、课程整合——它们都具有两个典型的特征。口号听起来总是积极的，所以每个人都应该支持它。可是谁又会去支持不真实的任务、浅层学习、看不见的思维或支离破碎的课程呢？此外，众所周知，口号往往含糊不清，这意味着虽然不同的群体都支持它们，但实际上群体对同一口号的理解却大相径庭。事实上，大多数教育改革措施始于喊口号，而且很多口号永远都只是口号，未能付诸实践。

要求在数字时代促进学习的当代呼声，除非有巨大的价值，否则不会得到响应，但是如果我们不去掉那些华丽的面纱，它们注定会在很大程度上无效，甚至夭折。我们目前面临的挑战在于识别口号背后真正的实质性因素，同时曝光这些本身就含糊不清的概念所附带的无用的但或许很危险的因素。虽然理解不同倡导者如何使用这些术语很重要，且还没有找到确定的术语含义，但是口号可以并且将会表达出人们期望的意思。本书旨在通过探讨当代口号的可能性含义，帮助系统、地区和学校各层有思想的教育领导者为广泛使用的当代口号赋予实质性内容。如果不加以澄清，贯彻实施 21 世纪学习的改革努力就会像"在墙上钉果冻"，根本无法实现。

在讨论教育工作者和其他人认为我们需要改善美国教育的原因之前，有必要提醒大家注意我们所取得的成功。学校里发生的很多事情都值得庆祝。美国小学生在国际考试中通常取得较好的成绩，中学生的成绩一般也高于平均水平（引自 Steinberg，2015），虽然这一点并没有得到广泛的认可。据 2012 年全国教育进步评估（NAEP）结果显示，自 20 世纪 70 年代以来，美国 4—8 年级学生的阅读和数学考试成绩均有所提高（National Center for Education Statistics，2013）。世界上许多最优秀、最卓越的思想家、企业家和艺术家都在美国学校接受过教育。此外，我们所有人都能讲出教师对学生的一生产生深远影响的励志故事。简而言之，学校里有很多美好的事情，对许多学生而言，上学已然是一段积极而有益的经历。

提醒大家关注我们在教育方面所取得的成就，其意义在于如果我们破坏了这个体制，我们就会一败涂地。我们必须确保我们的改革尝试不会破坏当前有助于我们取得成功的实践。例如，反对探究性学习的人声称，这种改革举措正在破坏学生对基础知识的有效掌握（Hirsch，2009—2010）。同样令人不安的是，如果我们改革失误，教师的士气就会受到影响。我们中许多与教师广泛合作的人都注意到教师职业倦怠问题日趋严重。如果我们督促教师采取一系列艰难的改革措施，却最终发现这些改革举措考虑欠妥或收效甚微，那么这无疑是在滥用教师的美好初衷和奉献精神。最终，改革会付出沉重的代价。国家也负担不起对有限财政资源的巨大浪费。

亟待改进

尽管取得了成功，但在教育体系中仍有许多领域需要改进。我们对推动改革事业发展的教育工作者的不满情绪进行了分析，其结果表明，集中在以下这三个重大问题上的情况令人担忧。

成绩差

虽然早些时候有证据表明我们取得了一些成就，但现在人们还是普遍认为美国学校没有取得令人满意的学业成绩。这些看法源于学生在各种标准化测试中所取得的成绩差强人意。例如，根据世界经济论坛的统计数据，在数学和科学成绩测试中，美国排名世界第 48 位（Klein，2011）。2010 年被称为"国家报告卡"的全国教育进一步评估调查发现，只有三分之一的八年级学生精通数学、科学或阅读。在同样的一项测试中，只有 13% 的高中生在美国历史知识方面取得优异成绩（CBS News，2011）。

不可否认，我们还需要进一步提高学生在校的学习质量，但我们的目标不能仅仅局限于确保学生在成绩评定中获得更高的分数。因为学生在标准化笔试考试中的成绩有所提高并不意味着我们能够更好地教给学生在生活中取得成功所真正需要学习的东西。正如一位观察员所指出的那样：

无论是在特许学校（charter school）还是在传统的公立学校，特困班级的许多学生，都已经"沦落"到这样的课堂：在这里，为标准化考试而临时抱佛脚是一种常态，教学旨在让学生通过一门特定的考试，而不是让他们真正地理解内容。（Rotberg，2014）

由于不能衡量诸多重要的教育目标，标准化考试受到了尖锐的抨击（A. Kohn，2001）。当教师被迫花更多的时间进行应试教学时，实际测量的内容可能会越来越远离真正重要的内容。或许我们正在以牺牲真正的学习为代价来提高考试成绩。最近，当我问一位以高分毕业的天才高中生从学校里学到了什么的时候，我就明白了这一点。令我沮丧的是，她说："我认为我在学校学到最多的是如何解答选择题。"

取得好成绩的挑战有两方面。首先，我们要确定真正值得追求的结果和基准。其次，我们必须了解每个结果或基准的具体内容是什么，以及如何最有效地实现它们。这些问题是我们在第 5 章、第 6 章和第 7 章讨论的重点。

学生不满意

许多学生在学校里几乎无所事事，或者干脆辍学，因为学习无聊且无关紧要。根据比尔及梅琳达·盖茨基金会赞助的一项研究显示，三分之一的高中生和近 50% 的黑人、西班牙裔美国人和美洲土著人都未能与他们的班级同学同时毕业（Bridgeland，Dilulio，& Moriso，2006）。在解释其原因时，该研究发现，47% 的学生辍学主要是因为他们对学校缺乏兴趣——感到无聊，不愿意参与。近 70% 的受访学生表示他们没有学习动力。2012 年，盖洛普（Gallup）咨询公司对 5—12 年级的 5000 名美国学生进行的一项调查发现，学校吸引了 75% 的小学生，但到了高中，这一比例降至 44%（Busteed，2013）。其他报告描绘了一幅同样令人沮丧的画面："在美国，40% ~ 60% 的高中生长期处于闲散状态；他们注意力不集中，不努力，不完成学习任务，还声称无聊。"（National Research Council and Institute of Medicine，2004，p.18）学生的这种不满情绪可能很普遍，但并非新现象。

早在近半个世纪前，教育哲学家约翰·杜威（John Dewey）和其他人就断言，如果学校要成功地将绝大多数年轻人而不仅仅是被挑选出的少数几个人培养成有责任感且有贡献的公民，它们就必须更好地激励和引导广大学生参与学习（National Research Council and Institute of Medicine，2004，p.16）。

在决定采取谨慎的行动之前，我们需要了解处于这种状态的原因。我们将考虑两种解释。① 一种假设认为根本问题在于我们的教学内容。一些批评人士呼吁更相关的教学成果（a more relevant set of outcomes），或者建议我们放弃统一规定的课程，让学生自己决定他们需要和想要的学习内容与学习时间。另一种假设则认为问题在很大程度上不在于我们教什么，而在于我们如何指导和引导学生积极地学习学校目前的教学内容。在本章后面部分，我们将分析我们需要

---

① 还有两个原因值得考虑。其一，与学生成长的身体状况、社会条件和情感状况有关。贫困、虐待、父母和社区的忽视明显会影响学生的表现和参与。其二，与学校的工作条件有关。班级规模较大、学生需求高、师资力量薄弱等也会破坏成功学习的可能性。本书并没有解决这些问题，因为我们关注的是教育改革的课程和教学层面——但这丝毫没有影响这些因素成为学校目前面临的重要障碍。

在多大程度上改变教学方法，以及课程内容在多大程度上造成了这个问题。

毕业生准备不充分

推动 21 世纪改革的第三个令人担忧的问题是，即使是合格的毕业生也不具备父母、教师、雇主和政府认为在全球经济与数字化世界新形势下必不可少的知识和技能。例如，管理大学生入学考试的国家组织就得出了这样的结论：76%的高中毕业生"没有为大学第一年的课程作好充分的学术准备"（Klein，2011）。这里，对这个问题还有不同的解释：是这些"成功的"学生没有学习当前教育体系提供的必学内容呢，还是教育体系目前没有提供给学生和社会真正所需要的东西？

已有证据表明，学生并没有学习学校目前正在努力教授的教学内容。该证据还表明，许多"好"学生的学习动机是为了追求高分而不是学习本身。一项研究发现，"分数至上"的学习心态无形中摧毁了具有重大意义的学习。

那些为了避免受罚或为了避免考低分而去上课并完成作业的学生不大可能越过浅层学习（只是完成作业）而真正地投入到学习中，而另一些学生完成作业是因为他们对学习材料有兴趣，或者体验到了一种自豪感。这样的学生则更有可能超越最低限度的要求，从而积极深入地投入到学习中。（National Research Council and Institute of Medicine，2004，p.32）

如果我们接受这样的证据，那么这个问题至少在某种程度上要归咎于学校未能提供吸引学生、培养其深入理解能力和发展其高水平技能的教学、学习和评估条件。

另一方面，许多批评人士声称更大的问题是学校教学内容出现偏差。他们通常认为数字时代已经明显改变了学生需要学习的内容。在这个阵营中，更多的批评声音认为学生需要学习一整套全新的技能，有些人甚至认为由于新知识和不断变化的信息正在爆炸式增长，"对大量知识或内容的掌握已经没那么重要了，甚至毫无意义"（Sener，2011）。当我们提醒自己，诸如读写、算术、批判性思维、创造力和创新、解决问题等许多在 21 世纪普遍提倡的能力几十年甚至几个世纪以来一直是教育目标时，这些激进的观点似乎言过其实了。此外，以指数级速度不断更新的信息已经不再是课程的预期重点。教育标准倾向于强调更持久的概念，如可持续性、相互依存、民主，以及热力学理论、进化论和解剖学功能，这些概念将在未来几代人中继续盛行，即使它们有时需要修正。

我们对这一情况的分析符合两位著名教育家的观点：

21 世纪学生所需要的技能并不是全新的……而真正新的是，我们的经济和世界变化在多大程度上意味着我们群体或个人的成功要取决于这些技能……。"新的技能"和"需要更有意识、更有效地进行教授的技能"之间的这种区别应该引领决策者们进行不同于他们现在所思考的教育改革。如果这些技能确实是新的，那么我们或许需要彻底改变自己看待教学内容和课程的方式。但是，如果问题是学校必须更加慎重地教授和培养所有学生的批判性思维、协作和解决问题的能力，那么补救措施就更有价值了，尽管仍然极具挑战性。（Rotherham & Willingham，2010）

关于课程内容也可以提出相似的观点。对多项选择题考试和注重事实的教科书的依赖常常会迫使学生在广泛理解课程中的概念之前去记忆一连串的事实。与其扔掉课程，更明智的选择是更好地使我们的考试、资源和教学实践与预期的结果保持一致。

认识到改进体制和确保我们准确找出原因的紧迫性比以往任何时候都更有必要。除了公立教育外，还有其他可行的替代性方案，这在历史上是第一次。对于大多数家庭来说，私立学校和家庭教育从来都不是具有现实意义的选择，但如今数字化传递知识这一替代性教育形式是可行的。此外，大规模地将教育服务外包给商业利益团体也给学校施加了更大的压力，迫使学校要么激流勇进，要么被取代。未能解决已发现的问题可能会对我们现行的教育体系造成严重的后果。

多向变革

令人惊讶的是，改革倡导者提出了大量的发散性提议。在这样的时代，当要求进行大规模改革时，改革举措涉及整个体系的各个方面就不足为奇了。要理解这些提议的广泛性和相互关联性，首先要认识到它们在通用性和目的性各个层面上发挥的作用。

教育体系的四个操作领域

广泛推荐的措施旨在改变学校体系在以下四个领域的运作方式：

学校和课堂实践。这些实践指的是教师和管理人员为了达到预期效果而实施的个人策略和程序，以及综合性方案。实践几乎界定了教育工作者在学校的各方面工作，包括评估（使用量规）、教学（使用高级组织者、教科书）、小组活动（使用思考—组对一分享或"分享策略"）、学校结构（灵活的课表）和评分方式（迟交作业不予惩罚，四年级之前不采用字母表示等级）。许多现行的改革举措都是针对学校和课堂实践的。这些措施包括探究式学习、翻转式课堂、混合式课堂、基于问题的学习、一对一电子移动教学和开放式问题，其直接关注的重点是教师和校长在课堂上与学校中实施的具体方案和政策。

指导原则。指导原则指的是指导教师、校长和其他教育工作者实践的实用性价值观。它们并不是我们期望学生达到的教育目标，而是确定了使学生能够实现其理想目标的理想条件。学生有发言和选择权、学生参与、真实性评价和差异化教学都是与 21 世纪改革相关的原则。指导原则通常不指定课堂策略或学校课程。事实上，教育工作者可以遵循相同的原则，采取完全不同的策略，甚至是矛盾的做法。例如，一些教师可能会简化作业，使学生更容易完成，从而提高他们的参与度；而其他教师可能会布置一些具有挑战性的作业。这两种做法都是基于促进学生参与的原则。正如我们将看到的那样，这些实践所采取的不同价值取向都基于对学生和学习本质的基本信念。

教育目标。教育目标指的是我们期望学生从教育中获得的最终结果。当前改革探索中讨论最多的目标是所谓的 21 世纪能力，包括数字素养、社会责任、批判性思维、创造力和创新、协作等。人们还提到了深度理解和培养基本的心智习惯或素养（disposition），如好奇心、开放的心态和灵活性等。如前所述，一些改革人士提倡一套全新的教育目标，而另一些人则建议修改或重新强调当前的教育目标。

基本信念。教育中一个不太明显的维度是有关教与学的固有假设或基本原则。这些假设和原则构成了一个人的哲学或教育观核心。它们通常是对学校教育最基本要素的概括或信念表述。当代改革的基本论述主要集中在以下几个主题：

◇学习者和学习的本质：这类基本信念包括"学生天生好奇""学生需要学习动机""学习需要积极参与"。

◇教师的作用：这类基本信念包括将教师视为导师、指导者、专家或学习促进者。

◇知识的性质：这类基本信念包括"信息会过时"和"知识正在以指数级速度变化"。

◇学校教育目的：这类基本信念认为"学校应该培养每个孩子的兴趣和需求"和"学校应该优先考虑社会和企业的需要"。

这些核心假设几乎为每个教育决策提供了关于追求哪些目标、实施哪些实践和原则的信息。

关注最合适的方面

区分教育体系中各组成部分的原因之一是为了确保改革工作能针对系统中最合适的方面。例如，对准备不充分的毕业生的感知状态进行不同的原因假设将决定我们是否修改教育目标（例如，增加新的数字素养结果），是否采用新的学习原则（例如，使任务更具现实意义和真实性），或者是否制定具体的教学实践（例如，采用基于问题的学习方法）。许多专注于特定课堂实践或学习原则的措施没有达到预期效果，其根本问题源于一些可能不准确或不相容的基本信念。例如，根据对学习者本质的看法，教育工作者采取的促进学生参与的实践做法可能看起来会非常不同。那些相信学生天生好奇的教育工作者会设法激发孩子们的好奇心。一方面，他们给学生创造激励性的学习空间；但另一方面，他们又尽量不介入学生的学习活动。相反，认为学生天生缺少学习动机的教育工作者将会扮演更为积极的角色。他们采取的做法可能会包括以分数奖励额外的工作，或者利用社交媒体来激发学生的兴趣。因此，确定体系内最合适的改革方向是引领我们走向成功的关键。

确保各方面保持一致

区分各个组成部分的第二个原因是学校教育是一个交互式系统。如果要使系统有效，每个部分必须相互配合，保持一致。例如，教育工作者面对压力，改变评估方式或者减少课程内容在很大程度上是为了确保这些实践和目标不会破坏支持探究式学习和学生参与的工作。

这四个组成部分之间的关联性平衡类似于建筑物中的核心结构。如图1.2（见下页）所示，基本信念是建筑物所有其他方面所依赖的平台。屋顶是建筑物的最高点，从教育的角度来说，它代表着我们渴望实现的目标。指导原则相当于固定在地基上并一直延伸到屋顶的柱子或框架，它们支撑建筑物，确保建筑物完好无损。最后，学校和课堂实践等同于墙面材料和墙板，它们是建筑物最显眼的地方，决定着建筑物的"外观和感受"。然而，如同建筑物的外墙一样，它们必须附着在基础构架之上，否则就会掉落或坍塌。

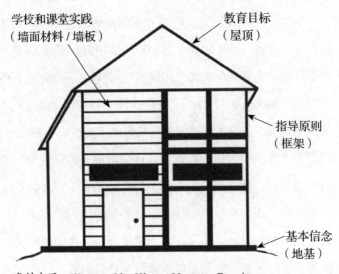

资料来源：Illustrated by Kirsten Nestor，Corwin。

图 1.2　与教育相当的建筑物结构部件

三大隐患

当面对诸多不同类型的改革举措时，教育工作者的难题在于弄清楚哪些举措是最迫切的，以及怎样将它们组合起来加以实施。将所有基本设计特征包含在内的改革蓝图看起来是怎样的呢？在概述本书提出的"三管齐下"的应对措施之前，让我们先考虑一下教育领导者期望避免的三大隐患。

寻求简单的解决方案

教育工作者响应改革号召的一种方式是支持一项或几项声称能改变体系的核心变革措施。在某种意义上，将重点局限于少数几项举措是值得高度赞扬的，因为这样做增加了持续努力的可能性，而且那些执意要实施这些举措的人也会更容易理解这种持续性努力。然而，隐患在于人们将这一特定的举措看作是解决学校教育问题的"答案"——似乎所有重大的问题都可以通过这些极少的改革措施来解决。此外，这种方法低估了教育系统的交互性。或者，用房屋隐喻来说，改革可能引入新的元素，但无法确保它们与系统中的其他组成成分保持一致。

想一想"建立新目标"这项颇受欢迎的提议，我们就可以看到单一回应的局限性。这些新目标往往被称为 21 世纪技能，通常包括批判性和创造性思维、协作和交流，以及数字化素养。虽然我们认为努力提升这些能力是非常有价值且重要的，但是，脱离一系列其他组成部分执行这一单个的提议并不会缓解教育系统目前面临的重大挑战。强调新的能力似乎消除了毕业生对校外世界准备不充分的担忧。但是，我们确定这个解决方案就能完全解决问题吗？也许，正如提升一系列新的能力那样，使毕业生作好准备以应对瞬息万变的世界与向他们灌输诸如灵活性、好奇心和坚持不懈等终生思维习惯息息相关。此外，这一举措在多大程度上能解决学生缺乏参与意识这一重大问题尚未可知。如果许多学生仍然对学校教育不感兴趣，而且在很大程度上似乎只有分数才能激励他们学习，那么我们能期望重新强调能力使学生真正地受益吗？在另一个层面上，关注能力尚未解决与系统其他方面保持一致所产生的影响问题。研究人员已经注意到"讲解式教学"在许多中学课堂中已普遍存在[①]。这种根深蒂固的，以教师为主导的基本学习信念可能与培养 21 世纪能力的目标冲突。如果是这样，改变目标只会收效甚微，除非教师的教学理念与能力培养的条件更加紧密地结合起来。

---

① 拉里·库班（Larry Cuban，2010）估计只有 10% ~ 15% 的历史教师将"以学生为中心的技能"融入到大规模的以教师为中心的教学情境中。约翰·古德拉德（John Goodlad，2004）对 1000 间美国教室做了广泛研究。该研究结果被广泛引用，其得出的结论是，从低年级开始，基于学校的活动和环境使学生习惯于再现他们所学的内容，而不是运用和评估信息。

择校是改善我国教育体制的另一个颇受欢迎的"措施"。尽管个别家长和学生无疑会面临一些可能对他们有明显好处的特殊选择，但是择校是否能提供整个体系的解决方案却不太确定。允许择校所带来的竞争会改进教育体系，但这只是一种假设。然而，没有证据支持这一前提假设。经济合作与发展组织（OECD）报告称，一旦将学生的先前成绩和社会经济背景考虑在内，系统中许多私立学校和公立学校之间几乎就不存在差别了（Hattie，2015，p.10）。事实证明，同一所学校中不同教师之间的差异远远大于不同学校之间的差异。鼓励竞争可能带来的问题是教育工作者缺乏改善学校的动力。然而，倡导竞争能促使学校提高学生标准化考试成绩。由于前面讨论的两个原因，这样做可能会适得其反。这两个原因指的是分数的提高常常是以牺牲学生真正理解学习材料为代价的，笔试中获得的高分可能掩盖了这样一个事实，即这些学生实际上并没有真正地为即将面对的世界作好充分准备。因此，择校并没有解决有关学校发展方向，以及支持教育工作者实现这些目标的有效方式等更重要的问题。

简而言之，简单的解决方案不能解决学校面临的具有挑战性的重大问题，而教育体系的相互关联性要求利用系统内各级补充性措施来支持任何单一的举措。

实施各种不同的改进措施

另一个隐患——在很多方面，它与寻求一个简单的解决方案截然相反——是提出各种不同的改革举措所带来的危险。这种做法倾向于提出大量不同的举措，而不是重点关注其中几项提议。值得肯定的是，通过列举从基本信念到教学原则和目标以及单个实践等一系列改进措施，教育改革者承认了挑战的多维性。然而，隐患在于他们未能阐明改进措施之间的内在联系，或者未能认识到列表清单中元素缺失或元素不一致的程度。例如，我们不妨想一下，当竭力调节个性化学习和21世纪能力这两个广为引用的提议时，我们所面临的挑战。如果个性化学习允许学生通过非传统学习情境选择重要的主题，那么教育工作者如何确保学生掌握必须具备的所有能力，而不仅仅是他们喜欢的少数几种能力呢？正如本章开篇故事所暗示的那样，为了让学生作出负责任的、富有成效的选择，还需要在教育体系中进行哪些其他改革呢？如果学生还没有形成对指定任务进行有效自我评估的能力和心态，也不具备未等老师提示就能认真地纠正错误的能力，那么我们能期望他们成功地进行自主学习吗？

简而言之，"实施各种不同的措施"这种方式可能缺乏连贯性。单个的提议必须得到系统内各层级中那些通常鲜为人知的补充性措施的支持，而且在整体上，这些提议必须保持一致。

仓促实践

最后一个需要考虑的隐患是我们所说的"仓促实践"。学校教育最重要的要素是在学校和课堂中进行的实践，即发生在学校和教室里的活动、日常事务和程序。这些实践活动相当于房间的镶板或建筑物的外墙。一旦接近这个空间，您就会注意到它们。教学实践是教师最迫切关注的焦点，这是可以理解的——教学实践能否奏效取决于它的具体内容，以及它对学生的要求。因此，可以预见的是，面对教育改革呼声，人们的注意力会转向教育改革的实际意义。这并不是说关注实践本身是错误的。我们担心的是，这些实践被"空心化"——它们一开始的出发点都是好的，但经常会变成它们最初模样的"硬纸板"版本。简而言之，它们在实施的过程中走了样。

曾经有 3000 所学校试图引入个别指导学习，结果却成了早期广泛个性化学习尝试的一次惊人的失败。尽管他们付出了努力，研究人员却发现只有 20 所学校在教学实践中经历了实质性改变。99% 的学校实施的改革都是表面的，未触及核心的理念和习惯，而旧的实践做法正是基于这些理念和习惯，根深蒂固。虽然绝大多数教师支持个别指导教学，但是他们的日常工作和安排并未发生改变（Goodman，1995）。人们同样担心数十亿美元投入到数字技术方面却未能产生相应的作用。据报道，大多数教室里几乎没有发生任何变化。大多数教师使用技术不是"创新"，而是"维持现有的实践和教学方法"（Ferriter，2010）。

近年来，我们看到在实施探究式学习的各种努力中出现了"空心化"现象。如果没有深入理解探究原则和目的，这种复杂的教与学取向可能会简化为进行独立研究的五步法。以这种方式理解的探究式学习可产生的效果微乎其微：不同之处可能只是学生在互联网上搜索而不是使用教科书来寻找事实性信息。如果我们理解恰当的话，探究就是问一些答案未知的问题——要求学生得出自己的思辨性结论。这样的探究不需要遵循正式的步骤，也不需要引导学生上网，但可以对教科书进行探究。只有当教师理解探究背后的原则时，采取这种措施才能真正地改变学生的学习。

对于仓促实践，人们担心教育工作者很可能在没有彻底理解探究式学习应用指导原则的情况下受困于探究式学习的程序。

三大前景方向

响应学校改革的号召，需要持续而连贯地作出反应。既要着眼于大局，又要以长远的眼光看待教育改革。本书中，我们的重点不在于推荐特定的措施，而在于阐明一系列更广泛的目标、原则和基本信念以及支持它们的相关实践。这些目标、原则和基本信念必须固定所选措施，确定其方向，并丰富其内容。不管具体情况如何，我们主张采取"三管齐下"的对策：以丰富我们努力实现的目标为基础，用强有力的教学原则为现有实践注入活力，灌输基本的教与学思维取向。

追求更丰富的成果而不是全新或更好的成绩

我们认为，让学生为复杂的世界作好准备并不是让更多的学生在标准化考试中取得高分那么简单。大部分这类考试并没有测量学生在不断变化的世界中取得成功所必备的能力。这就是许多教育工作者和家长呼吁减少对这类测试依赖的原因。构建一套全新的学科或技能组合也无法使我们的学生作好必要的准备。因为这里并没有什么神奇和革命性的技能组合可以改变学生。学生仍然需要读写和计算能力。如果刷新考试成绩无法让学生为复杂的世界作好准备，那么解决方案到底是什么呢？

概念"丰富成果"指导我们以更真实、更有效的方式重新解读现有的课程目标——无论是知识、技能还是态度结果。我们认为，人们越来越倾向于用"能力"这个词来代替"技能"，这预示着人们的注意力正在从应试能力转向现实生活能力。在提供所有变量的情况下，教学生解答应用题并不能使学生解答开放式的现实生活数学问题，即使涉及相同的计算过程。

同样的道理也适用于从促进知识到产生深度理解的转变。例如，研究表明，大部分通过物理考试的大学生不能为简单的现实问题提供可信的解释。比如两个正在下落的球，一个比另一个重，哪一个会先落地。诺贝尔奖得主物理学家理查德·费曼（Richard Feynman，1997）在解释一门学科的高级研究和缺乏基本理解之间的这种反常现象时总结道：

经过大量的调查，我终于发现学生只是记住了所有的知识，但是他们并不知道这些知识的真正含义。当他们听到"有折射率的介质反射出的光"时，他们不知道它指的是一种像水一样的物质。他们也不知道"光的方向"就是你看东西时的方向等。所有的知识都被完全记住了，但没有一样被转化成了有意义的知识。

简而言之，问题不在于掌握新的知识体系，而在于我们希望学生能够更透彻地理解知识的核心，并运用这些核心知识影响他们的生活。

关于态度的教学也可以提出类似的观点。灵活性、开放的心态、坚持不懈和其他类似的心态一直是教育工作者珍视的态度目标。教师鼓励学生要接受这些美德，并要求学生讨论它们的重要性。然而，对学生而言，赞成开放的心态这一美德是一回事，但真正重要的是，他们在日常生活中能够做到这一点。问题不在于我们在学校中如何努力地推崇这种态度，而在于我们培养这种态度的努力并不总是能转化为指引学生行为的承诺。

我们的分析表明，未能让学生为适应这个世界作好充分准备在很大程度上可能是因为我们一直在以一种不能产生深度理解、不能培养现实生活能力和无法引起真正承诺的方式诠释与教授现有目标。解决方案不是彻底改变课程——大多数基本目标已经存在于课程中。我们面临的更紧迫的挑战是重新确定理解和促进现有目标的方式，以便产生更丰富的成果。

激活而不是创造实践

当某种方案不起作用时，教育界往往倾向于用另一种方案取代它。幸运的是，这不是医学实践模式。在实施全新疗法之前，医务人员更有可能改变剂量或医疗方案。医学上的理念是，采用最初的疗法是有根据的，而新的治疗方案可能比现有的疗法有更多意想不到的副作用。医学专业人员在决定必须放弃现有疗法之前，将首先尽可能地使它们发挥作用，而不是立刻放弃现有疗法。这种方法的累积效果是通过逐步改善现有的做法不断增强专业人员的集体智慧。

在教育领域，情况有所不同。换一句老生常谈的话来说，教育倾向于"把孩子和洗澡水一起倒掉"，即将精华和糟粕同时丢弃。当现有的实践不能达到我们想要的效果时，我们就重新开始。因为可供借鉴的实践有很多，所以我们恢复那些已经修改过和重命名的旧方法，结果却在几年后再一次扔弃它们。这种做法只能产生不断被取代的实践，而不是逐步得以改进的实践。许多教育专家将这一现象看作是众所周知的教育界潮流。

可以用一个简单的礼仪例子来说明激活实践原则产生的作用。向别人打招呼的做法是出于我们对"礼貌待人"原则的尊重。当一种实践行为成了一种空洞的仪式时，就意味着实践背后的原则已经不复存在了。我们所有人都能将敷衍的、面露愠色的问候和真诚的、愉快的问候区别开来。解决的办法不是劝阻前者打招呼，而是帮助他或她重新发现其实践背后缺失或忽视的原则。

同样，在教育中，原则确定了指导预期行动的特征或价值，而偏离合理指导原则的做法不太可能产生理想的结果。我们再来看看让学生选择选修课或者学习活动的例子。那些选择简单的或者确保得高分的课程的学生将无法追求他们感兴趣的学科领域，也无法满足他们的教育需求。这样的失败不是对学生选择行为本身的控诉，而是控诉我们未能成功地使学生就其教育需求作出负责和有效的选择，未能成功地唤醒学生，使他们意识到可能会有给他们带来丰硕成果的兴趣爱好。换句话说，重点应该放在灌输这些原则，从而指导教师和学生实施学生选择。

我们认为，许多现有的实践和新提出的做法只有在有效地体现教学有效原则的情况下，才能取得成功。有关 21 世纪改革的文献著作强调了五个被广泛提及的原则。这五个原则有效地回应了批评人士对教育体系的各种质疑。

◇吸引学生参与；

◇保持探究；

◇培养自我调节型学习者；

◇创建富评估学习；

◇通过数字技术增强学习。

这五个原则也是数字游戏设计的核心原则。围绕这些原则设计的游戏，如《我的世界》（*Minecraft*）和《愤怒的小鸟》（*Angry Birds*）已经成为最受年轻人喜爱的游戏。例如，有人声称，在《愤怒的小鸟》这款游戏的鼎盛时期，每天播放长达 140,000 小时——相当于 16 年来每天都在播放。巧合的是，这正是一名年轻人在公立学校度过的时长。

这五个原则有效地嵌入在《愤怒的小鸟》这款游戏中。它们并不是具体的方法，而是几乎所有有效学习的指导原则或基本功能。之后，我们将深入研究每一个原则，解释它们的含义，为什么它们很重要，以及如何将它们嵌入到教学实践中。

嵌入在《愤怒的小鸟》结构中的五大功能（指导原则）非常有效。它们使用户在发射各种鸟类武器时提高命中目标的能力。

◇这款游戏通过挑战用户，提高其完成复杂任务的能力来吸引他们，而用户愿意投入时间去完成这些任务。它不是强制性的，而是一种挑战。这款游戏向每个想要通过掌握更高难度来玩游戏的用户提出了不同的挑战。

◇这款游戏需要用户进行持续性探究才能成功。当用户跟踪鸟类武器发射轨迹并尝试各种策略时，他们在不断地尝试、判断并提供解决方案。每一次新的配置和过关晋级都给用户带来了新的挑战。

◇这款游戏就如何改进游戏过程提供了及时有益的反馈，从而提供了富评估学习。每只小鸟的每一次发射都伴随有即刻的指示，告诉您什么是有效的、什么是无效的。游戏的层次化水平为证明用户能够展示更高的技能提供了证据。

◇这款游戏要求并支持自主学习。由于及时反馈，学生认识到他们不能再简单地重复先前做过的事情。没有大人站在他们旁边解释游戏如何玩以及如何改进，学生学着去掌控他们的学习：他们学会应用知识和收集数据，就什么是有效的、什么是无效的、为什么有效或无效，以及在如何改进等方面作出深思熟虑的决定。

◇这款游戏说明了数字技术可增强学习的潜力。该技术提高了用户发射弹丸、接收即时反馈以及测试修正策略的能力。在非数字化学习环境中，用户无法快速而有效地做到这一点。

灌输思维，将其作为教与学的基础

基本信念和假设往往是最不易察觉的，但却在课堂上无处不在。没有坚实的基础，任何结构都会倒坍。我们认为，要建立一个更有效的学校体系，就应该让"思维课堂"引导学校的每一项活动。如果说思维是学校教育的基础，这听起来似乎相当简单。毕竟，思维对人类来说是最基本的，所以它当然对我们所做的几乎所有事情都至关重要，尤其是在脑力工作方面，比如学校教育。尽管有着明显的联系，但是目前，人们还不清楚严谨的思维是否渗透到了许多课堂的实践中。

布卢姆分类法作为教与学的基本原则，其广泛影响力是造成目前这一现状的原因之一。分类法是教育界最广为人知的理论（Shulman，2002），通俗的解释是：鼓励教师在要求学生思考内容之前，通过直接传递信息的方式来教授课程内容。至少在开始的时候，学生只是被要求回忆或总结呈现给他们的内容。此外，这种理论还助长了这样一种观点，即严谨的思考最好留给能力更强的学生，因为人们认为那些在知识性和理解性任务中举步维艰的大部分学生或学困生不应该被"高阶"任务所累。在一个案例中，应用历史课程的课程文档用低阶动词替换了主流课程中的高阶动词。因此，在应用课程中，学生没有被要求去评估、综合和应用信息，而仅仅被要求列举、总结和回忆信息（Antonelli，2004）。

> 只有通过思考才能获得知识。
>
> ——理查德·保罗（Richard Paul）

当我教七年级学生时，我才完全理解反刍思维模式（regurgitation mindset）的真正含义。课堂上，我要求学生判断9·11世贸中心爆炸案的始作俑者是疯狂的殉道者还是高明的战略家。我要求他们应用这个话题的相关简报来找出赞成或反对每个结论的理由，并把他们的想法记录在一张赞成和反对的图表上。

其间，一位学生指着简报上的一个段落问我："我应该把这个放在哪里？"起初，我不明白他的意思。经过试探，我意识到他阅读信息的目标是识别与列表上的问题直接匹配的关键词，并将短语转抄到页面上合适的空白处。他不明白，现在要求他进行独立思考，即判断简报上信息的含义和关联性，从而就该问题得出自己的结论。显然，思考并不是对学生的常规期望。

同样，人们完全不清楚在许多课堂上，技能发展是否是一种"思维"练习。要说明这一点，我们不妨考虑一下足球中教授如何罚点球的两种方法：

◇机械练习（Rote Practice）：教练向球员们精确地展示他们应该站在哪里、如何向前移动、如何击球，并最终破门。他们完全按照指令练习相同的动作，多达数百次（如果不是数千次的话），直到他们掌握罚点球的方法。整个过程中，教练的作用一直是在球员的技术偏离"正确"的方法时提醒和纠正他们。

◇想想练练（Thoughtful Repetition）：教练向球员介绍罚点球的原理，并提出各种技巧。球员们要按照要求，反复练习罚点球的动作。但是教练不会要求他们模仿事先规定好的方法，而是要求他们尝试检验各种变化：考虑如果他们站得更远或者用脚的不同部位踢球会发生什么；试验怎样做才能将球控制在地面上或者将球踢到离地面几厘米或几米的位置；看看从站立的位置直接罚球或者在移动中罚球会有什么不同之处；等等。教练的角色始终是提出选择性方案，并督促球员在当前技术不能奏效的情况下改进或改变技术。

在机械练习中，没有发生真正的思考，只有对同一个姿势的无数次练习，而想想练练则需要对选择的方案进行有意识的反复测试。这两种方法都有明显的重复和指导，但如何使用重复和指导，两种方法则截然不同。机械练习中，球员一次又一次地重复先前的动作，而不需要理解为什么每个动作都必须按照指令进行。教练提供的指令正如必须严格遵从的处方一样。然而，在想想练练中，教师提供的指导旨在搭建一个平台，供球员从中探索各种方案和变化。这种重复具有思考的力量，因为球员正在设想各种可能性，观察每次尝试的效果，并根据需要作出进一步的重大调整。

我们很多人都会意识到机械练习是我们在学校学习从投篮到解答数学题等诸多基本技能的方法。在许多技能型课程中，预设思考（the presumption of thinking）是不存在的。正如一位老师最近所讲的那样，她是通过记住"我不需要问为什么，只要倒过来相乘就好"这句话学会除法的。

我们想在这里强调并在下一节中延伸拓展这样的观点，即有关学生应该做什么以及应该如何有效地学习的理念是教学实践的有力决定因素。尽管得到了无数次正式认可，但是思维并没有像它本就应该的那样深入到教学实践中。

结　语

目前，教育工作者面临的严峻挑战是理解所面临的众多改革措施。虽然总体上我们认同现有的体系存在缺陷，但就其潜在的原因和最合适的改革方向而言，我们却共识较少。为了避免可能妨碍或破坏改革工作的隐患，我们提供了一个"三管齐下"的一致性应对措施。

◇确立思维导向：由于教师的教育世界观几乎决定了他们所有的决策，因此他们的基本信念必须与所期望的改革方向一致并支持其发展。把思维置于所有教与学活动的中心位置这一导向是所有其他改革工作的基础。这也是我们在第二编"重新定位基础"中讨论的焦点。

◇丰富目标：当前，更有益的做法是将教育改革的兴趣视为恢复传统目标的呼吁，而不是试图将全新的教育目标叠加在一起——许多所谓的21世纪目标都是存在已久的教育目标。一个全球化、数字化的世界已经改变了培养这些传统目标的环境，并赋予它们更多的价值。在第三编"重新调整目标"中，我们将探讨深入理解学校努力实现的三个传统目标会涉及哪些内容。

◇激活实践：教育工作者应该确保现有实践能够支持那些指导正常教学的

有效原则，而不是专注于一系列新的实践。我们提出了五大原则，它们特别适用于解决学校目前面临的挑战。在第四编"匹配指导原则"中，我们解释了这些原则，并展示了它们指导和激活教学实践的潜力。

本书第五编"支持教师成长"中的最后一章，就教育领导者如何概念化、如何运用"三梯度"方法（a three-tiered approach）来支持教师此次改革之旅这两个方面提出了建议。"三梯度"方法要求教育工作者：（1）肯定教学中那些支持并推进目标、原则、实践和基本信念的方面；（2）改进教学中易于修改的方面，使其更具连贯性；（3）随着时间的推移，寻求进行那些需要数年才能发展起来的更为实质性的变革。

在每一章的结束处，我们提出了一些供教育领导者采纳实施的实践策略，以支持教师逐步理解并采纳本章所讨论的想法。以下三个策略有助于教师应对他们可能被要求采取的任何改革措施。

把握机遇

改进而非取代

在决定改变工作方向，引入新的举措之前，必须确定哪些方面做得好，哪些方面可以做一些改进，然后考虑教育工作者可能寻求带来哪些重大变革。只有这样，才能适当地考虑哪些新举措能够更好地实现这些目标。

将措施固着于指导原则

当采用新的举措时，应制定指导原则，以指导新的措施转化为课堂实践。例如，当实施基于问题的学习策略时，教育工作者可能会制定以下原则来指导他们的工作：确保学生每一步都参与其中；让项目驱动所有的学习活动，而不仅仅是在单元的最后几天；检查项目是否真正有效地、非人为地支持着期望的结果。

预见歧义

要认识到教育措施通常是用含糊的语言和模糊的要求来包装的。与其在别处寻找一个明确的定义，不如以符合教学实践核心理念和原则的方式来解释提议。这就需要在仅仅假装改变教学实践和强制推行一个与最佳实践不一致的措施之间把握好微妙的平衡。

第二编

重新定位基础：为什么思维是有意义学习的核心？

第 2 章　思维是关键

本章解释了为什么思维是教与学的基础——它不是主导目标，而是学校教育的总体定位。更具体地说，本章讨论：

◇我们称之为"发现式课堂"（discovery classroom）和"讲解式课堂"（didactic teaching）以及被提倡的所谓"思维课堂"（thinking classroom）背后的关键性假设。

◇以课程内容为导向的含义；学生学习的本质以及教师角色。

◇以"思维课堂"作为教与学的主导方向有助于学生取得成就和参与学习的依据。

> 当反思批判性思维和学习内容时，我越来越意识到批判性思维是一种教学形式，它嵌入到课堂的方方面面。它不是孤立发生的，也不是在特定的学科中发生的，而是渗透到课程中。
>
> ——与批判性思维联盟合作的一名小学教师的日志

在支持学生独立思考方面，我最成功的一次经历始于教授大学方法课程的第一天。早些时候，我解释了学生可以对老师提出两种要求："告诉我，我应该思考什么、做什么""支持我，推动我思考和行动"。我分享了与我们第一次作业有关的"告诉我"问题的几个例子："分析需要多长时间？""你希望我们怎样记录答案？"然后，我宣布在前三周的课上，学生可以问这类问题，但在那之后，我只对"支持我"这类问题作出回应。起初，他们很难掌握提出这类问题的策略，因为这类问题不只是寻求答案，而是旨在帮助他们独立思考问题。我们不断练习将"告诉我"的问题重新组织为"支持我"的问题。

在接下来的几周里，出乎意料的结果是，学生们问的问题越来越少，因为在没有我的帮助下，他们越来越善于自己思考问题了。当他们确实要问问题的时候，他们会就他们和同事们已经讨论过但未能达成一致意见的特定问题寻求指导。他们可能会问这样的问题："如果我们的学生对某个主题不够了解，无法自己提出标准，那么直接告诉他们标准、让他们自己努力去寻求标准，或者花时间和他们共同制定标准，哪一种做法会更好呢？"即便是在这些情况下，我的习惯性答复仍然是"嗯，你觉得怎么样？"其次是"你为什么这么认为？"根据答案的不同，我可能会提出一种假设的场景或复杂的情况，从而引发学生进一步思考。我很高兴地看到学生变得如此有思想和独立。我拒绝直接提供答案，这让学生们意识到，他们可以自己解决大部分问题，不需要我替他们思考。令人啼笑皆非的是，与我之前在课堂上看到的情况相比，将他们提出的问题再抛回给他们自己，结果却使他们对课程材料理解更深入，这门课也上得更流畅。尽管我的教学没有那么明确，但学生们学到了更多。

> 教育工作者能做的最基本、最重要的改变是将思维嵌入学校教育中，使之成为教与学的动力。

这个故事的意义并不仅仅是描述一种鼓励思考的特殊实践，而是让人们注意到我在课堂上所做的每件事中都渗透着思维转变或取向。当我的学生有疑问时，他们不再把我当作专家来咨询。他们不仅学会成为更好的思考者，而且思考问题的行为本身丰富了对主题的理解。倡导思维使之成为教育的结果与倡导思维使之成为教与学的取向，这两者之间的区别是很重要的。思维是我们在第6章"从技能到现实生活能力"（Real-Life Competency）中讨论的能力之一。然而，思维不仅仅是其中的一个目标，它还有必要成为学校里一切活动的核心——是支持我们将学校教育的本质进行概念化的基本途径。本书的标题中包含了思维，这表明教育工作者能做的最基本、最重要的改变是将思维嵌入学校教育中，使之成为教与学的动力。

本章的重点是探讨使思维成为课堂活动中心的意义，以及这样做在提高学生成绩和参与度方面带来的好处。第3章"批判性、创造性和协作性思维"更详细地探讨了思维涉及的内容。第4章"营造思维课堂的框架"，介绍了一种"四管齐下"的方法，使思维得以系统地实施，使之成为主导方向。

教与学基本取向

几个世纪以来，人们提出各种各样的教育原理作为教与学的定义方法。两种最普遍、争论最激烈的取向通常被称为"以儿童为中心"（或以学习者或学生为中心）和"以学科为中心"的原理。由于有多种不同版本的原理，我们将集中讨论每个原理阵营中一些核心教学假设及其含义。我们认为"发现式学习"（learning by discovery）带有"以儿童为中心"教学法的特点，而"讲解式学习"（learning through didactic instruction）则是"以学科为中心"教学法的典型特征。我们将这些与构成本书核心的"思考式学习"（learning by thinking）的教学取向进行了对比，并把它们称为发现式、讲解式和思维课堂。①

我们将考虑相对立的基本信念所代表的三种假设：

◇课程内容来源；

◇学生学习的本质；

◇教师的角色。

为了加强选项之间的对比，本文提供了不同基本信念的简化描述。在特定的课堂上，这三种取向要素都会出现，但没有一种取向能最有效地满足所有条件和情况。表 2.1 概述了这些方法对教育工作者在课程内容、学生学习和教师在课堂中的角色等决策方面所产生的关键影响。

---

① 思维课堂这个术语已经被哈佛大学和其他地方的教育工作者使用了一段时间，但并不一定是以我们使用这个术语的方式。例如，请参见蒂什曼、帕金斯和杰伊（Tishman, Perkins & Jay, 1995）。

表 2.1 教与学基本信念对比

通过"发现"学习	通过"讲解"学习	通过"思考"学习
课程内容来源		
基于学生的兴趣和需求构建课程。	基于学科和社会的需求构建课程。	基于学科和社会需求以及学生的兴趣和需求构建课程。
学生学习的本质		
学生独立体验、探索和实现。	学生接收、复制和保持，以备将来应用。	学生思考、评估和总结。
教师角色		
教师是激励和培养学生的"动画师"（animator）。	教师是激发学生和传递知识的"指导者"（instructior）。	教师是组织和引导学生的"编创者"（choreorgrapher）。

课程内容替代源

"以学生为中心"（或"发现式"学习）的课程的传统基础是学生的兴趣和需求。人们普遍认为，学生的独特性要求学习方式必须个性化。例如，与爱交际的、倾向于在实践方面崭露头角的艺术家相比，内向的、倾向于在学术方面崭露头角的数学家，有不同的兴趣和需求。课程应该尽可能地尊重多样性。当涉及课程决策时，学生个人最有可能知道令他们感兴趣和满足的课程内容。

另一方面，"以学科为中心"（或通过"讲解式"教学进行学习）的课程的基础是社会需要有责任心的、富有成效的公民，以及各种学科知识需求（如理解数学原理和过程，科学的规律和方法，以及重大历史发展）。由于以学科为中心的倡导者认为，应该以共同的需求来指导课程的开发，因此，无论课程设计者还是教师都最有资格决定学生的需求。

显然，这两种观点都有可取之处：所有学生都能从这些共同能力和知识理解中受益（包括知道如何阅读、书写和计算），而且每个学生的教育需求存在着重大差异。我们所说的以"思维"为导向的学习在以儿童为中心和以学科为中心的教学方法之间提供了一个中间立场。根据这一观点，课程应该是一个共同协商的项目。它建立在以最具价值和最具现实意义的基础之上，使社会和学科的共同需求与学生个人的兴趣和需求平衡起来。在课程决策方面，教育工作者和学生的意见都必须受到尊重。

学生控制课程内容的含义

以学生为中心的学习和学生选择这两个概念经常被同时使用。值得注意的是，学校当局有责任从实际意义角度解释其中的含义。至少目前，我们还不确定由谁来决定满足学习者需求的最佳方式。以学生为中心的学习是否意味着学习者会享有更大的话语权？或者这些决定应该在很大程度上由教育工作者代表学生作出？这种模糊的说法反映在另一个流行的术语——学生话语权（student voice）上。该术语有两种解释：一是更专心、更定期地倾听学生的心声，以便教育工作者更好地调整课程，满足学生的兴趣和需求；二是给学生更大的学习话语权。后一种解释又被称为"分享学习的所有权"，包括让学生作为"学习决策的伙伴"参与其中，让"学习者坐在驾驶座上"，并促进"学习者的自主性"。[①]这是否意味着学生将和教育工作者一起协商，或者他们可以自由行使自己的酌情决定权？在许多情况下，对学生选择两种解释中，哪一种解释将占上风取决于教育工作者对课程决策来源的基本信念和假设。

为了说明这些取向是如何形成不同的教育实践，很明显，我们需要从每组理念的角度来考虑学生控制课程内容的不同含义。

"发现式"课堂中的学生选择。鼓励学生并引导他们走自己的学习道路，因

---

① 这些短语来自学生成绩分阵（Student Achievement Division，2013）。

为人们认为学生最有可能知道自己想学什么。[1] 在可行且安全的前提下，学生选择乐队而不是投篮，或者选择物理学而不是心理学，这将取决于学生个人的探究兴趣。到了一定的年龄，当局可能会设定期望，但在此之后，规定的学习课程将会逐渐减少：学生最终将可以自由地学习由教育工作者准备的成套课程，或自行组合学习课程。在既定的学科范围内，学生将选择小说或其他文学作品来阅读，并有权选择想要深入探索的历史事件或科学主题。教育工作者鼓励学生自行决定完成学习任务的方式，无论这项任务是发展他们的投篮方法或解决某个数学问题。

"讲解式"课堂中的学生选择。在该取向引导下，学生可以从固定的、相对少量的、经认可的选择中进行选择。由于被视为课程专家，教育工作者应该确定什么是学生最值得学习的内容，以及如何最好地学习这些内容。例如，学生有限的选择包括选择生物还是物理选修课来满足科学要求。另外，学生们也可以通过面授或在线自学的方式学习获批准的课程。在满足所有核心学科的前提下，学生可以有更多的选择。例如，初中毕业后，学生可以通过主攻一个方面或专注某个学科（如在数学、科学、美术、科艺或体育等方面）来培养他们在某一领域的专业技能。但每个选项都将围绕专家们创建的一系列打包课程来构建。在一个既定的学科中，可以让学生从老师整理的许可列表中选择一本小说。独立研究项目可以让学生更深入地钻研老师许可的一系列历史事件或科学课题。通常情况下，教师会告知学生完成学习任务的恰当或最佳方式，比如投篮或解决数学问题。然而，如果有公认的几种方法，教师会就每一种方法指导学生，并允许他们决定自己更喜欢使用的方法。这里描述的是许多学区已经提供的个性化指导。随着技术进一步推广应用，供学生选择的网络课程很有可能会越来越多。

---

[1] 也许有人会说，"发现式"方法可以让老师而不是个别学生来决定最能满足每位学生需求的内容。然而，这实际上承认老师是学生需求方面的专家。这与课程规划者决定读写和计算能力是必要技能的做法没有太大区别。他们判断学生需要掌握哪些技能才能发挥社会成员的作用。

思维课堂中的学生选择。在这种方法指引下，学生与教师协商后，可以自由选择、修改和创建选项，前提是所作的选择要能满足共同商定的期望。由于教育工作者和学生都被认为在课程设计方面有专长，因此，他们会一起协商决定对于学生而言最有价值和最有现实意义的学习内容，以及学好这些内容的最佳方式。学生们可以从广泛但不是完全开放的选项中进行选择。学生可能需要掌握每门学科的基础知识，所有的选择都需要满足规定的期望。例如，可以规定，学习的过程必须有助于提升批判性思维能力，有效地使用各种媒介进行交流的能力或毅力，并促进对日常科学现象的理解。这取决于学生和教师一起商议决定如何在考虑到学生优势、需求和兴趣的情况下，以现实的方式满足这些期望。在给定的学科范围内和可行的情况下，学生可以选择新颖的或独立的探究主题，只要它支持课程的核心期望。虽然不会像在发现式课堂上那样毫无约束，但这些选择也不会像在讲解式课堂上那样受到太多限制。鼓励学生自己决定完成学习任务的最佳方式，但是，学生要证明所选择的方式适用于指定目标和情况，而且是高效的。

正如上文进行比较之后所表明的那样，关于由谁决定课程内容的基本信念，从开放式学生选择，到学生从严格规定的选项中进行选择，再到教师和学生根据既定的期望商定各种选项，不一而足。

决定学生控制课程的程度

"思维课堂"提供了一个中间立场，既承认给学生提供重要选择机会的意义，又强调了对学生应该知道并能够做什么的共同期望的价值。"发现式"方法的核心弱点是假设学生总是最能知道他们的需求。虽然许多学生可能知道他们的需求，但他们可能并不总是有能力去决定最重要的学习内容。约翰·哈蒂（John Hattie）的分析显示学生控制学习与学习成绩之间的相关性较低，因为学生在开始更深入地学习之前没有掌握好基础知识（Case et.al.，2015）。此外，人们还不清楚是否所有的学生都知道令他们长期感兴趣的内容，而且许多学生感兴趣的事情可能并不是为了求知，而求知恰恰才是上学的充分理由。

虽然"发现式"取向认识到设置共同学习目标的重要性，但它几乎没有给学生提供合理选择的空间，而学生却通常希望而且应该能作出这些合理的选择。研究表明，严格限制选择会对参与度产生严重的后果。当学生被迫在已经确定的选项中进行选择时，他们的努力和学习都会受到负面影响。这是因为学生觉得他们被控制了，不能行使自决权（National Research Council and Institute of Medicine，2004，p.38）。

"讲解式"取向希望学生做事情是因为这对他们有好处，而不是因为这样做能激发他们早已养成的兴趣。外部奖励和惩罚，如分数和上大学，被认为是保持学生正常学习的必要方式。然而，研究人员警告说，"'萝卜加大棒'的方法对中学生来说尤其成问题，因为出于多种原因，中学生不重视学校通常提供的奖励，而且他们期望展示自己的独立性而不是顺从"（National Research Council and Institute of Medicine，2004，p.41）。外部激励因素不仅无效，而且往往适得其反。大量的研究表明，对外在动机的依赖会降低对一项活动产生内在兴趣的可能性（National Research Council and Institute of Medicine，2004，p.48）。换句话说，如果我们没有反复强制学生完成作业以获取分数的话，他们更有可能在这些任务中找到乐趣和成就感（A. Kohn，2011）。

思维课堂取向允许学生作出重大但并非毫无限制的选择。它要求师生根据学生和社会的合理需求与兴趣共同协商作出选择。这种方法比学生自己决定或教育工作者为学生作决定的方法更受欢迎。

不同学习观

学习需要理解世界。让我们来看看它的含义，以及从三个取向审视时，它是如何发生的。

"发现式"课堂学习。这种取向力求帮助学生构建个人对世界的感受。人们认为学习者都是独特的，这样他们每个人都必须从他们所处的世界中构建出自己理解的意义——关键是要亲自体验这个世界。"发现"概念表明，没有人能知道其他学习者所知道的所有事情，因此，也没有人能够对他人产生意义，或真正向别人解释事情。对于学习者来说，获得"正确"的印象并不重要，重要的是要使新形成的思想与其更广泛的世界观相协调。"发现式"取向的支持者认为，学习者天生好奇，通常渴望设问和探索周围的事物。他们认为最好的学习是通过亲身经历实现的。经历越刺激、越丰富，学习的机会就越多。

"讲解式"课堂学习。这种取向力图刻下共同世界观的印记。人们认为，尽管学习者在许多方面可能有所不同，但他们周围的现实世界是建立在既定的事实和真实物体基础上的。世界上还有很多学习者不知道的且被误传的东西。理解世界意味着分享专家的见解及其积累的智慧。"讲解式"教学观念意指那些有大量世界知识的教育工作者传递或传授他们的知识。通常，这需要纠正学习者已经形成的错误看法和理解。支持讲解式取向的人士认为，学习者通常会接受有趣且相关的新想法，但接受这些想法可能需要时间。学习者的主要任务是关注和吸收呈现给他们的内容，并保持和复现这些想法和技能以供后续使用。

> 在生命之书中，答案并不在书的后面。
>
> ——查理·布朗（Charlie Brown）

思维课堂学习。这一取向旨在指导学生内化理性的、现实的世界观。虽然世界是建立在既定的事实和实际物体的基础上，但这些事实和物体的含义以及如何回应和理解这些现实并不是一个预先确定的问题。如果要作出有用且正当合理的解释，学习者就不能简单地创造自己的想法：意义生成必须建立在严谨的调查而非戏谑的探索基础之上。生成合理的意义需要建立在已知世界的基础上，但是仅仅接收他人观点的学习者无法内化和消化这些观点。

学习者的主要责任是在仔细且明智地评估各种可能性的基础上，得出自己的结论。学习者的结论可能有误，但不是因为他们的答案错了，而是因为他们的推理可能有缺陷或不完整。支持思维取向的人士认为，学习者愿意接受挑战并进行独立思考。学习者的主要职责是认真对待（但不一定要接受）所学内容，评估选项和含义，然后自己得出结论。

决定学习取向

根据这三个取向，学习要么是体验的，要么是印刻的（imprinted），要么是内化的。虽然在某些情况下，一种或另一种取向会提供更有用的导向和见解，但我们认为，与其他两种方法相比，挑战学生进行严谨思考，并得出自己的结论这种方式提供了更有效的学习方法，而且有研究证实了这一点。该研究表明，如果"敦促学生去理解"，这包括"要求学生解释推理过程，辩护其结论，或探索替代性策略和解决方案"（National Research Council and Institute of Medicine，2004，p.49），他们会更多地投入到学习中。或者，正如另一项研究中的一名学生自述的那样，"让数学更吸引人的是那些要求'你必须解决正在发生的事情，必须用你自己的想法'的活动"。（Boaler，2002，p.68；National Research Council and Institute of Medicine，2004，p.50）。

已有证据表明提升认知参与度可以提高学生成绩。针对来自117所芝加哥地区学校的5000名学生的大规模研究发现，提供具有挑战性的智力任务能使学生在基本计算和读写技能标准化测试中取得高于平均分的更好成绩。研究人员发现，三年级、六年级和八年级的学困生以及班级中的大部分学生都能从这些具有挑战性的任务中获益。事实上，先前数学成绩较低的学生比先前成绩较高的学生从该方法中获得了更大的好处（Newmann，Bryk，& Nagaoka，2001）。

每年，我们与数千名教师共同研究得出的质性数据和事实证据提供了类似的情况（Hattie，2015）。许多学校报告说，在读写、数学和学生参与等领域的标准化考试中，学生成绩有所提高。这些学校在很大程度上将取得的成绩归功于加深学生理解并提高其参与度的有效思维方式，而且成绩提高显著。其中一所学校报告称，三年级学生在省级标准化考试中阅读和写作综合成绩提高了54%。同一所学校的六年级学生在数学程序和概念理解方面提高了75%。同一地区的四所小学报告说，数学成绩达到3级水平（B或B+）或4级水平（A-至A+）的三年级学生和六年级学生人数分别增长了15%和36%。这些积极的成效反映在不同能力的学生身上。例如，一所其学生被认为具有高社会交往风险（high social risk）的学校报告说，多数情况下喜欢数学的学生人数增加了近两倍。所以，在同一时期，达到省级标准或以上的学生人数从15%增长到50%，这不足为奇。在另一所学生人数众多的学校，其六年级的四个班级中，85%的学生在与我们团队合作后数学成绩达到或超过标准。而在去年，只有49%的六年级学生达到了这个水平。

总体来说，这些成效很有说服力，反映了思维课堂在提高全体学生成绩和参与度方面的巨大潜能。

教师角色对比

每一种取向都明确指出了教师的角色。在这里，我们提供了三个重要的隐喻来描述这些差异：动画师（animator），指导者（instructor）和编创者（choreographer）。[①] 所有角色在学习方面都有一席之地，但哪个角色应该占主导

[①] 我们避免了更常用的术语促进者，因为它是模糊的。有些人将它解释为与此处描述的动画师相似的角色；其他人的解释方式非常有前瞻性，接近我们所谓的"编创者"。例如，请参见，凯思、哈珀、蒂利和威恩斯（Case，Harper，Tilley & Wiens，1994）。

地位呢？

激活"发现式"课堂。教师应该赋予学习以活力并激发学生兴趣。动画师创造了激发学习的空间和任务，点燃并满足学生的好奇心。他们鼓励和促进学生，但是在没有被问及的情况下，他们不会直接呈现想法。动画师让位给学生，让他们按照自己选择的方向前进，并随时准备回答学生的问题。动画师设计游戏、操作、体验性活动和非结构化实验等有效活动，帮助学习者解决问题和发展知识。

指导"讲解式"课堂。教师应该告知学生——给学生提供思维形式，并指导和传授预期学习内容。教师努力以最有效和最有趣的方式交流学习，以确保学生掌握预期学习内容。他们鼓励并推动学生，并在必要时纠正他们的错误。教师设计和引导学生完成一个有计划的学习过程，并明确学生应该得出的结论。解释、举例、示范、重复和练习是教师传授知识的有效方式。

> 讲课是将信息从老师的笔记本转移到学生的笔记本中，但不触及学生思维的最佳方式。
>
> ——乔治·莱昂纳多（George Leonardo）

编创（Choreographing）思维课堂。教师应该为学生精心设计一系列丰富的思维活动，同时给学习者提供成功完成任务的条件。编创者设计挑战性活动，学生在其中进行大量的讨论和思考。编创者鼓励学生，向学生提问，并在出现错误推理时进行探讨，但他们没有规定学生必须得出结论。他们充分控制活动顺序，使学生能够在课程学习过程中持续思考。通过设计挑战性任务、探究性问题、提供辅助思维的条件、深度思考和对话的机会，编创者支持学习者形成自己合理的结论。

当教师在扮演"编创者"角色的时候，虽然"指导者"和"动画师"角色都发挥了作用，但这些角色并不能集中体现必要的有效教学。无论是给学生一个既定的答案，还是指导学生自己创建答案，都不如支持学生思考问题，得出一个合理的结论有效。如前所述，学生参与和成绩的相关研究表明，以课程和学习为导向的思维课堂是有效的。

探究式教学单元的含义

教育领导经常问我们："如果我走进思维课堂，它和其他类型的课堂有什么不同呢？"表2.2（见下页）现实却又虚构地比较了三种取向。这三种取向围绕以社区异同为主题的探究式教学单元的部分内容展开。虽然描述被简化，但它确实突出显示了要查找的内容。很明显，内容和资源在三种取向中几乎是相同的。三者之间的区别是学习内容期望、学生获得支持的方式，以及评估内容。在"发现式"教学单元中，没有预先确定的结果，只有一个总的主题。围绕这个主题，学生自行提出并自主回答问题。其目标是形成他们自己对社区相似性和差异性的印象。在"讲解式"教学单元中，学生从资料来源中提取证据，以支持教师提出的作为该单元教学结果的某个具体结论。在思维课堂上，学生对一个"开放式"问题进行研究，并证明自己的结论是正确的，其目的是让学生判断他们所发现的信息的重要性，以加深学生对社区相似性和差异性的理解。

表 2.2 三种不同课堂中的探究式学习

单元组件	"发现式"课堂	"讲解式"课堂	思维课堂
主题思想			
教师以……方式表达主题思想。	开放式的主题让学生去探索社区的相似点和不同点。	所有学生都应该理解的、宽泛的概括性说法:"我们所有人在某些方面具有相似点,而在其他方面又具有不同点"。	所有学生都必须作出决定的思辨性问题:"在真正重要的领域,我们更多的是相似点还是不同点呢?"
资 源			
教师整理出一系列的材料,包括图片、故事、手工艺品、实地考察机会以及班级特邀嘉宾等。其目的是给学生提供……	唤起全方位知觉体验的激励性资源。	易于识别异同之处的各种资源以及较难识别相似性和差异性的其他资源。	要求学生们必须仔细检查哪些地方的异同之处比较小,哪些地方的异同之处比较大的一系列资源。
单元任务			
每天,学生以不同的方式探讨各种组合或整理资源。然后,学生把他们的想法记录在……	KWL 图表(我所知道的、想知道的和已经学到的)记录学生关于社区异同点的想法和问题。	一份具有识别位置的活动表,可以让学生识别他们在每份资源中注意到的两个相似点和不同点。	将活动表按照一个范围(从"非常不同"到"非常相似")组织起来,以记录他们注意到的相似点和不同点,对每个异同点进行评级,并说明其评级的原因。

单元组件	"发现式"课堂	"讲解式"课堂	思维课堂
导入活动			
教师通过……引入单元内容	要求学生个人从整理的社区相关资源中选取一份,思考哪些是他们已经知道的,哪些是他们想进一步了解的。	讨论两张具有"迷惑性"的图片:一张图片里,人们看起来几乎完全一样,但是仔细查看后,就会发现这些人有不同之处,而另一张图片里,人们看起来完全不同,但实际上却有相似之处。	让学生仔细查看其中一张社区图片,然后决定自己和图片中的人最大的相似之处是什么,之后再决定最大的不同之处是什么。
初始引导			
通过……,教师搭建学习支架。	让学生相互分享异同之处对他们自身的意义,并举例来说明。	提供相似性和差异性定义,并示范如何从提供的资源中找出相似点和不同点。	提供实例,以便学生从中得出判定标准,并以此决定某个相似点或不同点何时对该社区至关重要或意义重大。
教师指导			
在单元教学中,教师将在教室里四处走动,以便……	鼓励和启发学生反思他们有关社区相似点和不同点的想法、感受以及疑问。	帮助学生个人注意到他们可能已忽视的相似点和不同点。	要求学生解释对相似点和不同点的重要性做如此评级的原因,并提出问题,逐渐引导学生思考其评级。
结束活动			
单元结束的方式是……	旋转木马,即学生在教室里四处走动,观看每个学生就"关于我们社区的相似点和不同点,我已经知道了些什么"这个主题进行思考的成果展示。	"思考—组对"活动,即学生首先和一个同伴分享他们已经找到的证据,然后这两个学生再与另外两个学生分享他们的观点。	四角辩论,即学生首先与共享他们结论的其他学生组合,(非常不同、大部分不同、大部分相似或非常相似)然后再与其他组学生组合讨论他们各自的立场。

单元组件	"发现式"课堂	"讲解式"课堂	思维课堂
评　估			
教师评估学生是否能够提出……	有关社区相似性和差异性的三条有想象力的见解和感悟。	三条精确的证据，以支撑"我们所有的人在某些方面都是相似的，而在其他方面又是不同的"这一普适性说法。	三个相关且有说服力的理由，以支撑他们个人的结论，以及当某人持不同于他们的结论时，提出看似合理的反驳观点。

结　语

　　基本信念是任何教育体系的基石。在本章中，我们讨论了与发现式、讲解式和思维课堂相关的三种基本信念。我们研究了有关课程、学习者和教师的假设，这些假设构成了这些取向的基础。我们发现，根据这些假设，有关个性化学习和探究的实践呈现出明显不同的取向。虽然每种取向都可能在教育中占有一席之地，但研究表明，思维课堂很有可能提高学生的成绩和参与性。下一章中，我们将更深入地探讨思维课堂中需要培养的思维类型。

　　以下是一些精选策略，供教育领导者与教师一起使用，以鼓励他们探索和协调实践中潜在的假设。

澄清基本假设

对教育工作者来说，无论是个人还是作为教职员工，了解构成有关教与学核心理念的各种假设，并理解这些假设对他们作选择所产生的影响是有帮助的。

深入到根本问题

有关具体实践的教育争议通常不在于实践本身，而在于不同的假设。认识到更深层次的分歧本身是有益的。此外，它还提供了机会，让教育工作者去探索哪一组假设更有保障或更有效。可以引入研究来阐明一些基本信念，比如分数的激励价值或年轻学生批判性思维能力。

利用基本信念诠释含糊不清的提议

许多教育举措都有重要的解释。正如我们在个性化学习和探究式学习的矛盾解释中所看到的那样，一个人的基本信念可以给本身模糊的想法明确方向。

在各种实践之间建立一致性

由于教师在他们的职业生涯中获得了各种各样的实践，这些实践可能并不都是一致的。选取一些教与学的基本信念对于梳理各种实践、找出可能的不兼容方面是很有用的。

第3章　批判性、创造性和协作性思维

本章阐述了思维的三个维度——批判性、创造性和协作性间的相互关联性。更具体地说，本章讨论：

◇综合性思维方式的价值和优势；

◇有关这些维度的常见误解；

◇三个维度相互强化的有效方式。

> 在一个必须以闪电般的速度处理信息的世界里，学习新事物的能力比以往任何时候都更为重要。学生需要具备创造性、批判性和协作性思维。
>
> ——唐·坦普斯科特（Don Tapscott）

与印度的数学教师一起工作时，综合性思维方式的有效性很明显。到六年级的时候，我们帮助的学校的学生已经在前两年记忆了计算盈亏的公式，并将公式应用到无数问题中。尽管进行了反复的操练，许多学生还是不能成功地运用这些公式解决问题，而且大多数学生没有真正理解这个公式。在我们团队的支持下，教师创建了一些简单的商业投资场景。在这些场景中，学生需要计算出盈亏。在小组活动中，教师要求学生尽可能地找出答案，并且用尽可能少的词生成公式（或者只用一些符号，如果可能的话）。这些词或符号表示所有的变量以及变量之间的相互关系。学生想出了各种各样的、并且在某些情况下还颇具想象力的方法来表示各自的公式。当再次进行小组活动时，学生用不同的问题验证了自己草拟的公式，检查是否在每种情况下都有效。他们把自己的公式版本推销给了其他小组，看看他们能否得出更完整、更可靠、更简洁的公式。一名学生在学习日志中回忆这段经历时表示，虽然这是他第三次接触这个话题，但这却是他第一次明白自己在做什么。他不担心在考试的时候会忘记这个公式，因为他理解了它，并很难忘记它。他继续解释说，由于有了这样的学习经历，即使他碰巧忘记了这个公式，他也有信心重新推导出来。

我们大多数人都能很快意识到，如果学生完全单独学习，这样的经历几乎不会产生相同的效果。这证明了协作性思维的价值。同样，如果教师不期望学生检验和调整彼此的想法，而仅仅是根据直觉得出结论，我们同样能想象得到最终糟糕的结果，这证明了批判性思维的价值。最后，如果对学生尽力得出原创性公式不抱任何期望，那么这种活动的有效性也会大大降低，这证明了创造性思维的价值。综合考虑这三种情况，其阐明了将有效或优质思维视为综合成就的协同作用和价值。

到目前为止，我们在讨论中有意笼统地提及思维，而没有尝试提供一个精确的定义。近年来，教育文献非常重视上述情况中所强调的三种思维形式：批判性、创造性和协作性思维。正如许多复杂的概念一样，它们的意义和相互关系有各种各样的解释。当我们说希望学生去思考，我们的意图是什么呢？我们脑子里想的是哪一种或哪些思维方式呢？创造性思维与批判性思维通常是对立的。前者通常被描述为自发、生成性和非理性的，而后者通常被描述为深思熟虑、反应性和逻辑的。这是一个合理有用的分类吗？许多关于协作性思维的讨论立即转向了合作性学习。这两个术语是同义词吗？回答这些以及其他有关批判性思维、创造性思维和协作思维（C3 思维）之间的意义和相互关系的问题是概念化和实施思维课堂的一个重要步骤。

综合型思维方式的有效性

对于批判性、创造性和协作性思维之间的关系，人们几乎没有达成共识。对这些概念有三种不同的解释：

◇思维形式截然不同且相互对立；

◇思维形式截然不同但却彼此互补；

◇思维形式的各个维度相互交织、相互强化。

> 高品质思维是一种严谨的思维，它既是生产性的，也是反应性的，可以单独完成，也可以协作完成。

图 3.1 阐明了每一种解释。正如这些例子所表明的那样，在思维方面做到严谨，试图提出新颖或创新的想法，以及基于他人的想法促进我们自己的思维，这三者之间是完全可以相容的。这就是为什么我们将高品质或 C3 思维定义为严谨的思维，这种思维既是生产性的，也是反应性的，可以独自完成，也可以与他人协同完成。思维的每个维度都得到了强化并且依赖其他维度。当要求学生思考时，我们希望他们明白教师期望他们是严谨的、富有想象力的和协作的（即使只是为了获得更多的背景知识而查找资料）。

相互区别和对立模式 　　如果思维形式截然不同且对立，那么没有人会同时运用三种思维形式。通常情况下，不同的人会依赖其中一种形式而不是其他形式。例如，哲学家可能最依赖批判性思维，艺术家最依赖创造性思维，而谈判人员最依赖协作性思维。	
相互区别而互补模式 　　如果它们是不同却又互补的形式，那么这三种形式都是有帮助的，但它们发挥着不相关的功能。一次只能运用一种形式，环境变了，思维方式也要调整。教师需要对学生介绍每种思维形式，并帮助他们弄清楚何时使用每种思维形式。	
思维形式的各个维度相互交织、相互强化 　　如果一种思维形式的各个维度是相互交织、相互强化的，那么不依赖所有的维度，就很难在所有的场景中有效地发挥作用。教师需要向学生介绍各个维度，并帮助他们在各种情况中有效地运用这三个维度。	

资料来源：Images created by The Critical Thinking Consortium。

图 3.1　批判性思维、创造性思维和协作性思维之间的相互关系

　　至少有两个现实的理由使人们相信 C3 思维是思维形式的多个维度相互交织和相互强化的产物：

　　◇**更经济**：思维的复合形式比多个形式更简单、更有效。如果是离散的思维形式，思考一项任务将需要使用批判性视角，然后是创造性视角，最后是协作性视角。然而，如果它们相互交织在一起，我们可以从复合视角同时处理一项任务。

　　◇**更有效**：整合的概念可能更有效。事实上，如果有独立的思维形式，那么每种形式都可以独自生效，而不需要借助其他形式。然而，如果它们是相辅相成的，我们就不可能在不调动其他思维形式的情况下做好一件事。考虑一下缺少其中一种思维维度会发生什么。缺少批判性维度的思维是没有支撑的、轻率的。如果没有创造力，思维就会局限于我们已知和可预测的范围内。而如果没有协作性维度的参与，思维将是单一孤立的。如果结论总是可以预测，那么对于批判性地思考文本的解释和问题解决方案的个人，我们又会在多大程度上对他们满意呢？当我们期望个体独立思考时，那些总是单枪匹马而从不借鉴他人见解的批判性思考者的思维效果又如何呢？关于创造力也可以提出类似的观点。我们对那些没有支撑、没有思想的创造性解决方案满意吗？据说伟大的创新是建立在巨人的肩膀上的。如果这是真的，如果人们总是脱离于别人的想法，那么创造性产出的前景会怎样呢？最后，谁又会想要那种完全可预测且不受支撑的协作性思维呢？

现在，让我们更仔细地看看思维的每一个维度，以及相关的误解是如何导致人们把它们视为离散的，甚至是对立的形式。

批判性维度

批判性思维需要根据相关标准判断或评估哪些观点或行为是合理或明智的。

在我们看来，只有当个人试图判断或评估哪些是合理或明智的观点和想法时，他们的思维才是批判性的。任何评估都必须依据标准来完成。"批判的"（critical）和"标准"（criteria）这两个术语之间的密切关系具有指导意义。"批判的"这个词汇应该被看作是"标准的"的同义词。换句话说，批判性思维是标准思维——根据或使用标准进行思维（Lipman，1988）。基于标准使我们的判断具有严谨性。当我们批判性地思考问题的解决方案时，我们并不是在坚持个人的偏好（"这很好，只是因为我喜欢它"），或者基于一系列并不可靠的考虑因素得出某种结论（"它是一个很好的解决方案，因为它很容易，即使它确实有效"）。相反，我们需要对解决方案的优点进行合理评估——我们根据大量相关的标准作出判断。

批判不同于批评（criticize）

常见的一个误解是将批判性思维等同于批评：教学生进行批判性思考意味着鼓励他们批评一切。这种情况通常有两种形式——批判性思维教学生：（1）贬损或判断（judgement）；（2）质疑和拒绝所有权威。两者都是对促进批判性思维的目的和必要效果的误导性描述。

考虑到"批判"一词的内涵，有些人可能会把批判思维等同于否定、苛责和心胸狭隘，这是可以理解的。然而，这种联系并非不可避免，事实上也扭曲了批判性思维的真实意图。虽然作出判断是批判性思维的必要条件，但是作出深思熟虑的评判与判断不同。事实上，判断意味着基于不充分的证据得出草率和片面的结论。这些品质与一名优秀的批判性思考者的特质相悖。批判性思维本质上就是评论。优秀的批判性思维者就像受人尊敬的评论家。他们不是简单地贬损事物，而是公正地看待事物的优缺点。事实上，如果一个人有贬低和诋毁一切事物的倾向，这标志着他不具备做一名优秀的批判性思考者的重要特质。

另一种误导性趋势是将批判性思维等同于吹毛求疵——怀疑或轻视一切所见所闻。这种看法可能源于一些人倾向于质疑他人的观点，而不是反思。吹毛求疵的学生对所有权威的意见都不以为然。他和接受任何权威说法的学生一样，都没有进行批判性地思考。或者，正如一位哲学家所说，"有两种轻松生活的方式：相信一切或怀疑一切——这两种方式都可以使我们免于思考"（Ruggiero，1996）。一名优秀思考者的特点是不断地进行自我反思。教学生进行批判性地思考包括让他们质疑为什么自己不同意别人的看法，但这并不意味着教他们轻视别人的意见。出乎意料的是，提倡批判性思维，尤其是在青少年中，可能会使他们对普遍接受的观点不那么轻视，因为他们可能会意识到，轻率地拒绝一种观点与轻率地接受一种观点一样，都缺乏思考。

批判性思维适用于一切，而不仅仅是论证

另一种错误的看法是批判性思维主要集中在逻辑和论证方面。而如果我们理解恰当的话，批判性思维适用于我们期望承担的任何任务，即使是看似死记硬背的任务。比如，记笔记也可以成为批判性思考（以及创造性和协作性思考）的机会。我们首先来看看不加思考地记笔记这项任务。当学生把老师说的几乎每句话都记下来，或者他们杂乱无章地记下所有的观点，但却不考虑它们的重要性、相关性或准确性时，就会出现这种情况。另一方面，教师可以通过向学生介绍评价好坏的标准，并提出各种策略，比如圈出关键词、组织思路、释义等方式帮助他们把记笔记当成一项深思熟虑的任务。当学生判断他们提出的条目是否准确、相关、全面和简洁时，他们就会批判性地思考笔记。认识到批判性思维实际上是参与任何任务的一种方式，这是所有的老师教学中——从艺术到动物学，从算术到木工——都应该关心并帮助学生进行批判性思考的原因。

有创造力的人需要批判性思维

支持不同思维形式的作者经常将批判性思维和创造性思维进行鲜明的对比。这种区分常常被描述为批判性思考者的不懈深思和技术理性与创造性思考者的直觉敏感、自发冲动和想象驰骋相对。艺术家、作家、发明家和其他有创造力的人经常会对他们的作品深入思考，考虑他们的作品是否符合他们想要达到的美学和技术标准（例如，他们的作品富有想象力吗？平衡协调吗？令人回味吗？实用可行吗？）即使是在凭直觉创作的时候，有创造力的思考者也可能在某个时候需要退一步审视评估其直觉或冲动是否是值得追求的。有人曾经提出，直觉只是一个有待验证的假设。作家和其他创造者经常扔弃草稿，重新开始，这证

明了批判性反思在创造性努力中的作用。反过来，把批判性思考者想象成缺乏想象力、缺乏情感和过度分析的人，这其实是一种刻板印象。批判性思考者需要有创造力——他们必须预见潜在的含义，想出独创性的方法并从新的角度看待事物。

创造性维度

> 创造性智力（creative intelligence）是工具，而不是灯泡，是我们主动进行而不是发生在我们身上的事。它有关于洞察（insight）之时和之后发生的事情；这是一项艰苦的协作性工作，有助于你的想法从脑海中迸出，并走入这个世界。
>
> ——布鲁斯·努斯鲍姆（Bruce Nussbaum）

创造力这一概念比批判性思维更具争议性。直到不久前，人们在很大程度上还把它归入艺术领域（在某种程度上也将它归入科学领域）。然而，日益关注知识经济中迅速变化的全球环境和竞争力增强了设计思维、创新和创造的重要性。本节中，我们将界定创造性思维并探究与之相关的误解。

创造具有目的性、独特性和重要意义

我们认为创造包括有目的的创意或产品创造，这些创意或产品新颖或独特，并且有价值或意义。让我们先看看这些术语的含义以及它们为什么与理解创造力有关。

> 创造需要目的。它新颖独特，并且有价值或意义。

创造力需要有目的创造。 创造是人们有意去做的事情。"创造力"的根源是创造，意味着其目的是创造东西——无论是一个想法，一个反对某个立场的新观点，一件艺术品，一个新的舞蹈动作，还是一个独创性的问题解决方案。如果创造是有意为之的，我们如何去解释一些著名的发明事件，比如阿基米德（Archimedes）坐在浴缸里发现水中物体使水发生位移现象？阿基米德定律——阿基米德多年来一直在探索它——是一个伟大的创造性进步与他侥幸发现这一定律并不矛盾。这是因为创造力依附于我们创造的想法、行为和事物，而不是创造方式。许多其他人也坐在他们的浴缸里观察物体——但这里本身没有什么具有创造性的东西。阿基米德事件之所以具有创造性，只是因为它所产生的产品性质，而不是因为某种特殊类型的活动——当一个人坐在办公桌前，体会在树林中散步的感觉，或冥想时，他可能正在创造。通常，人们会完成某些任务，如听音乐、和他人集思广益，或者思考"如果……会怎么样？"的行动方案，并明确希望产生原创性想法。但并不是思维的固有性质使这些活动具有创造性。创造性的定义取决于思维成果的特性。

创造物必须具有原创性或独特性。 只有在某方面新颖独特的事物才能被认为是创造性的。当创造物与早已存在或众所周知的事物没有区别时，我们不会使用"创造"这个词。创造物必须有一定的新颖性，才符合这一术语的应用范围。

创造物必须具有价值或意义。 并不是所有独特的想法、事物或行动都是创造性的。人们普遍认为，即使一件事情以前从未发生过，也不足以证明它具有创造性。新颖性必须具有价值或提供在某种程度上或在某些圈子里被认为有用或重要的东西。例如，我们不会把扔在地板上的玻璃所产生的碎片构形描述为创造性。它可能是一种独特的设计——破碎的玻璃可能以前从未完全以这样的排列方式呈现——但它没有特定的价值或优点。创造的意义可能是非常具体的，比如治疗一种毁灭性的疾病，或者设计一种尖端的移动设备，但它也可能是超越现实的，例如，创造出非常精美的东西或包含重要的见解。艺术界对颇具争议性的绘画或表演艺术进行争论在很大程度上是关于作品的美学价值问题。通常情况下，此类争论的对象都是不同寻常的作品，但"非同寻常"本身并不是一个值得将它们放在画廊里的充分理由。虽然有关原作价值的结论可能是主观的，但发生争论这一事实证明了创造的一个方面就是提供价值。创造性工作有一定的价值或意义——即使只有少许的价值和意义——对于教育工作者来说尤其重要。如果不能产生任何有价值的东西，那么投入教育资源，鼓励学生以不同的方式进行思考几乎没有任何意义。

创造力不需要天才

有一种看法认为，必须真正具有原创性和深远价值，某样东西才能被视为具有创造性。当代有关创造创新的重要性的讨论常常都会提及史蒂夫·乔布斯（Steve Jobs）和比尔·盖茨（Bill Gates）的故事。他们改变了数十亿人的生活。教师也经常在科学和艺术天才的背景下讨论创造力，这些天才从根本上改变了世界。如果我们的目标是培养具有批判性、创造性和协作性思维维度的思考者，那么聚焦那些具有创造性的巨人就好比期望体育课上的学生都能成为世界级的运动员，英语课上的学生都能成为获得诺贝尔奖的作家。显然，这对大多数学生来说是不现实的。是否一定要将创造力培养理解为只适用于最优秀和最聪明的精英人士的目标呢？创造力在绝大多数学生的生活中处于什么位置呢（如果有的话）？

通过区分两类创造力，我们可以更好地理解创造力是所有学生都可以实现的目标：

"大 C"创造力。该术语表明，创造的成果必须与之前的存在于世界任何地方的成果有显著差异，或者在广泛的范围内具有巨大的价值或功能。"大 C"创造创新是那些在商业、科学和艺术史的书籍中被描述的东西，并丰富了数百万人的生活。我们通常把"大 C"创造者称为天才。当然，学校应该尽其所能培养具有这种潜力的人，但这对我们大多数人来说并不是一个现实的目标。它也不是我们在描述思维课堂创造性维度时所关注的东西。

"小 c"创造力。该术语表示，与个人或当地人一直在做的事情相比，创造的成果必须具有不同的特性，并且对个人或群体有价值或用处。它指的是人们超越通常的做法去解决日常问题的方式，提出有用或有见地的解决方案。当父母发现用剩饭准备美味饭菜这一富有想象力的方法时，或者孩子们用他们能支配的任何东西来发明新的操场游戏时，或者抛锚的司机用树枝临时修好车的引擎直到开到一个加油站时，"小 c"创造性活动就发生了。虽然这些成就在大规模范围内看起来微不足道，但它们对我们在周围世界中的活动至关重要。想想我们的学生每天所遇到的只要一点点创造力就能解决的各种情况吧！这包括当他们丢失铅笔且旁边无人可提供一支时，或者他们的拉链卡住了，用力也拉不动时，或者他们最好的朋友不跟他们说话，他们连问了三次为什么时，他们决定做什么。在学校里，"小 c"创造机会几乎出现在每一种学习情境中——教师要求学生想出除明显的原因之外其他可能的解释，为段落归纳有趣的标题，或者在传统方法不起作用的情况下想出解决数学问题的方法。虽然他们的解决方案不会改变世界，但它们将丰富学生在校内外创造的几乎每一个创意或作品。

培养创造力关乎工具，而不是灯泡

几个世纪以来，人们一直认为创造力来自独特的头脑或一抹神秘的灵感火花，这些灵感往往是上天赐予的。虽然毫无疑问，有些人天生就具有创造力，但学校同样可以培养每个学生的"小 c"创造力。我们已然承认，有些学生天生确实比其他学生更聪明，而且很可能比大多数学生更优秀。但这并不意味着我们不去尽力提高每个人的能力。创造力也是如此：虽然从创造性的角度来说，有些人天生就更有天赋，但所有人都能在支持性环境下提高其创造力。

创造力的核心是能够看到不同寻常之处，将已经被接受的想法重新配置组成新的组合。这需要两样东西：源源不断的可以激发我们思维的新想法和以独特的方式处理各种可能性的方法。天生有创造力的人本能地倾向于以不同的方式看待世界。换句话说，他们天生就能以新的方式看待熟悉的事物。有人认为，天生具有创造力的人的缺点是很难用传统的方式看待世界——他们可能很难像我们大多数人一样看待世界。我们其他人——更传统的思考者——可以采用创意生成策略来弥补我们天生有限的创造本能。和别人，尤其是和我们不一样的人交谈，单独或和别人一起进行头脑风暴，广泛阅读，甚至旅行都是我们每个人用以获得和思考新想法的策略。我们也可以采用一些策略来帮助我们重新配置（reconfigure）我们的想法，包括从不同感性和理性的角度看待一个想法或物体，以不同的方式重新配置元素或组件，夸大特征，或有时只是简单地把事情放在一边，稍后再回来以全新的眼光看待它们。重点是，我们不仅仅可以激发创造力，还可以后天培养创造力。值得注意的是，所谓的创造性策略在协作和批判性思维方面也非常有用。

协作性维度

> 集体智力（collective intelligence）总是胜过个人智力。
>
> ——爱因斯坦（Einstein）

学生学会独立思考（think for themselves）——而不是独自思考（think by themselves）——这件事从来没有比现在更重要。这意味着愿意深入参与和借鉴他人的想法，同时也能够根据自己的价值观和理念筛选与评估这些想法。富有成效的思想交流是协作性思维的本质。

协作性思维不同于合作学习

合作、合作学习和协作性思维之间有着重要的联系。所有这些概念都与提高人们一起有效工作的能力有关。在这三个词中，合作涉及的范围最广，它关注丰富人们共同工作和生活的方式。合作学习涉及的范围次之，它关注丰富学生共同学习的方式。协作性思维在三者中涉及的范围最小，它关注丰富人们共同思维的方式。共同思维是也应该是共同学习和共同生活的一部分，但情况并非总是如此。在讨论中，学生们可能只是发表自己的观点，而不是听取或借鉴任何他人的观点，虽然他们可能在倾听，但实际上没有人会认真思考他人在说什么。换句话说，学生可能是在高度合作，但却没有协作性地思考。关注协作性思维旨在呼吁人们重视存在于合作和共同思维之间的潜在差距。我们来看看下面的例子：

> 协作性思维需要深入参与并听取借鉴他人的想法，以实现互利。

课堂辩论。合作性小组的标志之一是小组成员能够表达不同意见，且相互尊重。这在传统的课堂辩论活动中体现得最为明显。虽然辩论是很有用的课堂活动，但它们可能不支持学生在学习过程中与他人一起进行有效地思考。辩论中隐含的信息有三个方面：

◇问题非黑即白（你要么支持、要么反对这个问题，对方就是你的"敌人"）；

◇目标是赢得辩论；

◇不鼓励学生改变想法（他们不能在辩论中途更换立场）。

遗憾的是，这些课与协作性思维背道而驰。为了协作性地思考，学生们需要意识到以下几点：

◇多数问题涉及一系列合法视角的"灰色"地带；

◇目标是个人在这个问题上找到最合理的立场；

◇听取他人的想法意味着在面对新想法和新证据时改变自己的想法。

简而言之，虽然课堂辩论鼓励合作，但它们并不一定促进协作性思维。在下面的框中，我们描述了一个更有效的有关培养协作性思维的替代性方案，即

U 形讨论（见图 3.2）。

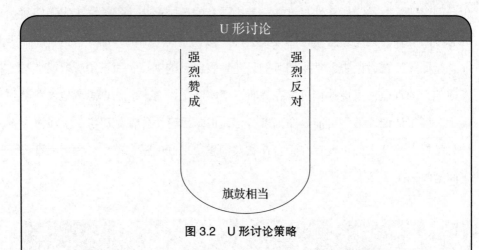

图 3.2　U 形讨论策略

U 型讨论策略可以用于学生和成人，帮助他们理解问题的不同观点，并鼓励真正的思想交流。

◇将椅子排成 U 形。

◇让参与者根据自己在某个问题上的最初立场，将自己定位在"U"上。持相反观点的参与者（也就是说，他们完全同意或完全不同意某一立场）会坐在"U"的两端。持混合意见的人会坐在"U"曲线的适当位置上。

◇首先邀请坐在"U"形两端的每个人陈述他们的观点，并只给出几个理由（如果强烈支持一方或另一方观点的人数存在不平衡，请将自己暂时置于两端位置，以便展开讨论）。

◇当坐在"U"所有位置的参与者各自陈述他们的观点时，请让他们依次交替进行。

◇鼓励参与者在听到促使其想要在这个问题上改变想法的原因时沿着"U"的曲线移动。

随后，汇报讨论情况。问学生：哪些评论让你思考得最多？这次讨论有没有让你改变立场？你现在对这个问题持有不同的看法吗？

组内角色分配。一种广为流行的合作学习策略是在小组任务中安排学生扮演特定的角色——比如，担任检查员、记录员和鼓励者等。虽然每个学生的角色与其他人的工作相辅相成，但在思想交流方面并没有得到有效的支持。事实上，由于专注于履行自己的主要角色，他们更有可能分散思想交流的注意力。

简而言之，每个小组成员都可以有效地完成他们的工作，然而，他们之间的思想交流却低质、低效。如果在学生已有的角色基础上，增加他们参与思想交流的环节，那么协作性思维将会提高。下面方框中所描述的以及图3.3所阐明的分享讨论结构（placemat structure）是一个增强协作性思维的活动示例。

"分享"讨论结构

餐垫结构可以用于学生和成年人，帮助他们在与他人讨论之前形成自己的想法，然后鼓励他们与他人分享想法并真正地交流。

操作指南

◇将学生分成三至五人的小组，每张桌子上放一张大的记录纸。每个小组在各自的记录纸上画一个餐垫，餐垫上留出每个小组成员记录的区域，以及用于协作性回答的公共区域。

◇学生会在座位正前方的餐垫纸上的相应区域安静地写上几分钟。

◇学生一边听，一边轮流分享他们各自记录在餐垫相应区域的想法。

◇小组成员尽力就共同关心的问题、概念和想法达成一致意见，并将这些意见记录在餐垫中的小组公共回答区域。

随后，汇报讨论情况。问学生：哪些评论让你思考得最多？这次讨论有没有让你改变立场？你现在对这个问题有不同的看法吗？

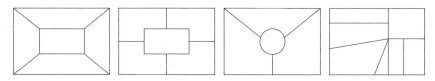

图3.3　分享讨论模板示例

分享讨论的方法有好几种，具体哪一种要取决于组员人数和座位安排。

协作性思维不是简单地与人交谈

协作性思维最有效的方式之一就是在直接对话中与人交流思想。但人们可以在不与任何人交谈的情况下进行协作性思考。打个比方，事实上，协作性思考也可能会发生在一位去世几个世纪的人身上。这些与过去的对话是学者们探索伟大思想家的观点时的典型做法：如果爱因斯坦还活着，他会对某个特定问题说些什么呢？柏拉图的观点与我的有何不同呢？虽然我们不能指望学生们做出同样水平的分析，但所谓信息时代的现实情况是，学生正在接触大量的历史和当代人物的想法，而他们可能永远都不会遇到这些人。人们对互联网的普遍印象就是所有问题的答案都已在那里等着我们去查找。与其把来自数字资源的信息视为静态实体，学生还不如参与到通过数字方式获取的想法中：我真的明白它在说什么吗？这些想法和我自己的经历和理念一致吗？这些新信息对我的其他信念赋予了什么含义呢？对于所表达的观点，我会有什么疑问呢？值得注意的是，所有这些问题都没有对这些观点进行公然的批判性评估；他们只是寻求探索其意义和含义。简而言之，他们试图在自己的脑海中与作者构建对话。这并不是一种异想天开的期望，而是，比如，读写课教师在鼓励学生阅读字里行间及言外之意时所做的事情。

协作性思维是重要的学习方法

协作性思维是第 6 章将要讨论的诸多能力之一，但除批判性和创造性思维以外，它也是学习的基本引擎工具。学生们需要学会如何协作性地思考，这样他们才能有效地与他人合作并向他人学习。这就是为什么协作必须成为思维课堂的核心。

理解需要多角度倾听。众所周知，六个盲人摸象的故事表明在构建理解过程中，分享观点很重要。摸到尾巴的人认为是藤蔓，摸到腿的人认为是树干等。虽然存在一个独立的真实世界，但是正如故事中每个人的片面观点所表明的那样，我们对这个世界的理解和解释能力受到我们视角的限制。对于伐木工来说，树是经济来源；对于松鼠来说，树是家园；对于信奉万物有灵论的人来说，树是有生命的实体，它的生命和任何人的生命一样神圣。没有人必须接受他人对世界的看法，但是如果对彼此的视角没有一定程度的理解，一个人不可能理解这个世界——不可能理解为什么有些人冒着生命危险去砍伐一棵树，而另一些人却冒着生命危险去拯救一棵树。学着去理解世界包括学习他人看待世界的方式，并以他人的观点丰富我们自己的观点。

创新建立在他人的思想基础之上。正如在前面的讨论中看到的那样，有关创造力的荒诞说法之一是伟大的创造者只是凭空创造了其发现。事实上，实现每一项重大成就都是因为许多人能够建立在他们前辈和同辈人的思想与经验基础上。协作性思维是创造的动力。但是，我们必须谨慎地认识到，在讲解式课堂上，别人的想法，特别是那些权威人士的想法，如果被毫无疑问地、不加修改地全盘接受，可能会破坏创造力。在思维课堂中，目的是向他人学习，而不是受制于他人的观点。培养协作性思维能力是学会独立思考而不是独自思考的关键。创造力只有在这样的环境中才能得到发展。

结　语

我们认为，批判性、创造性和协作性思维之间的相互关联性极强：高品质思维需要大量的创造力，而进行创造性思维涉及大量的批判性反思，而协作性地建立在他人观点的基础上可以辅助创造性和批判性思维。我们对高品质思维维度感兴趣，并不仅仅是因为它们是重要的 21 世纪能力，这里还涉及一种取向。通过这种取向，学生可以着手处理所有的学习问题。当要求学生在完成课程学习的过程中进行思考时，我们希望他们明白，他们在学习过程中应该严谨、富有想象力和具备协作精神。培养思维课堂的下一个挑战是帮助教育者有效地将这三个相互强化的思维维度应用到他们的日常教学实践中。这是下一章的重点。以下是一些精选策略，供教育领导者与教师一起使用，以支持他们理解和实施 C3 思维。

在员工讨论中示范思维策略

提高员工思维质量并鼓励教师在课堂上使用有效策略的方法是在教师会议和家长会上采用选定的思维策略。[①]

为 C3 思维设立常规期望

当然，还需要鼓励教师在作业中明确要求学生展示他们如何严谨、富有想象力和协作性地思考。鼓励教师在教职员工会议上提出建议时也这样做。

建立共同的理解

由于批判性、创造性和协作性思维有多种不同的概念，教师之间可能会有不同的观点。如果思维是基础，试着共同理解这些术语的意义和它们之间的相互关系是很有用的。

---

① 普兰切和凯思（Planche & Case，2015）的书中描述了家长和教职员工使用的思维策略。

第 4 章　营造思维课堂的框架

本章介绍系统实施思维课堂的框架。更具体地说，本章讨论：

◇指导实施各种举措的四个问题；

◇学校和课堂氛围的作用，以及一系列营造思维课堂氛围的实践；

◇如何创造机会以支持思维课堂；

◇在思维课堂中培养学生能力的方法；

◇提供指导以支持思维课堂的方法。

> 工欲善其事，必先利其器。
>
> ——《论语》

塔米·麦克迪尔米德（Tami McDiarmid）的小学课堂要了解纪念各战争退伍军人所作的贡献和牺牲的重要性。她打算让学生自己创设问题，并向一位课堂嘉宾提问，这位嘉宾是一位二战退伍老兵。如果听任他们自己安排的话，许多学生可能会问一些无关紧要的问题。塔米从四个方面系统地支持学生思考他们可能会提出的问题：营造支持性氛围，创造丰富的机会，培养学生能力，并提供及时、有用的指导。

这次活动的准备工作早在课堂嘉宾计划访问之前就已经开始了。年初以来，塔米一直在营造一种信任的氛围，建立学生分享想法的信心。她还建立了一种期望，即期望学生定期独立思考，而不是独自思考。在准备迎接主讲嘉宾时，她认为学生自己设计强有力的问题将为他们提供真正的机会。在嘉宾来访的前三周，通过阅读战争期间的儿童故事，学生创设有效问题的能力得到了明显的发展。如果没有从这些故事中获得相关的背景知识，许多学生将无法提出有思想深度的问题。在访问到来的前几天，塔米请全班学生思考一个有效问题的属性。学生们能够提出有深度的相关标准："给你提供大量的信息""开放式的——不能用是或否来回答的""可能出乎意料的"和"通常不容易回答的"。

　　塔米支持学生开展协作式头脑风暴活动，以提出可能的问题。两人一组，学生们评估哪些问题最符合商定的标准，摒弃一些无效的问题；修改其他问题，使其更有效。塔米默默地引导学生思考，让他们考虑可能被忽略的标准。在嘉宾来访的当天，每个学生都要提出一个问题，他们的问题广泛而深入：你为什么参加战争？你对战场上的朋友有什么记忆？妇女在第二次世界大战中扮演了什么角色？她们从事什么工作？你藏身的安全之所在哪里？学生们聚精会神地听着老兵回答他们深思熟虑后提出的问题。他承认，这些问题使他比60年来的任何时候都更深入地思考这场战争。

　　这位教师成功地帮助学生更深入地了解了二战相关的事件和情况，发展了他们提出有效问题的能力，并使他们对退伍军人作出贡献的重要性有了深刻的认识。她之所以能成功地取得这些成果，是因为她以系统的方式去完成这项任务。有关如何构建学习机会，教学生使用哪些工具去培养他们的能力，什么时候提供指导，提供什么样的指导，以及如何营造支持性的氛围等大量具体的决定都从她致力于创建思维课堂的实践中受到了启发——她促进学生学习，致力于创建批判性、创造性和协作性思维。

　　如果要使思维成为一种渗透到教与学各个方面的思维模式或世界观，教育工作者就需要系统、彻底地对其加以实施。本章探讨完成这一过程的建议性框架。

全面性实施方法

图 4.1 概括的"四方面"（four-faceted）方法可应用于任何改革，而不仅仅是创建思维课堂。事实上，该框架贯穿整本书，将建议性实践组织起来。这些实践都与所讨论的每个结构元素相关。它们不是要遵循的程序，而是实施学校教育改革时需要考虑的广泛领域。

◇**营造氛围**：我们能采取哪些措施在教室或学校里营造一种文化氛围来支持……（如：学生选择）？

◇**创造机会**：我们如何制定要求并组织机会以实施……？

◇**培养能力**：我们如何培养所有相关人员在……方面取得成功的能力？

◇**提供指导**：关于……，我们可能寻求或提供什么样的反馈？又该如何、何时寻求或提供这样的反馈？

我们一再强调一致性回应对所有教育改革工作的重要性：基本理念应该与指导原则、目标和实践一致。每项原则或实践内部也必须保持一致。换句话说，对于任何特定的改革举措而言，所有方面（氛围、机会、能力和指导）都必须相互一致。忽视这些方面会破坏改革工作。例如，教育工作者可能给学生创造了许多思考的机会，但却忽视了培养学生思考的能力。因此，学生可能会感到沮丧。同样，课堂辩论和讨论也可能会举步维艰，因为思维课堂的规范还没有建立起来。学生可能仍然会向教师寻求"正确"的答案，或者不理解听取和尊重他人观点的必要性。除非所有四个方面都准备就绪且相互一致，否则，思维或其他任何改革举措都不可能成功。

资料来源：Created by The Critical Thinking Consortium。

图 4.1　系统实施框架

该概念性框架非常有用，有助于教育工作者建立在他们现有实践的基础之上，避免"将婴儿与洗澡水一起倒掉"，精华和糟粕不辨。如第 13 章所述，我们鼓励教育工作者把改进实践的努力看作是持续不断的教育革新，而不是短期的突发性改变。在持续探究教学实践的过程中，教育工作者可以在实施的四个方面的大环境下考虑以下三个问题：

◇**肯定（Affirm）**：为了……（例如，营造气氛），我目前正在采取的哪些措施有效地支持了我期望实施的举措（例如，学生选择）呢？

◇**改进（Refine）**：我能对我目前正在做的……做哪些简单的调整，以更有效地支持我期望实施的举措呢？

◇**追求（Aspire）**：从长远来看，我还能做哪些更实质性的改变……，从而有效地支持我期望实施的举措呢？

图 4.2 确定了这四个通用方面得以实施应用并促进思维的方式。让我们详细地看看这些方面是如何指导思维课堂的实践活动。

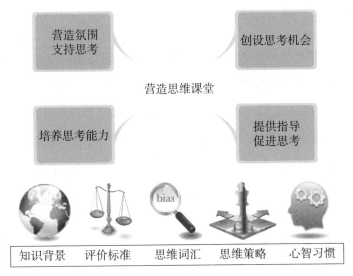

资料来源：Created by The Critical Thinking Consortium。

图4.2　营造思维课堂的框架

营造支持思考的氛围

> 除非我们课堂的学习环境能够培养和支持思维，尤其是高阶思维，否则学生不可能接受我们为了帮助他们提高思维而持续作出的努力。
>
> ——巴利·拜尔（Barry Beyer）

开展思维课堂在很大程度上取决于课堂文化或氛围。无论是面授还是虚拟课堂，教师都需要积极控制好促进思考型学习蓬勃发展的各种条件。这需要考虑学习发生的实体空间（physical space），设定明确的期望以支持思考，建立培养思维的常规活动（routines），管理师生和生生之间的积极互动，示范一位优秀思考者的特质。让我们先来探讨一下开展各种教学实践涉及哪些内容。

创建益于思考的物理环境

实体空间是构建思维课堂的重要因素。教室的布置向学生传递了一个有关他们应该如何学习的信息。公共教育基金会进行的一项研究发现，除其他因素外，高效率的教师不会一动不动地站着讲课，而是在教室里四处走动，监控学生的学习；教室里到处是学生的作业，而且课桌几乎从来没有一排一排地置放，而是以促进学生经常性互动的方式来摆放（Darling-Hammond & Bransford，2005）。教室里按行放置桌椅，并把讲桌放在最前面，这样的布置是在向学生暗示，学习是教师向学生传递知识的过程，而且学生之间的互动非常有限。

布置实体空间，支持思维课堂可能包括以下内容：

◇灵活安排学生座位，以便学生可以在不同的分组中与同伴进行讨论并舒适地学习。

◇将座位安排成 U 形或圆形，使全班同学参与讨论。

◇用学生思维示例和其他支持思考的展示品装饰教室墙壁。

◇尽可能减少破坏性的外部条件，如温度不适、噪音干扰和不必要的动作等。

设定明确的思考期望

教育工作者给学生设定的期望影响着课堂气氛。如果期望设置恰当，它们就为学生的行为制定了适当的规范。因此，每年 9 月，教师都会谨慎地建立一系列行为期望，比如守时、保持教室整洁、互相尊重。教师对学生的智力期望应给予同等的重视。以下几种期望支持着思维课堂：

◇学生应该自己拿主意，而不是轻信他人。

◇学生应该对问题或习题提出合理答案或解决方案，而不是期望别人告诉他们答案。

◇学生和老师要提供理由或例子以支持他们的观察结果、结论和行为。

◇学生和老师在得出明确结论之前，要认真考虑有关某一个问题的其他观点和解决问题的替代方法。

◇除了课堂上已经被表述过或众所周知的观点以外，学生应该努力思考其他的可能性。

建立支持思考的常规活动

除了对思维设定明确的期望以外，教师还可以通过在日常操作中建立各种各样的常规活动来支持思维课堂，使学生习惯于特定的思维框架和期望。支持思维的持续性实践可能包括以下内容：

◇使在课堂讨论中应用思考类词汇成为一种理所当然的事情（例如，问"有关这个人的心理状态，你能从这张图片中推断出什么？"或者"你在做什么假设？"）

◇给学生提供充足的时间，让他们单独或与他人一起反思自己的学习，并在被要求回答之前考虑他们的答案，或者在提交给老师之前修改他们的作业。

◇给学生提供时间，让他们在自己的思维中"游荡"（muck about）：探索想法、尝试解决方案、修改，甚至在最初的想法行不通时重新开始。

◇仔细研读教科书、新闻文章和报告，以及其他可靠的信息来源，以识别偏见、成见、过度概括、误差等。

促进培养思维的人际互动

课堂上有三个层次的人际互动：教师与整个班级学生之间的互动，教师与学生个人之间的互动，学生与学生之间的互动。这三种互动都可以通过支持思维的方式来培养。例如，教师可以帮助学生学会以高效、尊重和协作的方式相互交流。在单独回答学生问题时，教师可以直接回答学生的问题，从而结束进一步思考的机会，或者支持学生回答自己的问题——让学生独立思考。支持课堂上思维互动的实践包括：

◇促进不受教师话语支配的全班讨论，它需要学生进行广泛的、相互尊重的互动。

◇与学生个人进行交流，从而探查和支持其能力，使他们能够得出自己的结论并理解其中的原因。

◇教学生如何提供建设性和集中的反馈，促进尊重彼此的、富有成效的生生对话。

示范优秀思考者的特质

教师是课堂集体中不可或缺的成员，其行为给学生提供了重要的榜样。据报道，阿尔伯特·史怀哲（Albert Schweitzer）曾经指出："榜样不是影响他人的主要因素，而是唯一的因素。"这个原则也适用于思维。如果我们想让学生成为优秀的思考者，教师必须自己示范这些特质。这儿有一些示范思维的方法：

◇真正尝试着将所有的评论和决定建立在慎重、公正的全方位考虑之上。

◇如果被问询，愿意提供良好的决策和行为理由。

◇避免给出大量的概括性论述和刻板评论，或使用加深偏见的书籍、图片、电影和其他学习资源。

◇经常承认有关某个问题的不同立场（例如，通过从不同的文化、性别或阶级角度看待事件）。

创造思考机会

思维课堂的核心是定期让学生以反应性和生成性的方式深思熟虑地应对挑战，无论是单独进行还是与他人协作。设置挑战、驱动学习是一个关键性因素，它使思考成为学生课堂体验中一个常规而有效的组成部分。

课程中嵌入关键性挑战，使学习问题化（Problematize Learning）

> 只有当常规事务被一个高难度障碍或挑战打乱时，我们才会被迫考虑该怎么办。

关键性挑战指的是需要思考性地回答一个问题或一项任务。这与那些只需要猜测、分享未知意见、检索信息或死记硬背公式的问题形成了对比。只有存在待解决的问题时，才需要作出思考性反应。正如约翰·杜威在《我们如何思维》（*How We Think*）一书中所写的那样，只有当常规事务被高难度障碍或挑战打乱时，我们才会被迫思考该怎么办。如果情况本身没有问题（例如，只有一个可能的选择，或者一个明显的正确的答案），那么它就不需要批判性思维。如果思维只是课程的附加部分，它就永远得不到充分解决；思维必须是课程本身要教的东西（the way the curriculum is taught）。

课程内嵌的学习方法需要教师提出问题或任务，挑战学生深思熟虑地思考课程内容和技能。对问题和任务进行简单地改进，就可以在学习内容问题化方面产生显著成效。老师可能要求学生判断哪一种是更重要的工具来源（例如，哪一种动物——熊和鹿——对传统的土著生活贡献更大？），而不是让学生查找信息回答事实性问题（例如，美洲土著人传统的工具来源是什么？）。同样，学生们可能会评估达·芬奇、牛顿或爱因斯坦是否拥有最伟大的科学头脑，而不是写一篇关于著名科学家的报告。学生可能要从几个选项中选出一个内容最丰富、最吸引人的选项，而不是简单地为段落选择一个他们喜欢的标题。在所有这些情形中，学生超越了寻找事实或支持个人喜好的层面。他们不只是报告他们所知道或喜欢的东西，而是根据标准来判断或评估可能性，从而作出理性回应。

学会将课程问题化

通常情况下，为了给学生创建更丰富的问题或任务，教师会把注意力集中在动词上。他们认为，让学生分析而不是列举，这需要学生深入思考。事实上，分析性问题可能不会引导学生作出合理判断，而构建的列举性问题则可能要求学生进行合理性判断，其关键不在于动词，而在于添加一个"评价性"的副词或形容词。例如，让我们来看一下问题"列举二战中的四场战役"中添加"重要性"所产生的效果。学生需要根据意义标准来评估不同的战役，以支持他们列出的四场重要战役。看看教师如何只通过添加适当的评价性术语，就提高了学生对布卢姆分类法中任何问题的思考深度，这是很有启发意义的。

将思维嵌入整个布卢姆分类法

	应用布卢姆分类法的简单问题	批判性思考的任务
记忆	描述金凤花姑娘生活的地方。	以身临其境的方式描述金凤花姑娘生活的地方。
理解	总结《金凤花姑娘》的故事内容。	选取五个重要的细节讲述《金凤花姑娘》的故事内容。
应用	构建一个有关金凤花姑娘为什么进屋的理论。	根据故事中有关金凤花姑娘为什么进屋的线索构建一个可信的理论。
分析	区分金凤花姑娘和你自己对每个故事事件的反应。	区分金凤花姑娘对每个故事事件作出的反应和一个明智的（街头自卫）反应。
评价	评估你是否认同这一切真正地发生在金凤花姑娘身上。	评估哪些故事事件真实地发生了，而哪些事件却是幻想的。
创造	创作一首歌曲，一部短剧，一首诗或一段饶舌将《金凤花姑娘》这个故事以新的形式表达出来。	创作并表演一首精心构思的歌曲，一部短剧，一首诗或一段饶舌，将《金凤花姑娘》这个故事的中心思想传达给和你同时代的学生。

培养思考能力

我们提供有关智力资源或工具的概念来解释良好思维的发展。下面将讨论一些逐渐将被开发的工具。然而，正如在开篇故事中小学教师所做的那样，在帮助学生一次性成功地完成一项思考任务的情况下，我们需要逐个、有序地介绍各种工具。[①]

教授每项任务所需要的各种智力工具

> 如果没有助手和工具来完善它们，单凭手和大脑都不会取得太大成就。
>
> ——弗朗西斯·培根（Francis Bacon）

教师试图让学生进行批判性思维时，往往会遇到许多挫折，因为学生往往缺乏必要的概念、态度、知识、标准或策略——简而言之，学生缺乏胜任工作所需要的工具。人们通常认为学生拥有取得成功所需要的工具，或者认为重复可以提高学生的反思能力。毫无疑问，通过不断尝试自己解决问题的方式，有些学生确实可以提高他们的反思能力，但是如果教授他们完成这项任务所需的必备工具，大多数人将会更成功。虽然具体的工具取决于思考者面临的挑战性质，但促进思维在很大程度上是帮助学生掌握范围不断扩大的五类智力资源。

---

① 批判性思维联盟开发了一个在线资源："思想工具"（Tools for Thought），其中包含教授各种个人工具的教程，http://tc2.ca/t4t.php。

背景知识（Background Knowledge）。该工具指的是与需要深度反思的主题相关的信息。学生需要充分理解挑战环境。因此，学生需要我们希望他们能够思考的话题的信息。很有可能，这一系列话题是（或应该是）源于课程主题。这一点有力地说明了课程内容教学中嵌入了批判性思维教学。对背景知识的需要对于创造性和批判性思维来说同样重要，而且知识越丰富的人对他人的思维贡献就越大。

评判标准（Criteria for Judgement）。该工具指的是对现有选项或可能性选项的合理性或优点进行评判的标准或依据。批判性思维本质上是进行思考，以作出合理判断。而评判不可避免地要以标准为基础。例如，在决定冰淇淋是否应该成为我们饮食的一部分时，我们要超越个人喜好的层面，进一步考虑它是否营养丰富、价格合理，是否容易获得和容易保存。这些大量的因素构成了对一个人的饮食中是否应该包括冰淇淋作出合理判断的标准。因此，重要的工具是贯穿于课程的不同智力任务中、与情境极为相关的系列标准，从构成一篇优质议论文的要素，一个解决商务问题或思考性问题的合理性方案，到可靠的科学实验的特性，一次才华横溢的艺术表演，或有效的课堂讲义等。

思维词汇（Thinking Vocabulary）。这指的是那些有助于我们理解思维、思考思维的概念和差异的工具。虽然其他工具也涉及概念，但"思维词汇"是指那些专门针对思维基本差异的概念，包括一些区别性概念，如：

　　◇结论与前提；

　　◇原因与结果；

　　◇创新与差异；

　　◇共识与一致。

教师们早就认识到概念的重要性——尤其是那些教授非母语学生的教师。例如，我们在阅读语言艺术学科中（in language arts）的故事之前教授学生一些关键词汇，在分析物理或社会现象之前解释科学或社会研究中的概念。而教师们并没有意识到教授思维词汇的必要性。如果学生没有掌握辨别和识别关键性差异的词汇，他们就不能深入思考。例如，如果学生不能区分前提和结论，或者不知道原因是什么，他们就不太可能为自己的观点提供合理的理由。在分析现象和事件时，了解原因和相关性之间的区别是至关重要的。

理解"喜欢"与"值得"之间的微妙且重要的区别是培养学生批判性思维和创造性思维能力的关键。例如，当被要求确定更好的饮食选择时——汉堡包或沙拉——许多学生，尤其是年轻的学生，会选择他们喜欢吃的东西。这样做时，他们并不考虑每一项选择的相对优点，他们只是在表述自己的喜好。只有当学生能够从概念的角度区分什么是值得的——健康的饮食选择（即营养丰富的、环保的、易于烹制的、美味可口的、随处可获得的、实惠的）——和什么是令人喜爱的东西时——仅仅是一个令人愉悦的个人选择，他们才有可能进行深思熟虑的反思。

概念上的区别，如喜欢和有价值，前提和结论，或者原因和结果，让我们看到高品质思维的重要特征。如果不加以区别，我们就会模糊概念。

思维策略（Thinking Strategies）。这些是指可以用来指导或支持思考过程、学习技巧、组织工具、计算法则和模型等的工具。这类工具与其他人所说的"技能"（skills）最为一致，尽管我们认为它们被视为"策略"（strategies）更恰当。优秀的思考者会运用各种各样的策略批判性地、创造性地、协作性地思考完成他们所面临的难题。思维策略可以是复杂的，例如，遵循一个综合的决策模型（当处理一个复杂的问题时，从识别问题开始，然后考虑结果，研究每个选项等）。或者，它们也可能是针对特定任务的针对性策略（例如，为了弄清楚一个问题，用你自己的话复述它，请别人澄清，或者用图形表示问题等）。

心智习惯（Habits of Mind）。这些是一个谨慎而认真的思考者所特有的原则和价值观的承诺范围（the range of commitment）。虽然更常用的表述是"素养"（disposition），但我们更喜欢用"心智习惯"这个词来指"理智观念"（intellectual ideals）或"美德"（virtues）。它们引导并激励思考者，帮助他们培养良好的思维能力，如求知欲强、善于协商、思想开明、公平公正、容忍不确定性、自我反省、关注细节等。一个人的态度——或心智习惯——是高品质思维的关键要素。例如，那些拒绝新思想或思维僵化的人在很大程度上无法提出解决问题的合理性方案。

承认态度在思维中的作用对当今流行的观点提出了挑战，该观点认为思维是一种技能或一组技能。这种看法是不恰当的，因为再多的技能也无法克服思想封闭、偏见性思维带来的局限性。否认大屠杀的人就说明了这一点。这些人可能非常聪明，对事件有广泛深入的了解，并且能够组织有说服力的论点。尽管这些人有非凡的思维能力，但他们从根本上错误地认为大屠杀没有发生，因为在许多情况下，他们的种族偏见阻止他们公正地审视证据。思想开明只是思考者需要的众多心智习惯之一。一些人倾向于轻率地妄下结论，而这一倾向正是优秀思考者需要另一种重要的心智习惯的原因：深思熟虑思考的倾向——在行动之前先思考。成功的思考是一个重要的（但绝不是唯一的）态度问题。

思维指导

在思维课堂上，教育工作者希望确保每个人能意识到他们有多善于思考，以及他们怎样做才能进一步提高思维质量。使用术语"提供指导"（provide guidance）表明反馈不一定主要来自教师，还可以由个人、其他学生和教师提供。此外，在思维课堂上，可以以多种形式提供指导，包括"前馈"（feedforward）或有关如何进行思考的建议、已完成工作的反馈、共同观察、协作性对话、支持新的学习，以及评判各自的成果或表现。

评估思维和表现

从很小的时候开始，孩子们就逐渐明白学校重视的东西是要评估的。这个看似简单的等式——重要的东西要受到评估——却经常在既定的课程目标与学生精力投入的地方造成脱节。当评估专注于回忆信息或死记硬背公式时，学生们就开始相信记忆是取得成功的最佳途径。如果我们要认真对待思维，它就必须成为我们评估实践的重点。教师需要评估学生是否能胜任指定的任务，并表现出所期望的理解程度——这就是我们所说的"任务表现"（the performance of the task）。为了让学生认识到思维的重要性，对于产生最终成果或表现的思维质量，他们需要得到及时相关的评估。评估思维的一个关注点是决定从学生的答案中寻求什么。如果没有一个正确的答案，我们很可能会问："那么，我们能对学生进行可靠评估的基础是什么呢？"就思维而言，关键是看学生如何表现出合格思考者的素质。因此，思维的智力工具成为学生思维的评估标准。表 4.1 给出了与五种批判性思维工具相关的具体评估标准，这五种工具可用于评估一篇论说文（Persuasive Essay）和一件创意作品（Creative Work）。

表 4.1 思维评估标准

	论说文中的思维证据	创意作品中的思维证据
背景知识	◇利用准确的信息。 ◇理解关键性事实。	◇理解创意媒体机制。
评判标准	◇提供丰富的证据。 ◇以合乎逻辑的顺序组织观点。	◇作品有想象力。 ◇作品清晰且引人入胜。
思维词汇	◇区分正方观点和反方观点。 ◇理解立场意识的含义。	◇代表观点。
思维策略	◇运用适当的策略，阐述有说服力的观点（利用文章提纲、图表组织者等）。	◇运用适当策略准备作品（例如，一份草图，一次排练等）。
心智习惯	◇展现对不同观点的开明态度。	◇避免在证据不确定的情况下形成坚定的意见。

让每个人参与提供有效的反馈

对学生取得成功同样重要的是学生运用各种方式接受指导，提高他们的思维质量。指导既不应该完全来自教师也不应该完全通过正式的评估来提供。当学生自己成为有效的评估者时，他们会把及时和有效的指导作为日常学习的一部分。以下建议可以在这些反馈环节中帮助指导学生：

◇重视同伴反馈，让学生看到积极的一面，而不仅仅是消极的一面。

◇确保所有的反馈都专注于任务或作业的标准。

◇从评论那些不在课堂上的人的作业开始。在要求学生提交作业之前，让全班学生参与评论你已经做过的事情（例如，你在学生时代写过的一篇文章，你做过的课堂展示活动）或者来自互联网的作品。

◇当需要进行同伴评价时，从小组作业开始，让几个学生一起分担责任。

◇在同伴评价的早期阶段，不允许负面评论——只允许对积极方面发表评论。过渡到要考虑的问题或领域的一个良好时机是当学生自愿互相询问他们的作业有什么问题的时候。

◇示范同伴评论并制定一些简单的指导方针：也许需要坚持让每个学生在提出一个（单个的）问题之前，先提供两个（或更多）的积极评论，而消极的评论应该以询问的形式表达（例如，"我不太清楚你为什么这样做。你能解释一下你的想法吗？"）

◇确保同伴反馈的早期示例风险低，易于执行，且有明显的好处。

结　语

教育工作者需要系统地创造条件以培养思维课堂，从而使批判性、创造性和协作性思维能充分促进学生学习，这包括在有利于思维的环境中创造思考机会，并以提高学生良好思维能力的方式聚焦教学和评估。

培养思维课堂的实践	
营造氛围	◇创建益于思维的实体环境。 ◇设定明确的思考期望。 ◇建立支持思考的常规活动。 ◇促进培养思维的人际互动。 ◇示范优秀思考者的特质。
创造机会	◇课程中嵌入关键性挑战，使学习问题化。
培养能力	◇教授每项任务所需要的各种智力工具。
提供指导	◇评估思维和表现。 ◇让每个人参与提供有效的反馈。

以下是一些精选策略，供教育领导者和教师一起使用，以培养思维课堂。

把握机遇

将框架用作实施指南

在制订计划以实施或支持一项新的学校或地区举措时，请考虑怎样做才能有助于营造氛围、创造机会、培养能力，并提供与该措施相关的指导。

集思广益

每位教师都有一些想法，可以用来支持本章讨论的实践。安排他们分享这些想法和资源，以肯定他们为支持思维课堂目前正在做的事情，并以他们正在做的事情为基础，共同改进他们的实践。

不要试图一次性做完所有的事情

如果一次性解决思维课堂的四个方面，教师们可能会不知所措。最好一开始专注于改进或寻求改进一个方面内的一两个实践（例如，设定期望和支持思维的常规活动，或将学习任务问题化）。

第三编

重新调整目标：为了更好地
培养学生，学校必须实现哪
些目标？

第5章　从了解到深入理解

木章解释深入理解所涉及的内容，以及教育工作者应该有意识地促进学生深入理解的原因。更具体地说，本章讨论：

◇ 了解与理解课程主题之间的区别；

◇ 妨碍我们成功地培养广泛理解力的两个因素；

◇ 理解的重要性，如果我们想让学生为学校学习和校外世界作好准备的话；

◇ 培养学生理解所学内容的教学实践。

> 理解总是需要个人的创造；它绝不能简单地由生成者传递给接收者，而必须由学习者自己的经验和智力活动来建构。
>
> ——玛莎·S·威斯克（Martha Stone Wiske）

几年前，我的侄女手里拿着社会研究中30个最难概念的单元测验成绩回到家里。这些概念包括资本主义、共产主义、极权主义、自由主义和其他许多复杂的政治思想。她在测验中得了96%的分数。我寻思着庆祝她的成功，并与她进行了有关政治的对话。我问她资本主义是什么意思。她以令人昏昏欲睡的语气背诵了词典里的完美定义。我回答说："是的，但是它到底是什么意思呢？"侄女说她不能完全确定。所以我认同这是一个难以解释的概念，并问她是否知道我们的国家是资本主义国家。侄女回答说："我怎么知道？"

我问她是否理解资本主义的含义。她回答说："没有真正理解。"她对此有何感想呢？这已经是单元末测验了。她不确定期末考试是否还会问到这些定义，她担心自己可能会忘记其中一个定义。她"知道"定义，但不知道含义。她已经知道了那些术语，但并不理解。但是，她在班上得了最高分。

本书第 1 章指出，培养面向 21 世纪的学生的最大挑战实质上并不在于改变学校目前所教授的学科，或者基于当前的成绩衡量标准使学生取得更高的成绩。相反，我们需要取得有关当前课程目标内容更丰富的成果。本章探讨的第一个内容"更丰富的目标"——从促进了解到产生深入理解。

"了解"（knowledge）和"理解"（understanding）这两个词有时被用作同义词。例如，当问及"你知道这个词的意思吗？"和"你理解这个词的定义吗？"，我们的意思可能是相似的。然而，正如开篇的例子所表明的那样，记住和理解一个定义两者间有很大不同。教师会给学生解释事实、概念、规则、公式和原理，并假设他们"获得"（get）了我们所讲的内容。我们可以在随后的测试或测验中评估他们是否记得教师解释过的要点，但不应该假定他们对这些观点的含义已经深入理解。

本章中，我们将探讨为什么会遇到许多学生不理解他们所学内容的情况。我们讨论深入理解意味着什么，为什么学生理解大部分的在校学习内容是重要的，以及什么样的实践可以培养深入理解这一能力。

深入理解意味着什么？

理解而不是仅仅获得（或回忆）某事物的信息，这究竟意味着什么呢？要真正理解一组信息，必须具备三个有序条件。

理解意味着对信息的基本领会（basic comprehension）。理解一个事实不是简单地动动嘴唇，死记硬背定义。至少，理解意味着学生可以用他们自己的话认真地转述答案。这个问题在学生描述的一段有趣的世界史中得到了说明。这些学生对所学知识理解甚少，以至于他们完全错误地理解了事实。以下是一位学生对古罗马的描述：

> 罗马人最终征服了希腊人。史称罗马人，因为他们从来没有在一个地方待过很长时间。在罗马宴会上，客人头发上戴着蒜头。凯撒大帝在高卢战场上一败涂地。三月十五日他们杀了恺撒，因为他们认为他会成为国王。尼禄是一个残酷的暴君，他会通过拉小提琴（playing the fiddle）来折磨他可怜的臣民。（Lederer，1987）

理解意味着领会意义及其相互联系（significance and interconnections）。一个单词的词源很有启发性。Understanding 这个词来源于古英语单词 understandan，意思是"站在……中间"。虽然学生可以回忆定义、事件、标签和公式，但只有将这些信息与一系列相关的概念和事实联系起来，他们才会理解它们。记住美国是一个资本主义国家并不等同于理解这个事实。要了解美国与资本主义之间的关系，就必须认识到这种经济体制的重要性，以及它如何适应更大的格局（the larger picture）。学生必须对与特定事件或现象有关联的观点有一定的理解。

因此，聚集大量的不相关的事实无助于理解。这名学生未能意识到美国是之前所描述的资本主义国家，这表明她没有理解资本主义这一概念与诸如管制和混合经济（controlled and mixed economy）等相关概念之间的联系，以及与美国经济运作的基本事实之间的联系。

理解意味着掌握信念的依据（the warrants for belief）。理解的最后一个方面是要领会（至少在某种程度上）在决定是否接受或拒绝某一个已提出的事实性命题之前，需要什么样的证据。如果学生完全不知道哪些可以算作支持或反驳这些主张的证据，那么我们可能会怀疑他们理解这些观点含义的深度。例如，即使之前提到的那名学生碰巧记得美国是一个资本主义国家，但却不能举出任何证据来证明这个说法是正确的，我们也会怀疑她对这个概念的理解。

关注理解学习的教育工作者所面临的挑战是如何帮助学生理解、建构联系，以及能够证明或解释他们获取的信息。

为什么我们会有这样的问题？

虽然许多学生在教师的支持下理解了教学内容，但其他多数学生只是记住却没有理解大部分学习内容。这并不是说，教师没有尝试激发理解，尽管他们面临着不可控的条件约束。我们讨论的重点是怎样做才能在理解性教学方面提升集体成功的可能性。阻碍教师努力的两个因素是：传授知识信息或教授全部材料内容（covering materials)（讲解式教学方法的特点）在业界内仍然是一种公认的做法；法定的课程和考试非常多，以至于教授全部材料被认为是完成教学内容的唯一途径。

> 涵盖范围是理解的敌人。
>
> ——霍华德·加德纳（Howard Gardner）

先传递，后思考

有一个归因于布卢姆分类法的、由来已久的观念认为学习需要遵照思维的层次逐步提升：教师让学生参与更复杂的任务之前，必须先让学生完成低阶任务以获得足够的知识信息。[①] 例如，在培养理解力时，教师根据要求让学生描述、表达、定位、解释或总结信息。换句话说，教师期望学生在没有解释、区分、关联或质疑主题的情况下理解材料。但是，如果没有机会分析各部分内容、综合各种信息来源或在新的情况下应用这些想法，那么解释这些信息又有什么意义呢？

将理解等同于低层次领会（low-level comprehension）是在助长传递内容知识这一传统做法——即鼓励教师直接向学生传递信息，以此来教授主题。在阅读课文后回答理解性问题或在听老师讲课时做笔记都仅仅涉及接受教师传递的信息层面。

这种"先传递"方式与"思维课堂"方式形成冲突，后者要求学生消化或处理各种想法，从而达到理解。抵制讲解式教学（didactic teaching）一直是教育中长期存在的话题。20世纪初，约翰·杜威（John Dewey，1938）的结论是，学生必须以某种方式消化他们所遇到的想法——如果他们要理解这些想法，就必须运用知识，吸收或拥有这些想法。与其把学习看作是储存事实（warehousing of facts）的过程，不如把它看作是逐步建构理解。教学不是讲述事实，而是一个建筑工程。在这个工程中，教师扮演着承包人的角色——实际上，他们不建造房屋，而是将学生最终建造起一座房屋所需要从事的各种劳动承

---

① 这种归因是基于对布卢姆分类法实际意图的歪曲解释（Case，2013）。

包给学生（Parker，1989）。为了强调理解需要严谨思维这一点，一些人建议翻转（flipping）布卢姆分类法。与其把理解定位为分类法底部低阶思维的产物，倒不如把它看作是重要思维的结果，因此应该把它定位在学习层级的顶端（Wineburg & Schneider，2010）。

覆盖课程所有内容

授完所有课程内容的压力长期以来一直是阻碍成功教学的因素之一，尤其是在高年级。一名高中生就课程所涉及的内容量发表了以下生动的评论："有时上这些课就像试图从一个打开的消防栓里喝水一样"（James Leming，引自Soley，1996）。

人们普遍认为，即使教师想要以不同的方式教学，由于课程和考试的限制，他们也无法做到这一点。例如，共同核心标准（Common Core）给四年级的英语/语言艺术课程规定了 71 个标准和次标准（National Governors Association Center for Best Practices and the Council of Chief State School Officers，2010）。生死攸关的考试形成的压力正在加重课程负担。它迫使教师"即使知道为了让学生理解某些话题，需要在这些话题上投入更多的时间，但也要授完要求的学科内容"（Osborne，2004，p.36）。即使在课程和考试内容要求不那么繁重的辖区内，许多教师仍然觉得有必要教授远远多于正式要求的信息。有些人认为有必要完成整本教科书的内容，或者处理完课程所提及的每个主题所涉及的主要内容。

不管这些条件是真实存在，还是在很大程度上被想象出来的，教育工作者都有一种普遍的印象，即一种传递式的、探究性较弱的教学方法能够让教师涵盖他们认为必须解决的课程领域。因此，许多学生在对所学知识的理解方面存在很大差距。

为什么教学对于深入理解很重要？

> *刚开始的时候，重要的不是你学到了多少，而是你学得有多好。*
>
> ——伊拉斯谟（Erasmus）

鉴于学校面临的种种限制，人们可能会忍不住想，如果一个人能够做到这一点，那么理解就是一种极好的结果，但是更现实的情况是，教育工作者可能不得不退而求其次。让我们来看看对"理解是一种教育奢侈品，而不是必需品"这种观点提出质疑的两个理由。

如果你不理解，就更难学

必须理解我们正在学习的内容是所有学习活动的核心。当学生不理解所接触到的内容时，他们就很难学到东西。即使学习目标只是为了记住某些东西，情况也是如此。我们不妨看看下面的句子：

◇ My best friend is Peter Pan.（我最好的朋友是彼得·潘。）

◇ Gy hepl gfiern iv Qelef Qaw.

大多数人都会赞同第一句话容易记住，而第二句很难记住。即使两个句子中所有的元音是相同的，单词和字母的数量也是一样，情况也是如此。我们越是帮助学生理解我们想让他们记住的东西，学生就越不需要通过记忆来学习（Sternberg，2008）。在期望学生记忆数字信息之前，如 5+5=10，我们应该让学生设想（visualize）这个事实，并操作实物进行演示，以及预测结果和证明他们的答案，以帮助他们理解它的含义。理解不仅增加了回忆（recall）的可能性，而且从长远来看还节省了时间。许多学生在数学和科学学习方面举步维艰，因为他们未能理解后续思维发展所依据的原理。没有对基础知识的理解，每一个新概念都会变得越来越像上文列举的那个胡言乱语的句子。

你无法应用你不理解的知识

如果我们满足于学生能长时间记住信息，能够顺利地达到学校的要求，那么培养学生回记大量信息的能力，但却缺乏理解，这也是可以接受的。然而，由于学校必须让学生为校外世界作好充分准备，他们在课程理解方面存在的巨大差距就会引发众多问题。一定程度的理解是先决条件（prerequisite）；否则，正如戴维·帕金斯（David Perkins）解释的那样，这些想法仍然是僵化的——也就是说，"学习者提取知识回答测试题，但这对他们在现实的、复杂的情况下努力形成深刻的见解并无增益"（Perkins，1993）。换句话说，未被理解的知识不能用来理解世界。

有时候教育工作者认为，在信息时代，我们可以让学生在不需要积累大量知识的情况下为校外世界作好充分准备，因为学生可以在互联网上找到他们需要了解的东西。当然，学生可以在瞬间找到任何定义、事实和解释。但是，假定学生能够真正地理解他们所找到的任何内容的含义，这是没有根据的，而且可能是危险的。让我们来看看"原有理解"（prior understanding）对于学生从互联网获取信息的能力所产生的影响吧！以下是摘自热门网站 SparkNotes（n.d.）的关于《罗密欧与朱丽叶》的摘要。该网站提供了学校学习中常见话题的简短事实性摘要：

在维罗纳的街道上，凯普莱特（Capulet）和蒙太古（Montague）这两个长期不和的封建贵族家庭的仆人又打了起来。蒙太古家族的班伏里奥（Benvolio）试图阻止这场争斗，但当凯普莱特家族鲁莽的提伯尔特（Tybalt）出现时，班伏里奥也卷入了其中。持续不断的暴力行为激怒了市民，他们打退了争斗双方。之后，维罗纳城（Verona）的统治者埃斯卡罗斯（Escalus）王子颁布法令，对任何扰乱未来和平的个人判处死刑，从而试图阻止两个家族之间进一步的冲突。罗密欧（Romeo），蒙太古家的儿子，遇到了他的表弟班伏里奥。班伏里奥早先曾看见罗密欧在一片梧桐树林中郁郁寡欢。在班伏里奥的诱唆下，罗密欧吐露他爱上了罗萨兰（Rosaline），一个无法回报他感情的女人。班伏里奥劝他忘掉这个女人，另找一个更漂亮的，但罗密欧仍然很沮丧。（"情节概述"）

虽然该摘要中的信息可能是准确的，但是如果学生不了解意大利文艺复兴时期普遍存在的阶级结构和场景设定的背景知识（包括历史背景和伊丽莎白时代戏剧部分场景设置），这些信息很可能是混乱甚至是无用的。换言之，学生永远可以查阅信息，但如果他们不理解背景和重要的相关概念，这些信息在很大程度上是没有意义的。值得注意的是，《韦氏词典》（*Merriam-Webster*）将"理解"定义为"通过应用概念和类别使经验具有可解性（intelligible）的能力"（"Understanding"，n.d.）。如果要使学生为数字世界作好准备，学校必须培养学生对广泛主题的理解，使他们能够理解在互联网上看到的内容，而不是简单地检索和重复一些对他们来说毫无意义的事实。

哪些实践培养深入理解？

显然，上一章建议的支持思维课堂的实践在促进理解方面是相关且重要的。以下是一些适合培养理解能力的其他具体实践做法。

营造支持理解的氛围

最近，在观察各种高中课堂时，我惊讶于课堂讨论总是由少数学生主导。

无论教学风格如何，这种模式都会重复出现——无论这堂课是以小组还是教师指导的方式组织起来的讨论，也不管教师呈现内容的方式是生动还是枯燥乏味的。所有这些课给我的感觉是，学生把这节课的重点从本质上看作是确定正确答案的一种方式，而不是去探索想法和多种可能性。由于不期望学生进行独立思考，一些学生提出一些建议来验证答案是否正确，而其他学生则等待这些学生提供答案，课的延续基于此。

期望学生理解为什么和怎样做，而不仅仅是什么。让学生明白，知道正确答案是远远不够的，这是建立理解的首要步骤。学生必须知道为什么一个答案是好的。如果答案不好，他们需要解释原因，并提出修改建议，以证实答案。教师应该鼓励学生考虑由其他学生、教师提出或课本中找到的各种选项，而不是坐等答案。期望学生仔细甄别选项，而不是简单地猜测正确答案。教师必须鼓励学生判断哪些建议是有证据支撑的，并且与大家所知道的答案保持一致。为了强化这种期望，有效的做法是定期让学生选出一个最糟糕的想法，并解释其缺点，然后修改答案使之更合理。

尽量避免直接给答案。教师要尽可能避免直接给出明确的答案，这样做是为了进一步强化"学习是为了构建合理答案，而不是找到正确答案"这一期望。在回答学生的问题时，需要作出微妙的权衡。一方面，回答他们的问题有助于他们学习；另一方面，知道老师会给出答案可能会阻碍学生独立思考。虽然在很多情况下，教师应该直接回答学生的问题，但鼓励学生自己回答自己提出的问题也带来一定的好处，即独立思考。强化学生对教师最终会给出答案的期望意味着课堂上的成功来自正确的答案，而非深思熟虑的回答，这种做法会助长许多学生等待答案，而不是致力于独立思考。在不提供答案的情况下，支持学生独立思考的方法有很多：

◇把问题抛回给学生（如，嗯……，你怎么看？你建议的最佳答案是什么？你会如何回答？）。

◇用线索提示学生，或者提供一个例子或一种新的情况，帮助他们看到他们的回答是有瑕疵的（如，你有考虑过……吗？）。

◇给出一些试探性的答案，包括那些许多学生认为有缺陷的答案（如，嗯……，我想知道是否有可能……？我不确定——有些人可能会认为……）。

为促进理解创造机会

为了理解正在学习的内容，在学习事实和概念时，学生获得机会，对这些事实和概念加工运用，并了解这些概念是如何适用于整体情况。

围绕"促进思考"组建日常教学。早些时候，我们讨论了一种普遍的实践。这种实践由一种对布卢姆分类法比较流行（但却错误）的解释所驱动的，即学生必须首先了解内容，然后才被要求去思考。以理解为目的的教学要求学生每天都参与到对主题的思考中，把需要记住的内容作为意义性探究活动的前提知识（precursor）进行传授，这实际上削弱了理解，因为这样做会使学生习惯于被动地接受信息。教师可以通过定期设置一些任务，要求学生加工并运用事实和概念等方式，帮助学生理解其正在学习的内容。表5.1阐明了如何简单地修改熟悉的任务就可生成（engender）深入理解。

表5.1　改进常见的任务以生成理解

要求事实性检索	促进思考的修改版	生成理解
比较和对比古希腊和古代中国的生活差异。 今天的生活与中世纪的生活相比，有哪些异同之处呢？	古希腊和古中国之间的相似点和不同点明显吗？ 总体来说，与中世纪欧洲生活相比，今天的生活在多大程度相似或不同呢？	不再仅仅停留在列举两者之间异同之处的层面上，而要思考将两者作比较的意义并确定两者相似和区别的程度。
列出造成气候变化的五个因素。	对造成气候变化的五个因素进行排序。	仔细考虑产生影响的依据，确定每个因素的相对重要性。
在课文中找出三个观点。	列出课文中的三个主要观点。	思考，然后决定哪些观点对理解课文最重要。
记住同类术语（like terms）的定义。	通过区分正例和反例的方式推断出同类项的属性。	在检验从正例和反例中得出的各种假设的过程中，区分概念的重要特征。

围绕"**总体想法（overarching ideas）、问题或任务**"规划学习。孤立的课和看起来无关的话题阻碍了学生对所学内容的连贯理解。围绕一个总体想法，一个指导性、探究性问题，或者一个重大项目展开学习，有助于学生了解在某一节课上所学的内容是如何建立在先前的想法基础之上的，以及这些想法如何整合在一起形成一个更重要的观点。这些结构体系（structures）可以帮助教师排除一些与首要概念无关的主题。使用单元话题或主题（如，多样性或分数）无法为建立连贯性理解提供同等的可能性。因为主题和话题很广泛，他们只是让学生补充更多的想法，而不是得出结论或评估影响。表 5.2 提供了一些可用于设置各种话题学习的总体想法和探究性问题的示例。

表 5.2　围绕总体想法进行单元设计

科　目	话　题	总体想法	探究性问题
英语	罗密欧与朱丽叶	我们的选择决定了我们的命运。	命运或自由意志：哪一个在罗密欧和朱丽叶的死亡之中扮演着更重要的角色？
数学	整数	整数是一个不用小数部分就能写出来的数字。	整数在我们日常生活中还是仅仅在课堂上重要？
科学	生物多样性	地球是一个复杂而微妙的生态系统。	我们所做的是否足以确保地球成为一个可持续的生态系统？
体育	健身	适当的日常健身活动有助于我们保持健康。	哪些活动对你保持健康来说是最重要的？
历史	第一次世界大战的原因	重大事件既有潜在的原因，也产生持久的后果。	了解冲突的原因有助于消除战争吗？

仅仅呈现单元组织结构是不够的；学生需要定期获得机会反思和解释新的学习是如何加深他们对总体想法的理解，或者对"一个探究性问题的可能性答案、一个重大项目产生的影响"得出新的结论。如果重大的难题只是在单元学习之初被提出，然后在单元学习结束时重新加以介绍的话，学生将没有足够的

机会对每天学习的各种知识构建有意义的联系。理想情况下，每节课都应该围绕着学生的某个想法或问题来组织，这样学生就会考虑他们的答案是如何启发或激发他们对单元总体想法、重大问题或任务形成新的想法。

培养深入理解能力

教师可以就一系列有助于学生构建理解能力的工具提供精心指导。

给学生提供构建理解的工具。 由于理解涉及发掘联系，教师可以帮助学生熟练地运用有助于将自己个人情况与更广泛的问题或话题联系起来的各种思维策略。这些策略包括书面策略，如反思日志、数据图表和预期指南（anticipation guides）。

学生经常在数学课上遇到欧拉圈（Euler circles），但它们也可以用来帮助学生探索其他学科之间的关系。例如，学生可能会被问及"下面哪个图最能代表地球条件和外空条件之间的比较关系？"这个问题。在回答这个问题时，学生将利用不同信息源找到关键观点、证据或图像，并确定他们的发现结果对两者最可能的关系所产生的影响（implications）。把这些信息放在相关的圈中可以帮助学生思考和解释他们的结论。

比较地球条件和太空条件

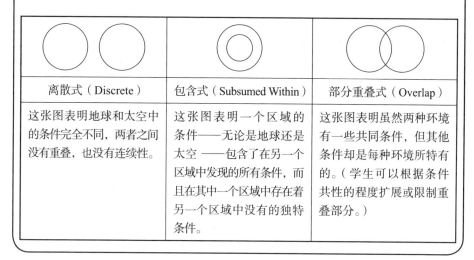

离散式（Discrete）	包含式（Subsumed Within）	部分重叠式（Overlap）
这张图表明地球和太空中的条件完全不同，两者之间没有重叠，也没有连续性。	这张图表明一个区域的条件——无论是地球还是太空——包含了在另一个区域中发现的所有条件，而且在其中一个区域中存在着另一个区域中没有的独特条件。	这张图表明虽然两种环境有一些共同条件，但其他条件却是每种环境所特有的。（学生可以根据条件共性的程度扩展或限制重叠部分。）

图 5.1　识别关系

可视化策略（visualization strategies），如概念图（concept mapping）、图形组织者（graphic organizers）和思维地图（thinking maps）也很有用。图5.1描述了使用欧拉圈来帮助学生将特定的想法与整体大局联系起来。

指导深入理解

对理解进行正式和非正式评估为教师和学生提供了信息反馈，并提示学生：目标是生成理解。

在继续学习之前，每次要检查学生是否理解。教师不断地检查学生是否理解和学生进行自我评估是精心架构（carefully scaffolded）的一堂课的重要组成部分，其目标是确保所有学生都能"理解"，而不是简单地记住。这不是让一两个学生提供答案就能实现的。所有的学生都可以通过伸出与他们选择的答案相对应的手指数来表明他们的答案，或者写在纸上提交答案，或者与能证实其合适性的同伴分享想法。下列方框中给出了教师在判断学生是否理解某个概念时可能提出的问题。最有效的策略是教会学生自己可靠地判断他们是否理解内容。第10章"培养自我调节型学习者"更深入地讨论了这一点。下面的方框列出了五种策略，帮助年轻的学生向自己和老师证明他们已经理解了在课堂上学过的概念。

检查概念理解

下面的例子使用规则和概念问题来说明五种策略，其可以用来确认年轻学生对概念的理解程度。

识别概念的示例： 向学生提供最初的正例和反例，并问学生它们是否是概念的示例。以下是规则的示例吗？

◇没有我允许，谁也不能用我的收音机。

◇每句话末尾必须加上一个句号、问号，或者一个感叹号。

◇许多人在总统选举中投票。

◇我不喜欢人们在学校走廊上跑动。

生成示例： 要求学生自己提供与这个概念相关的原创性示例。

◇举两个例子说明家庭规则或学校规定。

◇列举你在学校里有时候遇到的两个问题。

解释特定属性：要求学生解决有关概念特定属性的问题。

◇所有规则都是禁止行为的吗？

◇所有规则都是白纸黑字写出来的吗？

◇就表示禁止和许可的规则各举一个例子。

区分相似概念：要求学生区分密切相关但却经常混淆的概念。

◇用自己的语言解释要求和规则之间的区别，并分别给出一个例子。

◇用你自己的语言解释一个需要解决的问题和一个需要解答的问题两者之间的区别，并分别给出一个例子。

应用概念：要求学生在作业中运用概念。

◇创建一套规则，以指导课堂上我们对待彼此的方式。

◇我们刚读过的故事中主人公遇到了什么问题？哪一个是最难解决的？

评估理解而不是记忆。由于评估提示学生哪些是重要的内容，因此应该特别注意评估学生的理解能力，而不仅仅是他们对事实和概念的回忆能力。有很多方法可以做到这一点。"多项选择题"可能要求学生运用他们的知识得出结论（如，鉴于我们对气候变化的了解，下面哪一个陈述是最不可能的），或者选择最能反映特定知识体系的图表或表述（如，哪一张图最能解释我们对进化论已有的了解）。"检查概念理解"框中列出的示例问题可以用于在单元测试中创建多项选择题和简答题。

表5.3（见下页）概述了一个量规。根据这个量规，教师可以确定小学生在问题和解决方案相关概念方面的理解程度，其具体做法是评估小学生识别问题和解决方案相关示例的能力，将问题与解决方案进行匹配的能力，以及对特定问题提出解决方案的能力。

表5.3 评估对问题和解决方案的理解程度

	深入理解	扩展理解	基本理解	部分识别	未能识别
区分问题和解决方案	正确识别问题和解决方案,并用他们自己的语言准确地说出两者间的区别。	正确识别问题和解决方案,并简单解释两者间的区别。	正确识别问题和解决方案的简单例子,但不作任何解释。	理解问题所指,但很难识别出即使是非常简单的问题和解决方案的示例。	不理解将某种情况确定为一个问题或一个方案的意思是什么。
识别相匹配的问题以及解决方案	当给出不那么明显的例子时,能正确识别相匹配的问题和解决方案。	当给出各种例子时,能正确识别相匹配的问题和解决方案。	当给出非常简单的例子时,能正确识别出相匹配的问题和解决方案。	理解要求,但当给出非常简单的例子时,总是很难识别相匹配的问题和解决方案。	不理解将问题和它的解决方案匹配起来的意思是什么。
提出可行性解决方案	即使对不太明确的问题,也能提出两个或更多的合理性解决方案。	提出两个或更多的与问题相匹配的明显的解决方案。	提出与简单问题相匹配的单一的可预测性解决方案。	提出一个似乎与问题无关或者在其他方面不合适的解决方案。	当遇到一个简单问题时,不能提出解决方案。

结　语

　　如果没有真正理解正在学习的内容,学生就不能应用这些知识去构建进一步的学习或者理解校外的世界。为了促进对主题的理解,而不仅仅是记忆信息,教师必须给学生提供机会,使其消化所接收的想法——评估、得出结论,或者对正在学习的内容进行再加工——并将这些想法与每门学科的总体构思背景联系起来。

培养深入理解的实践		
营造氛围		◇期望学生理解为什么和怎样做，而不仅仅是什么。 ◇尽量避免直接给答案。
创造机会		◇围绕"促进思考"组建日常教学。 ◇围绕"总体想法、问题或中心任务"规划学习。
培养能力		◇给学生提供构建理解的工具。
提供指导		◇在继续学习之前，每次检查学生是否理解。 ◇评估理解而不是回忆。

以下是一些精选策略，供教育领导者与教师一起使用，以促进学生深入理解。

把握机遇

汇集除传递知识以外的策略

与不同学科领域的教师合作，以确定教学策略，使学生能够对内容进行深入思考，而不仅仅是从教科书或教师演示文稿中获取信息。

鼓励教学设计

支持教师围绕总体思想、探究性问题或重大项目组建教学，帮助去除不必要的话题内容，并使单课教学与整体单元学习保持连贯性，突出教学重点。

检查理解很重要

一旦有机会，教育工作者务必要确认，对事实性和概念性知识的正式和非正式评估始终都要求学生展现理解能力而不仅仅是回忆能力。

第6章　从技能到现实生活能力

本章阐释生活在 21 世纪所需要的各种能力的概念以及如何培养这些能力。更具体地说，本章讨论：

◇已提倡的目标能力范围，以及这些能力与技能的区别；

◇培养和拓展学生能力的技能实践方法有哪些不足之处；

◇支持在广泛领域内发展现实生活能力的教学实践。

> 对于 21 世纪来说，最重要的严谨的态度表现在对工作、公民和终身学习核心能力的掌握方面。学习学术内容是培养能力的方式，而不是传统意义上的目标。在当今世界，重要的不再是你知道多少，而是你能运用你的知识去做什么。
>
> ——托尼·瓦格纳（Tony Wagner）

作为一名小学教师，我能让大部分六年级学生回答一些诸如"如果一包面包花 2 美元，而一包面包有 25 片，那么每片面包的价格是多少？"之类的应用题。然而，尽管反复练习这类问题，当我问每个学生需要为即将到来的班级郊游支付多少盒饭钱时，他们却无法应对。没有人能够识别出需要的信息，更不用说可以在哪里找到并用这些信息来回答这个问题了。我试着问一个更直接的问题："计算每个学生购买两个奶酪火腿三明治、一杯饮料和一个苹果需要花多少钱？"即使在这个时候，他们仍在艰难地组织变量，写出方程式。学生可以回答"伪真实"（fake real）的问题，但这并不能使他们完成真正的任务。大多数学生已经学会了"纸上谈兵"的笔墨技巧（paper and pen skills），但却不能解决日常生活中的问题。

该故事所描述的情况突显了推动改革工作的一大动力，即人们担心学生没有为在校外世界正常工作生活作好充分准备。正如第 1 章所指出的那样，问题不在于教育系统完全错误地确定了需要实现的目标。数字时代的学生还必须决定他们需要哪些信息，从哪里获取信息，以及如何使用信息。而且，即使使用计算器计算数字，他们仍然必须用公式表示数学问题。相反，问题在于我们如何诠释和教授现有目标。

采取行动、重新定义现有目标体现在政策文件和教育期刊对能力的讨论中。例如，"21 世纪技能联盟"对学生在工作和生活中取得成功所需要的能力构建了框架。这些能力集中体现在三个方面：（1）学习和创新技能（包括创造力和创新性、批判性思维以及解决问题、交流合作；（2）信息、媒体、技术技能（指信息素养、媒介素养以及信息、通信和技术素养）；（3）生活和职业技能（包括灵活性和适应性、主动性和自主性、社交和跨文化技能、生产能力和责任意识、领导能力和责任感）（Partnership for 21st Century Learning，2007）。

许多独立学区都有自己的而且往往相似的能力清单。例如，内华达州里诺市的瓦肖县学区（Washoe County School District）认同六种能力：协作能力、知识建构能力、解决现实世界问题的能力、自我调节能力、熟练的沟通能力，以及利用科技进行学习的能力。这份清单与新泽西州西温莎－普兰斯堡地方学区（the West Windsor-Plainsboro Regional School District）的清单类似。他们列出的六项学生能力是成为一名协作型团队成员；有效的沟通者；具有全球意识、主动意识和责任感的学生／公民；具有信息素养的研究者；具有创新实践能力的问题解决者；灵活、自主的学习者（Washoe County School District，n.d.；West Windsor-Plainsboro Regional School District，n.d.）。

虽然其中一些能力是教育议程新增加的内容和重点，但是，大多数在 21 世纪正常工作所需要的能力在上个世纪也是必需的。事实上，尽管术语可能有所改变，但大多数能力早已经是几个世纪的教育目标（Pellegrino & Hilton，2012）。

如果期望发展的能力领域不是新的，为什么要关注 21 世纪世界的能力呢？能力（competencies）是指能够胜任一系列任务的本领（ablity）。对一些教育工作者来说，能力只是技能（skill）的另一种说法。而对于其他人来说，能力（competency）这个词的单数使用表明了一些不同于通常被理解为技能发展的东西（Ananiadou & Claro，2009）。这种转变源于一种令人担忧的情况，即学校教给学生的技能，实际上并没有转化为课堂之外的实际能力。换句话说，使用"能力"这个术语，是为了更丰富地理解培养有意义的学生的各种本领的含义。

什么是现实生活能力？

首先，让我们来看看 21 世纪改革呼声中倡导哪些能力，然后再探讨有能力意味着什么，以及能力与技能在本质和发展方面有什么区别。

正在提倡哪些能力？

如前所述，许多辖区和教育组织都有自己的能力清单。然而，能力运动背后共同的主要动机是发挥学校教育更大的功能——特别是在经济和就业领域，但也在个人效能感、社会责任感和环保意识领域。如表 6.1 所示，这些能力清单可以分为学生在思考、沟通和行为方面的能力。[①]

表 6.1 所倡导的能力（competencies）举例

思考（think）	沟通（communicate）	行为（act）
探讨和产生想法，评估依据，并得出结论。	获取，解释，评估并表述口头、书面以及视觉化的信息和想法。	考虑自身和他人，权衡选项，制定并高效负责地执行方案。
◇批判性思维	◇传统意义上的素养（读，写，听，说）	◇全球公民意识
◇解决问题	◇媒介素养	◇环保意识
◇创造创新	◇品质素养	◇社会责任感和合作意识
◇协作性思维	◇金融素养	◇个人责任感
		◇创业精神

---

① "教育改革词汇表"（The Glossary of Educational Reform）网站上列出的有关 21 世纪技能的综合能力与我们建议的能力有很大范围的重叠。见 Great Schools Partnership（n.d.）。

就像任何分类一样，虽然能力分类有助于讨论，但是这些能力并不完全适合三个指定的类别。有些能力可以横跨多个类别。例如，金融素养（即能够理解并就金融事务进行沟通）也具有行为能力（消费者负责地购买和储蓄的习惯）。同样，数字素养不仅仅局限于交流能力，它还包括个人对适当使用数字技术的责任感（如电子邮件礼仪、反网络欺凌、互联网安全）。这些都意味着这些能力跨越了不同的维度。

之所以会出现重大的重叠，是因为这三类能力都需要思维。仅仅将思维与一种能力相结合从某种程度上来说具有误导性，因为思维是有效沟通和有责任感行动所必需的能力。例如，阅读是一种思考形式，而不是简单的解码。因此，将思维能力理解为具体集中考虑某个想法，将思考某种表述方式看作是包含在沟通能力之内的思维，将思考某种行为理解为包含在行动能力之内的思维，这样理解更有益。交叉分类的重要意义在于能确保思维被视为所有能力中一个必不可少的方面，而不仅仅是对想法进行思考的能力。

有能力意味着什么？

有能力意味着个人具有广泛可靠的本领，能够跨越多种环境和多个领域完成一系列挑战性核心任务。让我们深入探讨一下其中的每个要素。

◇ "广泛可靠的本领"表明个人精通某些工作领域，他们的能力不是简单的一次性事件，而是持续性过程。例如，将某人称作有能力的艺术家，就意味着此人确实能高效地创作出好的艺术品。

◇ "一组挑战性核心任务"表明，要想获得"有能力"的标签，这个人必须擅长完成一系列任务。例如，一个有能力的艺术家必须能够准备材料，实施设计，创作一件技术含量高且富有想象力的作品等。如果这个人在她或他完成一项基本任务的能力方面有缺陷，就不能被称作"有能力"的人。非核心任务并不是能力的必要元素。构成能力的核心任务不是简单直接的；相反，它们需要某种技能和思维。这就是为什么我们不使用像"有能力的呼吸者""有能力的步行者"或"有能力的食者"这样的说法，因为对普通人来说这些并不是具有挑战性的任务。

◇ "各种环境和领域"是指个人能够完成核心任务的范围。当我们提到有能力的艺术家时，我们并不一定是指他们精通所有的媒介或流派风格，而是说他们更有可能是一位有能力的画家或雕刻家。学科、领域或情境描述了某人所精通的更具体的任务。例如，某个人可以成为一位颇有造诣的作家，但只能成为中世纪历史小说的作家，而不擅长其他历史时期（如希腊黄金时代）或其他体裁（如诗歌）写作。人们通过学习其他领域的知识和掌握在其他环境中使用的惯例与准则来拓展他们的能力。

表6.2　沟通能力涉及的核心和具体任务

能力 沟通能力			
表达 既能独自又能与他人一起以各种适当的形式和方式表达思想、情感和信息。		**阐释** 解释并理解各种沟通和表达方式。	
书面表达自己 （任务示例）：	口头表达自己 （任务示例）：	解释视觉表征 （任务示例）：	解释非言语交际 （任务示例）：
◇记录个人反思	◇作正式陈述	◇读取数字或图形表征	◇解释肢体语言
◇准备正式报告	◇指路	◇读取地图	◇解释有文化意义的手势
◇以邮件和其他数字方式进行沟通	◇表达个人情感	◇分析政治漫画	
◇与各种各样的读者通信	◇解释并辩护自己的观点	◇分析绘画	

我们期望学生发展的一组能力和素养的通用标签。

学生需要擅长完成几个一般性的任务，才能成为具有某项特定能力的人。

将核心任务应用于某个特定领域或环境的无数个日常任务。

当我们谈到一位有能力的沟通者时，我们必须识别少数几个对任何形式的读写能力都通用的普适性核心任务，并且每个核心任务都要从需要能力的各个领域或环境中识别出更具体的任务。例如，教育工作者通常希望学生能够阅读不同主题领域和类型（叙事小说、非小说、诗歌）的文本。上页表 6.2 提供了核心任务和具体任务的范围示例。我们通常期望有能力的沟通者可以完成这些任务。

能力与技能有何不同？

仅仅是浏览能力清单以及核心和具体任务图表，还不能立刻清楚能力与教育界长期以来提倡的技能有何不同。我们认为能力和技能之间有三个显著的区别。

关注的范围更广。与通常提到的技能所涉及的范围相比，能力能够在更广泛的活动范围内有效地发挥作用。技能通常指非常特殊和具体的能力——在我们称之为具体任务的层面上，而能力是指在人类更广泛的活动领域中（例如，日常事务中的读写和计算能力）执行相互关联的任务集群（cluster）的能力。这种差异是显著的，因为专注于发展狭义的技能并不能转化成更广泛的能力。教会个人技能，比如写一篇五段论的文章或创作主题句，并不能实现真正的目标——即在与客户进行书面交流或为雇主准备报告时，娴熟地表达自己的思想。许多学生不能或根本不考虑如何识别和调动他们需要的所有个人技能，以有效地完成真正的写作任务。当我的学生不能算出订午餐的花费时，他们就遇到了这样的困难。

技能训练方法的局限性正是格兰特·威金斯（Grant Wiggins，2015）对竭力促进独立使用技能进行抨击的主题。他担心的是，教授单个的技能，然后期望学生使用这些技能，这样做不能让学生作好面对新情况的准备，也不能让学生作好准备以决定他们所学的各种技能中哪一种最适合应对特定的情况。在现实世界中，没有"在这里使用这项技能"的任何标志。学生必须学会了解情况，并从所有可能相关的工具中进行选择。教育工作者最好通过给学生提供更加复杂、更为广泛的任务来培养其更全面的能力，而不是单独地教授单个的技能。在完成这些任务的过程中，学生学会利用和整合一系列相关的能力。与学习一项技能，然后寻找一个用武之地不同，掌握能力的途径（competency approach）是从实际的任务开始，帮助学生识别并掌握完成每项任务所需要的本领。

更复杂的构成要素。与发展技能相比，培养能力需要一组更为复杂的构成要素。在教育界，将技能与知识和态度区分开来是很常见的。这样做往往会导致教授一些需要遵循的一般性步骤，与有效运用技能所需要的知识和态度脱节。例如，学生可能已经学会了从提供给他们的日常事实中进行推理的技能。但是，要想对科学中的磁体和数学中的代数表达式进行推断，就需要具备有关这些物体的性质和关系的学科专业知识。能力总是依托于相关的知识。此外，真正的能力取决于坚持不懈、开放的心态（open-mindedness）和注重细节等态度。没有这样的心态（mental attitude），学生就不可能经常有意识地调动自己的能力。在下一节中，我们将更清楚地看到，与技能有关工具相比，能力需要更多样化的相关工具。

强调现实生活。聚焦能力是为了发展学生在现实生活中在不需要教师提示的情况下就能自主完成复杂任务的本领——因为最终这才是校外世界所期望的素养。仅仅培养学生在考试中展示的纸笔应试技能是远远不够的。真正的问题解决能力已超过学生解决数学教科书中一页应用题的能力，而扩展到他们在现实世界中解决类似问题的能力，其中所有的变量都没有按照惯例那样被"包装"好。能力发展目标是让学生在没有老师在一旁指导的情况下，能够在现实生活中独立工作。

为什么学生没有作好充分准备？

> 如今，现代生活比以往任何时候都更需要学生吸收他们在学校里学到的知识，并将其应用到家庭、职场、社区，以及未来的学术追求中。
>
> ——西温莎·普兰斯堡地方区域学校
> （West Windsor Plainsborn Regional School District）

未能使年轻人为校外世界作好充分的准备，这一点可以说一直受到 21 世纪改革者的诟病。盖洛普（Gallup）最近的一项民意调查显示，年龄在 18 岁至 35 岁之间的职场人士中，有 59% 的人表示，他们是在校外掌握了在工作中使用的大部分技能（Fullan & Langworthy，2014，p.1）。出现这样的差距是因为传统的技能发展教学法不适合培养真正的能力。这种方法不支持将在学校学会的技能转化成许多改革者要求的现实生活能力。

缺少真正的能力

培养真正的能力需要一种截然不同的教学方法。这种转变体现在用以描述技能发展的术语中。人们经常提及技能练习和技能迁移（transfer）。然而，就能力而言，这些术语并不适用：一个人要培养和扩展他们的能力，而不是练习和迁移能力。这些术语变化突显了发展真正能力的方式差异。

发展单个技能的主导教学法是用示例介绍一种技术；教师示范该策略，然后让学生进行练习。起初是进行简单的应用，然后逐步转向难度更大的应用。①
为了说明这一点，请想一想在培养运动员的跳跃能力时，练习教学法（practice pedagogy）是如何进行的。运动员接受有关正确技术的指导，然后开始练习。比方说，在 1 英尺高的位置放一根训练杆。过一段时间，训练杆可能会升至距离地面 2 英尺的位置，然后是 3 英尺，以此类推。运动员一直练习这项技术，直到掌握高水平的动作技能。

事实上，单靠反复练习单一的技术并不能将跳跃能力发展到高水平。运动员需要一套更加多样化的工具来提高跳跃能力。这些工具包括加强腿部力量训练以增强弹跳能力，不同的跳跃技术如剪式和背越式，各种起跳的方法，人类生理学的知识，甚至心理想象以及为了提高成绩进行的毅力训练。教练需要在不同的情况下设置不同的任务。在这些情况下，教练希望培养运动员的能力，帮助他们掌握在每种情况下完成任务所需的各种心理和生理工具。

尽管存在不足之处，但是反复练习一种技术正是很多学生被教授课堂技能的方式。下面方框中的内容反映了这种方式，并描述了一个虚拟却典型的用来教学生总结课文的情景。②

学会总结的传统练习方法

詹姆斯（James）女士班上的学生刚刚读完一篇文章。她要求他们写一篇摘要。她指出摘要应该有大约半页长，并包含最重要的思想。詹姆斯女士意识到共同核心州立标准要求学生"确定课文的主要思想，并解释关键细节如何支撑它；总结课文"。她想让学生为达到该标准作好准备，并要求他们在今年必须完成的标准化评估中证明这一点。她向他们展示了前几年一些考生的答案样本。

---

① 我们注意到，许多教育工作者并不是只使用一种方法去练习某个单一的技能：许多人使用我们描述的一些工具。然而，在许多教室中，实践／练习仍然在能力开发方面发挥着核心作用，而且使用的工具范围通常是不完整的。

② 这个例子和下面的例子是由乌莎·詹姆斯（Usha James）开发的。

学会总结的传统练习方法

一年来，她多次要求他们总结读过的内容，并对他们的作业写评语。她注意到有一些学生对她的评语作出了回应，而且他们的总结能力也得到了提高。然而，许多学生根本不懂总结的含义。有些学生重写了阅读材料中的大部分内容，只是稍微改动了措辞，他们所谓的摘要太长了。另一些学生往往写几行字来陈述文章的主题，然后摘录作者的几个观点。

她不知道如何推动学生进行这项活动。她已经教过他们总结的定义和要素，向他们展示了范例，并且对他们的作业也提供了反馈。她还能做些什么呢？

> 真正的熟练是通过掌握更多的相关工具，在各类情境中建立起来并得以拓展的，而不是通过练习一种预先指定的技术或在受控的环境中遵循一组步骤。

真正的熟练（proficiency）是通过掌握更多的相关工具，在各类情境中建立起来并得以拓展的，而不是通过练习一种预先指定的技术或在受控的环境中遵循一组步骤（例如，使用五段式提纲编写报告）。第4章介绍的工具是培养所有教育能力的基石。其中，有一些直接对应某个人可能用来提高身体活动能力（physical performance）和认知能力（cognitive performance）的工具。例如，心理成像（mental imaging）是一种思维策略。它就像坚持不懈的心智习惯一样，在这两方面都很有用。其他工具，如思维概念和判断标准，则可能是智力任务所特有的。下面方框中的内容将前面讨论过的培养学生总结能力的练习方法与工具开发方法进行了对比。在这个例子中，学生思考和使用各种工具，直到他们"拥有"这些工具，并能够在不同的情况中使用它们。

学会总结的工具开发方法

斯塔夫罗斯（Starvros）先生想重点培养学生总结书面文本的能力。他意识到，总结文本实际上需要大量的批判性思维，因此，他确保自己安排好学生使用有效总结所需要的智力工具的教学活动，明确地教授其使用方法，并评估其使用情况。

首先，他构建了一个真实的任务：他告诉学生，学生会（the student council）必须就今年支持哪一个慈善机构的筹款活动作出决定，而值得支持的组织和公益事业有很多，因此他们请斯塔夫罗斯先生班上的学生对所有可能性组织机构撰写一份简洁而内容丰富的总结性摘要，以帮助他们作决定。

斯塔夫罗斯一直在思考有助于学生发现有效总结标准的方法。他知道今年的州测试（state assessment）将要求学生写摘要，因此，他给他们展示了前几年学生的一些测试题答案样本。

他让学生以小组为单位对样本摘要按照有效性从高到低的顺序进行排列。他要求他们一起探讨一些样本比其他样本更有效的因素是什么。从这次讨论中，他提出了有效总结的标准：

◇准确解释主要思想；

◇包括选择的重要细节；

◇有效地将细节与主旨联系起来；

◇适合目标和受众群体。

他还意识到必须对每项标准进行分析。他剖析了一个简短的文本片段来示范思维过程，并引导全班学生仔细研究阅读材料中的各种想法、细节或例子。同时，全班学生一起给主旨思想和重要细节构建了一组正例和反例，并思考在上下文语境中它们符合正例和反例的条件。

现在，斯塔夫罗斯先生让他的学生尝试着总结这篇文章。首先，他要求他们用黄色标出主旨思想，用绿色标出细节，以此来搭建任务框架。然后，他建议他们与同伴交换文章，并根据他们自己对主旨思想和重要细节的理解来研究合作伙伴的重点标示情况。他鼓励学生检查自己的重点标示，并决定是否愿意作出改变。

他还提供了一个矩阵（matrix），供学生在开始写总结之前收集和组织想法。最后，他让他们写一份"2美元总结"——10美分一个字——而且他不提供零钱或贷款！在这次共同作业后，学生们独立完成了一篇20字左右的有效总结。斯塔夫罗斯要求他们思考一下，他们是如何决定摘要中包括哪些内容、省去哪些内容的。最好的摘要将被转交给学生会，以协助他们研究支持哪一个慈善机构。

此后，斯塔夫罗斯先生给学生提供了许多其他机会来总结文本、口头报告、视频和其他语境中呈现的观点。每次，他都会简要地提醒学生有效总结的标准，并计划好时间，要求学生依据这些标准给同伴提供反馈并评估自己的进步。

在随后的作业中，他鼓励学生考虑正在阅读的文本长度和内容，以帮助确定总结的长度。在同一年的晚些时候，他定期问学生，他们是否认为在阅读、观看或聆听之后写一篇摘要是有用的，并鼓励他们决定写总结的有效时机——当需要识别和记录关键思想时。

缺少技能迁移

练习方法背后隐含的假设是，一项技能一旦掌握，就会自动迁移应用到其他情境中。以运动员为例，如果运动员学会跳跃并跨过横木，这就意味着他的技能会迁移到其他的挑战性项目中，比如跨栏、跳鞍马或跳绳。但是我们知道这不太可能，因为其他情况都需要不同的思维和技能。实际情况要求千差万别，没有一种技能能满足所有情况的所有要求。智力活动也是如此。甚至像记笔记一样简单的事情也需要区分情况，每一种情况都需要专业水平：记录开车去某地的方向，自己给研究项目做笔记，替缺课的某个人记笔记，给正式的会议做会议记录，或者给一场报告做讲话记录。

为每项任务开发系列工具的想法有助于解释为什么拓展能力比技能迁移这种说法更贴切。与在新的情境中应用学到的技能不同，拓展能力是指我们在新环境中添加构建能力所需的工具，将能力的范围扩展到新的领域。学生可能有能力为自己做笔记，但不擅长给他人准备笔记（包括为朋友做笔记或做会议记录）。学生缺失这种能力是因为在为别人写总结时，他们需要不同的或额外的工具来决定记录内容。

表6.3（见下页）比较了两种涉及"解释"的情况。一种是发言人在发言时解释观众的情绪，另一种是内科医生解释病人的症状。尽管这些工具有共同之处（例如，注意细节，理解推理这一概念），但是更多的工具专属于每项任务。专业人士可能在他们熟悉的环境中精通解释，但在另一个领域却不擅长。这种情况并不是说解释技能未产生迁移，而事实上说明每项任务的专属工具相当专业和复杂，需要开发大量的工具才能将能力扩展到其他领域。

表 6.3　比较两种解释能力的工具

智力工具	解释观众情绪	解释病人病情
背景知识	◇人类行为心理学 ◇文化群体社会学	◇疾病心理学 ◇人体解剖和疾病
评判标准	◇与观众迹象一致 ◇貌似合理	◇与病人症状一致 ◇极有可能
思维策略	◇不断地扫视房间，查看迹象 ◇寻找肢体语言，语调，以及明确的评论	◇欲尝试的技术清单 ◇症状清单 ◇关注身体迹象和语言描述
思维词汇	◇推理	◇推理
心智习惯	◇注意细节	◇注意细节 ◇持续查找病因

> 整个学校教育事业面临的集体挑战是确保学生接触到一系列我们期望他们能熟练完成的现实生活任务，并确保他们有机会获得并学会使用适用于每项任务的各种工具。

为了培养真正的能力，教育工作者需要认识到教授一套多样化的、围绕现实任务构建的智力工具的重要性，并理解这些工具会因每项任务所发生的环境和领域有所变化。整个学校教育事业面临的集体挑战是确保学生接触到一系列我们期望他们能够熟练完成的现实生活任务，并确保他们有机会获得并学会使用适用于每项任务的各种工具。让我们以"解决问题"这种经常被提到的能力为例。有好几个核心任务涉及解决问题的情况。这些包括社会行动（social action），通过调解和协商解决人际问题，以及解决现实和数学问题。这些一般性任务都包含许多具体的任务，每项具体的任务都需要不同的工具库，其工具可能是特定学科和主题领域所特有的。

表 6.4 说明了这一要求。该表格确定了通过社会行动有效解决问题所涉及的四项具体任务（澄清问题、商定解决方案、计划行动过程和实施计划；The Critical Thinking Consortium，2010，p.12）。针对这些具体任务，该表格列出了教育工作者期望在中学生中开发的各种工具，以培养他们的能力，并对低年级和高年级学生工具的复杂程度进行调整，以适应学生最近发展区（zones of proximal development）。[1]

表 6.4　社会行动项目工具

背景知识	评判标准	思维动词	思维策略	心智习惯
学生需要做什么才能……	学生应该用哪些标准来判断……的意图	哪些概念将有助于学生……	哪些策略可能有助于学生……	什么样的态度或价值观将有助于学生……
澄清问题				
要解决的问题是什么？ 谁是主要的利益相关者？ 问题出现在哪里？ 它何时出现的？ 为什么这种情况会有这样的问题？ 该问题是如何发生的？	◇明确的 ◇具体的 ◇包含的 ◇复杂的	◇问题 ◇利益相关者 ◇利益 ◇症状 VS 原因	◇信息需求 ◇谁，什么，何时，何地，为什么（5W） ◇图形组织者 ◇因果关联 ◇角色扮演 ◇兴趣量表	◇容忍不确定性 ◇探究态度

---

[1] 参见《中小学生社会行动指南》（ *guides to social action for primary and secondary students* ），可在 "The Critical Thinking Consortium（2010）" 网站上免费下载。

商定合理的解决方案				
已经尝试了什么? 可以尝试什么? 会发生什么? 哪些利益会受到影响?	◇建议的多样性 ◇有效的 ◇可持续发展的 ◇可行的 ◇尊重他人的	◇短期和长期后果 ◇预期和非预期后果	◇入选清单 ◇赞成/反对图表	◇坚持不懈 ◇跳出思维定势 ◇思想开明
计划有效的行动过程				
可以使用哪些策略来实施商定的解决方案? 有哪些资源可以支持每种策略? 我们可能面临哪些障碍?	◇有效的 ◇尊重他人的 ◇现实的 ◇全面的		◇任务分析	◇认真仔细
执行和评估行动				
我们需要学习什么? 计划中的每一步都执行了吗? 此次行动的效果是什么?	◇成功实施 ◇成功的解决方案	◇预期 VS 非预期效果	◇执行清单 ◇核对 ◇定期检查	◇毅力 ◇灵活性

哪些实践培养现实生活能力?

　　21 世纪所需要的各种能力, 最好是以一种综合的方式, 在现实任务的背景下来教授, 并利用一套共同的日趋复杂的智力工具。在创建思维课堂这一章中建议的实践在这儿也同样适用。下面是一些专门针对能力构建与拓展的实践做法。

营造支持能力构建的氛围

教育工作者可以通过关注课堂氛围来创建和加强一种支持能力发展的心态（mindset）。

> 最好的教学法应该是教师所做的一切不仅能帮助学生学习，而且能积极地增强他们的学习能力。
>
> ——戴维·哈格里夫斯（David Hargreaves）

期望学生思考如何完成一项任务，而不仅仅是完成它。我们都遇到过仅仅是想把工作做完的学生。他们没有将任务看作是学习的机会。当学生说"告诉我怎么做"时，这种心态就很明显了。这种反应最常出现在这样的情况下，即学生的学习动机完全是出于服从的需要，而不是出于兴趣或对自身的感知价值。为了解决这个问题，我们必须建立一种期望，即仅仅完成一项任务是不够的；相反，学生还必须思考如何完成它。第一步是帮助学生理解为什么熟练掌握一项任务是有用的（例如，它节省时间，减轻任务难度，能应用于校外）。要求学生思考他们是如何深思熟虑地完成各种任务，而不是被强制去完成任务，从而引入"思考如何做"这一期望。定期让学生解释他们的方法，并指出什么是有效的，什么是无效的，以此强化这种期望。"思考任务"这一期望应该包括批判性、创造性和协作性思维。例如，在思考他们会如何构建问题来探索信息时，我们希望学生能从以下三个维度考虑问题：

◇批判性：评判所找信息的相关性和重要性；

◇创造性：提出一些不能完全预测的问题；

◇协作性：考虑这些问题是否尊重他人，是否以他人可能提出的问题为基础。

创建常规活动，鼓励学生思考最佳适用工具。 我们破坏能力培养的方法之一就是给学生提供了按部就班的学习步骤。虽然我的学生可以解决大量的数学应用题，但是他们不知道需要什么工具来解决一个更加开放的问题。我们必须建立一些常规活动，使学生不仅能简单地获得要遵循的策略，而且还能获得精心选择的工具，用以实现选定的目标。我们必须养成一种习惯，即在没有教师指导的情况下，让学生从他们自己掌握的各种工具中提取工具。起初，可能会要求全班学生进行头脑风暴，共同想出可能用到的各种工具，并仔细研究每种工具的功用和优点，然后决定出最合适的工具。最终期望学生能在没有提示的情况下完成任务。之后，教师将要求学生解释他们考虑使用的各种工具，然后决定他们下次是否会以不同的方式做这些事情。

为培养真正的能力创造机会

学生最多只能发展自己的应试能力，除非他们有机会完成现实生活任务。

围绕现实生活任务构建能力发展。 围绕现实生活任务构建能力发展将挑战学生超越他们的固化技能（canned techniques），而且比实践/练习更吸引学生。理想的情况下，这些任务会有真正的目的和实际的结果。由于这并不总是可能的——尽管比许多人想象的可能性要大得多——任务具有现实性就够了，因为它们缺乏系统性，并且是开放式的。即使学生实际上并不打算给实地考察旅行购买制作午餐的食材，它也会提供一种应用题无法提供的现实生活情境。现实生活任务可以被确定为单元学习的总体项目（overarching project），而日常课的任务则需要解决较小的、具有挑战性的、能实现更大目标的任务。或者，围绕学生自己现实生活中的任务构建个人课程，如就学校问题给校长写信，预测即将到来的事件发生的可能性，或就课堂冲突商讨解决方案。表 6.5 提出了适合于不同年级范围和主题领域的实际任务的建议。

表 6.5　构建能力的现实生活任务示例

	小　学	初　中	高　中
科学	为班级宠物建立一个理想的栖息地。	准备一场"急刹车"比赛。比赛中，参赛者试图让一个滚动的物体在一个指定的地点停下来时，预测动量和摩擦力。	准备一场"激光硬币"比赛。比赛中，参赛者将激光发射在不同深度的指定地点，以预测水中的折射。
语言艺术	制作节日卡片并在学校里出售。	为目标读者出版短篇故事集。	出版一本历史小说。
社会科学	解决课堂上的实际问题。	研究、撰写或记录事件或人物的历史，以便列入当地的博物馆中。策划一次解决社区问题的活动。	从更包容的角度重写历史教科书。准备一份提交给政府机构的报告。
数学	经营一家教室商店。	估算各种活动项目的数量和总成本。（秋天装树叶，年度学校用品预算。）	创建一个有关可汗学院课程教授数学过程思维工具的图书馆。
美术	出版一本精装版的团体相册。	出版一本漫画小说。出版一本图画书。	创造公共艺术或学校壁画。为校歌创作歌词和音乐。
健康和体育	为全班同学设计一种营养点心。	设计并以数字化形式制作海报，以鼓励在校健身运动。	制订并实施个人健身计划，以达到指定的目标。

培养能力

发展和拓展学生能力的最重要促成因素是熟练使用一系列工具来完成我们希望他们完成的特定任务。

帮助学生组建每种能力的工具库。通常情况下，学生无法完成任务的原因是他们缺乏一种或多种达到熟练水平所需要的工具。这表明，我们需要极大地提高培养学生能力的集体能力，需要在所需能力范围内系统地开发工具。这意味着为每一种所需核心能力确定一套工具库。这些工具必须足够多样化，以考虑学生在能力和需求方面的差异性，并且包含不同的环境和领域。

在本章早些时候，我们就提出了一系列工具，以培养学生怀着高度责任感采取社会行动的能力。表 6.6 概述了善于思考的读者在执行五个特定任务（激活前期知识、预测方向、提取意义、质疑想法和深思熟虑；见 Abbott，n.d.）时将使用的一套工具，这些任务通常与有能力的阅读者相关联。如果学生想要熟练掌握 21 世纪世界所需要的能力，那么这些工具正是他们所需系列工具的典型代表。

表 6.6 支持阅读的工具库

阅读任务	背景知识	评判标准	思维词汇	思维策略	心智习惯
激活 利用个人知识和经验，以及其他信息源。	◇直接和间接个人经验 ◇各种参考文献知识以及每种文献的优点和局限性	◇有效的 ◇有关的 ◇有用的 ◇可信的		◇预览 ◇头脑风暴 ◇想一想 ◇可视化	◇探究性思维
预测 对文本中接下来可能发生的事情以及更宽泛的文本结构提出更多想法。	◇文本结构 ◇文本元素	◇能被文本支撑的 ◇不明显的	◇预测 ◇证据 ◇线索 ◇结论 ◇推理	◇探寻 ◇问答式阅读策略 ◇图形组织者	◇批判性思维 ◇注意细节

阅读任务	背景知识	评判标准	思维词汇	思维策略	心智习惯
提取 提取文本的细节以及整体含义，包括隐含的和明示的。	◇语类 ◇主题 ◇读写策略（符号等）	◇基于已知的 ◇在文本中生成意义的	◇综合 ◇证据 ◇线索 ◇结论 ◇主旨 ◇支撑细节	◇略读 ◇扫读 ◇概念图 ◇反应代码 ◇我思我知 ◇读取字里行间和言外之意 ◇5W	◇坚持不懈 ◇注意细节
挑战 监控对文本新的解释和理解，并在考虑其目的的情况下，对文本的优点提出质疑。	◇小说和非小说知识 ◇了解各种目的	◇相关的 ◇在文本中有根据的 ◇对作者公正的 ◇综合的	◇证据 ◇论据 ◇刻板印象 ◇偏见 ◇观点 ◇事实 ◇假设 ◇论点 ◇反驳论点	◇故事板 ◇调查—质疑—阅读—修订—检查 ◇人物社会关系图 ◇证据图	◇开放的心态 ◇寻求证实 ◇公正
深思熟虑 探讨文本中提出的观点和问题及其文本之外的含义。	◇了解文本中的问题或主题	◇相关的 ◇超出显而易见的 ◇反映出重要的考虑因素	◇假说 ◇结论 ◇假设	◇我过去经常认为 ◇那又怎么样呢 ◇讨论圈	◇反思的 ◇探究的

指导能力构建

教师需要对学生在真实而不仅是虚设的情境中取得的进步提供反馈。

实时捕捉真实的东西。 在学生完成现实任务期间，收集有关他们能力方面的信息是很重要的。经常性的课堂行为和持续的成果样本（不是一次性作业）特别适合用来评估学生的能力。长期的观察更有可能提供有关学生能力的依据，并发现可能影响学生熟练程度的因素。这些信息收集策略可能包括：

◇在学生完成可检测的课堂任务期间，教师进行相关记录——例如，某个特定学生解决问题的策略；

◇师生聊天，让学生解释他们如何处理任务，同时帮助他们更好地完成任务；

◇检查表或其他设备，以记录特定行为的发生率，如学生有效参与小组作业的能力；

◇同伴互评和自评，重点放在具体的能力上，如学生获得并捍卫某个立场的能力。

表6.7要求学生自我评估他们利用背景知识得出结论的能力，他们对其他观点的接受程度，以及他们根据相关标准和现有证据为自己的判断进行辩护的能力。

表6.7　自我评估获得并捍卫某个立场的熟练程度

		范　例	良　好	满　意	发　展	补　救
背景知识	◇精确地运用相关事实。	我总是能精确地谈及大量的相关事实。	我多数时候能精确地谈及大量的相关事实。	我通常能精确地谈及大量的相关事实。	我能谈及数量有限的相关事实，但完全不精确。	我能谈及少量或完全不能谈及精确的相关事实。
开放的心态	◇愿意考虑各种观点。	我总是仔细考虑提出的所有观点。	我通常考虑大部分提出的观点。	我偶尔考虑提出的各种观点。	我很少考虑他人提出的观点。	我几乎没有或从来没有考虑过他人的观点。
	◇愿意根据新的证据或论据重新考虑立场。	当证据或论据充分时，我总是愿意重新考虑我的立场。	当证据或论据充分时，我通常愿意重新考虑我的立场。	当证据或论据充分时，我有时候愿意重新考虑我的立场。	当证据或论据充分时，我几乎不愿意重新考虑我的立场。	当证据或论据充分时，我不愿意重新考虑我的立场。

		范　例	良　好	满　意	发　展	补　救
合理判断	◇利用证据作出明智的决定。	我总是根据已有的证据作出决定。	我通常根据已有的证据作出决定。	我有时候根据已有的证据作出决定。	我很少根据已有的证据作出决定。	我几乎没有根据已有的证据作出决定。
	◇作决定时考虑标准。	作决定时，我总是考虑相关标准。	作决定时，我通常考虑大多数相关标准。	作决定时，我有时候考虑相关标准。	作决定时，我很少考虑相关标准。	作决定时，我几乎没有或从来没有考虑相关标准。

结　语

　　培养学生在各项校内外任务中有效发挥作用的能力，可以说是21世纪教育改革者最迫切的呼声。虽然能力的范围与传统意义上学校推广的技能范围相似，但培养目标现在已得到更广泛地理解。它关注在现实世界中的熟练程度，并要求更有效、更多维的教学方法。传统的通过练习适用于各种情况的技术来提高熟练程度的方法没有达到预期的熟练水平和能力的迁移。在这种情况下，我们描述了一种方法，包括给每项需要熟练掌握的能力确定出全方位的具体任务，阐明在每项任务中构建和发展能力所需要的智力工具库，支持学生灵活、深思熟虑地应用并掌握这些智力工具。

构建能力的实践	
营造氛围	◇期望学生思考如何完成任务，而不仅仅是完成它。 ◇建立常规活动，鼓励学生思考最佳适用工具。
创造机会	◇围绕现实生活任务构建能力发展。
培养能力	◇帮助学生组建每种能力的工具库。
提供指导	◇实时捕捉真实的东西。

以下是一些精选策略，供教育领导者与教师一起使用，以促进学生能力发展。

把握机遇

强调某些能力；加强其他能力

因为一次性采取过多的措施可能会让人难以承受，所以鼓励年级组或部门先确定在特定的一年里系统支持的某些能力，同时牢记对其他能力保持一定程度的支持。

围绕任务而不是孤立的技能组织能力培养

围绕开放式任务组织能力培养，而不是专注于教授孤立的技能来支持学生学习应用工具库。

使任务真实

鼓励教师在所有需要能力的领域中尽可能基于现实的、开放式的任务提高学生的熟练程度。

第7章 从态度到真正的承诺

本章解释要培养学生做事有效、负责，并深思熟虑等素养（disposition）时，要涉及哪些内容。更具体地说，本章讨论：

◇与21世纪改革举措有关的个人、社会和智力素养的范围，以及更广泛的范围；

◇对学生态度培养不足，态度没有转化为按价值观采取行动的素养；

◇更加有意识地、系统地培养学生作出承诺的重要性；

◇真正促进学生作出承诺的实践。

罗恩（Ron）是教育学院的实习教师（student-teacher），参加了我的批判性思维课程。在分析论据和给文章及社论找错这方面，他是这个班上最棒的。他非常喜欢和擅长这类评论。课程结束几周后，他给我看了一篇报纸上的文章，主题是我们原来课程上讲过的。他看到文章内容非常兴奋，想和我探讨，但是他想不起用任何几周前课堂上学的内容来进行评论，看起来好像那个课程没有上过一样。其实，他在某种程度上已经具有一些"批判性思维"——很明显，他能进行批判性地分析，并且他意识到仔细论证的重要性——但他却未能把这种能力应用于课堂之外。他已经有了良好的态度，但是没有形成运用自己所知的习惯。

这件事突显了学校正面临的另一个挑战：怎样培养学生的态度和素养，使他们能在必要时运用自己的知识。这一挑战正是学校处理态度这一较大问题的组成部分——教育目标（知识、技能和态度）经典三部曲的第三个维度。教育工作者经常试图说服学生要有批判性思维或坚持不懈，许多学生愿意承认独立思考（think for themselves）的必要性，并愿意努力尝试。简而言之，他们可能认为这种价值观很重要。他们有理想的态度，但这并不能持续不断地转化为理想的行为。

我们恳请对态度目标（attitudinal goals）做更多地解读，并不是因为历史上有价值的态度已不再适用。他们可能比以往任何时候都更有必要：学生需要关心环境，尊重多样性，理解个人卫生的重要性，重视批判性思维。这个问题，正如我那个最棒的学生所展示的那样，也在许多案例当中出现过的，只是口头的承认，并不是真正的行为承诺。学生也许会诚挚地表达他们对于某个价值观的支持和赞赏，但是学生的行动必须体现出成功所需要的品质，而不仅仅是言语。

态度（attitudes），指的是以某一特定方式进行感知的倾向（比如，支持环境的可持续性，支持文化的多样性，看重坚持和努力，关注个人身心健康）。学校在培养一系列价值观这方面已经发挥了作用。但问题在于，只有感知的倾向还不够：他们还需要带着感情投入到行动中去。我们选择的这个术语"承诺"（commitment），指的是以某种特定方式采取行动的素养（例如，做一些支持可持续发展的事情，采取行动鼓励文化多样性，始终坚持日常追求，积极努力保持健康）。承诺关注的不是学生能做什么，而是他们正在做什么——他们怎么做，或者更具体地说，他们行动的习惯和模式。这样可以使我们更多维地解释为什么学校未能让学生作好充分准备，以更有效地发挥作用。可能是我们未能培养他们需要的能力，但也可能是学校教了这些能力，但学生却未能获得运用这些能力的素养。我知道我那个最好的学生就没能把自己所学知识加以运用。

什么是真正的承诺?

真正的承诺,指的是来自负责的、会思考的、有能力的个体的可预测的习惯或行为模式。

如果想让学生以后有所作为,提升学生在某一方面的感知素养还不足以促使其产生需求。学校必须促使学生产生真正的承诺,即可预测的习惯或者行为的模式(并非个人行动或口头确认),而是来自负责的、会思考的、有能力的个人。30 年前,我就批判性思维这个话题调查了一些教师,我意识到了态度和承诺之间的区别。93% 的应答者都说批判性思维是个很重要的目标。如果态度是最重要的,那这个调查结果是非常明显的。然而,事实证明,这些教师中只有约 20% 经常在课堂上提倡批判性思维。他们对批判性思维的积极态度并没有转变成行动。学校里的态度目标也是如此。如果只是鼓励学生理解个人卫生的必要性,而不能转化为良好的个人卫生习惯,这种鼓励意义不大。一个雇员重视守时,并身体力行去做到按时上班,雇主才会对他有兴趣。教育工作者会乐见一个学生重视环境,但如果这个学生并没有积极地保护环境呢?

正在提倡哪些素养?

如果学生应该做却没有做到,那么他们能够做某事是没有意义的。

在一些政策文件中能发现指向情感和行动素养的一些端倪。比如,波士顿的课程再设计中心（the Center for Curriculum Redesign in Boston）指出了 21 世纪的六大品格特征，分别是正念（mindfulness）、好奇心、勇气、修复力、伦理道德和领导力（Bialik, Bogan, Fadel, & Horvathova, 2015）。在许多情况下，素养被纳入有关能力的讨论中。比如，前面引用的一份关于 21 世纪能力的文件中，就把能力定义为协作性团队成员所包含的灵活性、可靠性、礼貌尊敬和思想开放等素养。与此类似，具备全球意识，积极主动，有责任感就包含了尊重权利、情感、财产和环境（West Windsor-Plainsboro Regional School District, n.d.）。然而，大部分情况下，21 世纪的教育改革文件并没有明显提到承诺，主要关注点还是能力构建。这一疏忽是不幸的，因为如果学生应该做时却没有做到，那么他们有能力做某事是没有意义的。在呼吁培养充分发挥作用的个体时，也隐含了对行为素养的培养。尽管培养素养需要不同于构建能力的教学实践，学校还是需要明确地关注发展真正的承诺。

我们可以看看几十年以来教育议程中的价值观和态度，以了解教育工作者希望培养的承诺。[①] 希望培养的素养可以分为三类：

◇**个人素养**，指的是个体向自己展示的素养，如自尊、正直、对某个行为负责，以及对某成就的自豪。

◇**社会素养**，一般是向其他个体或社会展示的素养，如民族自豪感、承诺正义、尊重法律、尊重环境和合作态度。

◇**智力素养**，指的是思维行为的模式，一般与我们思考和学习的方式有关。还包括我们对待新想法的开放程度、探究性思维、求知欲、对细节的关注度，以及对不确定性的容忍度。这些就是在第 4 章提及的我们称之为"心智习惯"的工具。

表 7.1（见下页）展示了具有代表性的个人素养、社会素养和智力素养清单，

---

① 总的来说，我们用"态度"这个术语指的是以某种方式感知的素养。重视事物（积极或消极）是倾向的动力。例如，如果我重视文化多样性，我会积极地对待它。我们的术语"承诺"指的是以某种方式行动的素养。

这些被认为是教育目标。[①] 很明显，这份清单代表了每一个有思想的、有责任心的有效个体所需要的重要特征。

表 7.1 已识别的常见素养

个人素养	社会素养	智力素养
◇接纳自己、实现自我价值 ◇正直、诚实、坦诚 ◇对自己的未来充满希望 ◇乐于冒险、有使命感 ◇渴望对社会作出贡献 ◇坚持不懈地热爱真理 ◇尊重工作并努力完成 ◇欣赏艺术和环境中的美 ◇家庭和种族背景的自豪感 ◇致力于个人卫生和健康 ◇自律自主 ◇能管理冲动	◇尊重每个人的尊严和价值 ◇承诺为所有人提供平等机会 ◇宽容与仁慈 ◇为所有人寻求正义 ◇承担社会责任 ◇对自由思想、表达和崇拜的承诺 ◇承诺和平解决问题 ◇尊重隐私 ◇民族自豪感 ◇环境管理 ◇关心生物的福祉 ◇尊重法制	**自己思考** ◇探究性思维（好奇心） ◇批判性思维 ◇思想开明 ◇公正 ◇独立思考 ◇坚持 ◇慎重 ◇善解人意 ◇容忍不确定性 ◇自我反思 ◇有主动性 ◇关注细节 ◇智力灵活性 **与他人一起思考** ◇彬彬有礼 ◇建设性 ◇包容 ◇助人 ◇协商

什么创造了行为素养?

心理学文献提供了一些把态度转化为行为素养的视角。通常，素养涉及三

---

① 这些个人和社会素养清单是由 70 年前纽约的一个课程委员会提出，由泰勒引用的。在个人素养清单中，我们加入了具有正念教育运动特点的思维习惯。这些出现在科斯塔（Costa）和卡利克（Kalik，2000）提议的素养中。理查德（Ritchhart，2002）总结了著名教育作家推荐的智力素养的范围。

个要素（Richhart，2002）：

◇**动机或者倾向**：一个人感知到以某种特定方式采取某种行动或者进行思考的重要性。一个人的价值观会给他提供最基本的动机或动力，但这并不能保证他在特定的情况下都能作出恰当的回应。

◇**意识**：人们一般都会积极地看待事物，但是他还必须将一个特定的情况视为一个涉及其价值观的适当实例。这可以部分地解释我的那个学生未能将其批判性思维专长应用于课外文章的阅读：他没有想到或认识到阅读这篇文章也是一种需要批判性反应的情况。

◇**能力**：一个人必须在情绪、身体和智力等方面都能够根据特定情况下的动机采取行动。如果我的学生不擅长批判性分析，或者刚刚才收到这篇文章，他就不能以批判性的思考方式作出回应。学生来不及思考他们的反应，也许这可以解释为什么他们很重视，可是反馈却存在很大差距。

对态度反应的三部分解释遗漏了理解承诺所需要的一个重要因素，我们把被遗漏的这个元素称为"有意确认的决心"（consciously confirmed resolve）。

重视某事物可能会产生一种以某种方式感受的倾向，但不一定会对这些情感采取行动。这种差距就是古希腊人所谓的"意志的弱点"，人感知到应该做的事（他们重视的）未能与他们实际所做的事保持一致。有的人关心自己的健康，意识到自己应该多锻炼，也有时间，但他们仍然不能抽出时间去锻炼，这就是很明显的例子。有两种方式可以连接这种分离：无意识习惯化和有意识的决心。

◇**无意识习惯**：我们大多数人经常点头或回应打招呼的人时，都不会有意识地想到这样做；这只是一个从小就根深蒂固的习惯。我们之所以养成了这种习惯，很可能是因为当我们特别有礼貌时，会得到家人表扬，而不遵守时，会被提醒甚至惩罚。简言之，我们被调整为或习惯于把自己的行为（打招呼）和对礼貌的价值观匹配起来。

◇**有意识决心**：当个人有意识地致力于某种特定行为模式，而不仅仅是养成习惯时，这种情况就发生了。对此，我举一个个人的例子来说明无意识习惯与有意识决心之间的关系。我每天绕着当地一个城市公园散步时，注意到当接近另一个人时，他们经常会把目光移开。向别人打招呼暗示着等待眼神交流，我就不再向大多数经过的人打招呼了。由于受困于一种越来越强烈的非人格化感觉，我决定和遇到的每个人打招呼，不去管我们是否建立了眼神交流。我打招呼的倾向不再是无意识习惯化的结果，现在它是有意识决心的产物。我问候的大多数人都会抬头看着我，微笑着向我点头。由于我几乎每天都在公园里散步，于是一个有趣的结果产生了：渐渐地，我靠近的人认出了我，但他们也不会经常主动打招呼。换句话说，我反复出现的行为使他们习惯于一种可预测行为。

　　这个例子说明我们的行为素养最初可能是无意识习惯化的结果。然而，它也指出了最终有意识地确认这些素养的重要性。正如我们在第 1 章中所讨论的，习惯经常变得空心化——它们不再有最初想要的那些含义和效果。有意识地考虑我们的习惯，可以使我们重新调整并重新达到预期目的。在不断变化的环境下为年轻人建立有用的习惯非常有价值。如果世界是可预测的，那么自动化的习惯就足够了。但显然，有意识和灵活的常规是需要的。我和我妻子都习惯每天早上吃早饭。她先喝橙汁，然后喝咖啡，再把牛奶放进冰箱。而我，几乎每天早上都会凭感觉，看看手头有些什么，来决定吃点什么。当我们在印度偏远地区旅行时，我吃早餐更随意，这点大家应该很好理解。素养的悖论在于，它们是习惯，但我们在决定特定情况下的特定行为是否合适时，需要灵活机动。

　　让学生有意识地培养习惯非常重要，其第二个原因是要尊重个体的自主性。否则，教育工作者可能会被指责不尊重学生自己作决定的权利，而是在限制学生。这种批评主要针对一些依赖于强制和施压，不允许学生自己作决定的品格教育方式（K.Kohn，1997）。作为教育工作者，确保我们灌输给学生的习惯最终（即使不是最初）是有意识决心的结果，这一点尤其重要。我们选择"承诺"这一术语，旨在表明鼓励自愿行动倾向的必要性。

为什么教学对于真正的承诺很重要？

在过去的 60 年里，态度和价值观一直是教育界关注的焦点。在 20 世纪 60 年代，价值观澄清和教育运动主要集中在素养教学上。之后，人格教育、正念（mindfulness）教育、公民教育为促进个人价值观和社会价值观提供了动力，也使心智习惯的支持者对智力素养产生了兴趣。然而，在 21 世纪的改革文献中，对促进行为素养的关注远远少于其他两个核心教育目标——培养理解和构建能力。事实上，政策制定者似乎承认学生作出承诺的必要性，却没有认真研究培养学生承诺能力可能涉及的内容。这个核心教育目标值得我们付出更多努力和关注的原因有三个。

素养是学校使命的重要部分

公共教育的官方理由通常是指培养生产性公民的价值观。例如，加利福尼亚 K-12 公民学习工作队（the California Task Force on K-12 Civic Learning，2014）建议，国家规定的成果包括以下公民价值观：关心他人的权利和福祉，容忍不同的观点，以及采取行动改善情况的素养。《纽约 K-12 社会研究框架》（*The New York K-12 Social Studies Framework*）包含公民参与成果，期望学生在讨论和课堂辩论中尊重他人的权利，不赞同他人观点时也保持尊重（State Education Department and the University of the State of New York，2014，p.20）。

素养是其他目标的前提条件

培养一系列素养不仅本身是一个重要的目标，获得这些素养也是发展其他重要教育目标的必要前提条件。

社会和个人素养是任何学习的先决条件。许多被认定为个人素养的行为对校内成功至关重要。自尊、自律和敬业对任何学习者来说都是重要的。同样，许多社会素养，包括尊重他人权利和承担责任，也很重要。没有这些素养，课堂上的任何学习都会被破坏。

智力素养是发展能力和理解力的一部分。智力素养或心智习惯是思维的引擎。那些根本不好奇、不注意细节、拒绝坚持或思想封闭的学生将无法成为有效的思考者，并且很难理解自己正在学习的内容。这些素养不单是学习的先决条件，也是学生发展深入理解力和培养现实生活能力的方式。

智力素养是利用已获取的能力和理解力的必要条件。素养在利用个人能力中的作用正是开篇故事的重点，我的学生能够批判性地分析文章，但在课程结束后却没有想到这样做。如果学生没有真正定期地在个人和工作生活中整理这些平时要用的能力和理解力，那么它们对学生的强化作用是微乎其微的。

培养素养责无旁贷

教育工作者是否应该在校促进社会、个人和智力素养，这个问题已经在某些方面得到了解决。不管教育工作者是否认识到这一点，他们都会促进产生素养，但是如果没有刻意努力去做，他们会做不好。学校不可能是价值中立的（value free），教师不可避免会促进某一种行为。事实上，在我们赞扬孩子们守时，提出探究性问题，并持探究性态度时，都体现着学校的内在价值观。每次我们允许或禁止某些行为，我们就在含蓄地宣扬某些价值观：例如，学校禁止打架或扔石头的规定证明了个人福祉和财产保护的价值观。这些规则不可避免地影响了学生的价值观。我们在学校里做的每件事（或不做）都是这样。关于提升价值观，教育工作者唯一能选择的就是他们的影响是隐性的、无意识的，还是显性的、系统的。

教育工作者并非仅仅是错过了培养素养的机会。现实情况更令人不安：许多课堂实践实际上破坏了我们珍视的素养发展，并培养了我们并不期望的素养。一个特别重要的影响是所谓的"隐性课程"（hidden curriculum），即隐性规范和价值观。这些规范和价值观是通过我们学校管理和授课方式无意间得以促进的。[①] 与我们刻意传递的信息相比，我们传递给学生的非故意信息对学生学习的影响往往更显著。例如，我们对学生说，我们重视坚持不懈，但我们很少让他们修改作业，或者经常催促学生快速完成作业，从而破坏了我们重视坚持不懈的信息。对各种旨在促进尊重他人权利的教育项目的研究确认了非刻意影响产生的巨大作用（Daniels & Case，1992）。在一项研究中，课堂气氛被认为是引发尊重的决定性因素，远远超过教师实施的具体计划和活动。重要的是，教师是否为学生提供了一个安全对话的环境，是否征求并尊重学生的意见，是否以尊重他人的情感和想法而成为学生的学习榜样。表 7.2 说明了学校如何通过建立与我们法律制度所提倡的原则相悖的行政实践来产生犬儒主义（cynicism）（Duke，1978）。

表 7.2　学校真正教授的有关法律制度的内容

学生可能会不经意地对法律制度产生愤世嫉俗的态度，因为学校教授的关于程序公平和其他公民理想的隐性课程与许多学校实际操作的行政实践不相符。如果学生在学校的经历（这是年轻公民遇到的第一所最广泛的公共机构）持续强化其对立面，他们将很难形成对法律的尊重态度。	
我们告诉学生……	但经常在学校里……
◇我们生活在一个以民主原则为基础的社会。 ◇法律面前人人平等。 ◇刑罚应当合理，应当打击犯罪。 ◇该社会致力于保护个人免受国家虐待的权利。 ◇没有人凌驾于法律之上。	◇学校规则往往由那些最不适用规则的人决定。 ◇许多教师没有遵守学校的规章制度。 ◇违反校规的后果往往与违法行为缺乏逻辑有关系；例如，逃课的处罚往往是被停课。 ◇如果学生不同意学校当局提出的对其不利的意见，学生并没有什么选择余地。 ◇教师经常不能坚持那些期望学生遵守的学校规则。

---

① "隐性课程"这个术语被一些人认为是误导性的，因为它暗示了一种有意识但却隐蔽的试图违背正式或官方的课程进行教学。许多人认为，所谓的隐性课程在很大程度上是无意识的，我们很多人没有特意向学生发送混杂的信息，但很大程度上，我们没有意识到学生从他们的课堂经验中汲取的非预期信息。

哪些实践培养真正的承诺？

尽管个人、社会和智力素养很重要，但它们并没有得到应有的关注，其原因之一是它们没有与课程中的主题紧密结合。然而，课程中也有培养自尊或开明思想的空间，就像在分数和诗歌课程中一样。事实上，在学校环境中微妙而普遍的渗入比任何教学技巧更能培养人的素养。

> 孩子在学校可能取得成功的最重要的因素……是孩子认为"我的老师喜欢我"。
>
> ——罗伯特·里森纳（Robert Reasoner）

营造培养真正承诺的氛围

关于隐性课程的文献证实了环境条件在支持或抑制素养习得方面的作用。

创建不断增强的环境，以培养所期望的承诺（desired commitment）。 在第4章，我们介绍了营造思维课堂氛围的五个机制。这些机制是教育工作者可以使用的杠杆，用以使学生习惯于任何一组所期望的素养。

◇**期望：** 教育工作者制定的行为规范或标准是营造学校或课堂气氛的第一步。这些期望既涉及教师，也涉及学生，与个人价值观（如卫生），社会价值观（如如何尊重他人），智力价值观（如独立思考）等息息相关。

◇**课堂常规活动：** 只是建立期望是不够的；每一个期望都必须固着于那些持续地、可预测地支持或加强它们的常规活动中。这些常规活动不一定是对违反期望的谴责或后果。事实上，如果教育工作者能增强常规活动，就更有可能使学生产生有意识的承诺。比如每次上课留出几分钟来讨论学生的问题，或者形成一个惯例，给那些做事特别周全的学生慎重地发送笔记。

◇**教师示范**：在向学生表明什么东西具有重要性时，教育者的行为尤为重要。思想开放的教师更有可能培养学生的这种品质。同样，那些真诚地表现出同情他人的教师更有可能培养学生的同情素养。

◇**人际互动**：这是指师生之间以及学生之间日常的交流和关系。这在营造课堂气氛中非常重要。管理互动的策略包括向学生提供当与某人意见产生分歧时使用的尊重他人的语言，以及教师在和学生对话时使用的语调。

◇**实体环境**：学校和教室的外观和外部配置影响着氛围。如果随处所见的都是乱涂乱画、乱七八糟，那传递的信息是，这个学校不是令人愉快的学习场所。课堂中的课桌安排告诉学生小组讨论是否是学习中受欢迎的常规活动。即使是激励性的海报和引人注目的提示物，也有助于强化学校所一贯看重的信息。

表 7.3 展示了每种机制的各种实践样本，这些实践强化了三种智力素养：独立思考、批判性思维和尊重他人的想法。

表 7.3　培养智力素养的机制

	独立思考	批判性思维	尊重他人的想法
期望	建立班级规则：每个人都独立思考而不是独自思考。	建立班级规则：不要全盘接受你所看到和读到的一切。	建立班级规则：每个人都有责任鼓励对方思考。
课堂常规活动	使用点击器或大拇指竖起、向下，或侧向，使所有学生能够迅速表达他们对课堂上提出的问题的看法。	定期举行"事实或虚构？"的讨论，让学生提供结论，并提供有关常见信念真相的支撑性论据。	以含蓄欣赏的方式认可一种特别尊重他人的行为，教师和学生都应当实施这种实践做法。

	独立思考	批判性思维	尊重他人的想法
教师示范	有意识地避免成为诸事的专家。	用一种发声思考的策略来示范如何评估一个班级决定的利弊。	确保批评总是建设性且尊重他人的。
人际互动	用问题"你怎么认为?"来回答学生的问题。	通过语言的选择来明确所有的分歧都是关于观点而不是针对持有这种观点的个人。	训练学生在与他人讨论问题时使用鼓励性语言。
实体环境	可能的话,将座位布置成一个圈进行讨论,以增强不设组长、每个人都有权发言的氛围。	在讨论或辩论中以连续体或U形的方式排列课桌,让学生看到有关同一个问题立场的多样性。	张贴一些表达互相尊重的名人名言。

为培养真正的承诺创造机会

从前面提供的清单中可以明显看出,教育工作者期望培养的个人、社会和智力素养有很多。令人鼓舞的是,当教育工作者着手开展前面提到的那些教学实践时,学生会同时发展许多期望的素养。例如,那些认为自己的观点受到重视、受到尊重的学生更有可能发展自尊,并希望坚持下去。此外,一旦建立了期望和惯例,就不需要花太多的精力去刻意坚持。当然,在有些情况下,可能需要集中精力处理一些看起来特别重要或需要关注的素养。

强调一些承诺,并把它们做好。虽然营造课堂和学校气氛是培养理想素养最有效的策略,但教育工作者可能希望提供指导并促进唤起经验,以帮助启动特别需要的素养。

◇**正式教学:**虽然本身不会产生什么影响,但以正式的方式向学生介绍那些特别值得重视的素养是有价值的。这包括帮助学生理解素养的性质,例如,什么是思想开明或怎么做才是尊重他人。此外,帮助学生更多地意识到需要素养的情境也是有价值的。例如,一个人在与他人意见不一致时最有可能需要做到思想开明和尊重他人。同样有用的是帮助学生提高他们以符合预期素养的方式采取行动的能力。例如，在说话前停顿一下，试着从另一个角度看问题等策略可以帮助学生保持思想开明和尊重他人。

◇**唤起体验：**有效的唤起体验可以激发学生关注所期望的素养。与旨在使学生逐渐适应特定思维框架的氛围强化不同，直接体验给学生提供了机会，让他们自己生动而有重点地认识到某些存在方式的优势。我们都听过一些这样的故事，讲的是学生因邂逅了某位他们所珍视的英雄，或遭遇了改变其人生的户外学习经历而被启发。通常，这些直接的体验——无论是通过模拟间接产生的，还是直接的接触——都会使学生敞开胸怀，接受他们原本会错过或轻视的观点和可能性。下面的方框表明各种唤起体验如何鼓励学生开始以期望的方式思考和行动。

运用唤起体验激发学生

◇**替代体验：**生活的替代性是通过他人的经历来体验生活。电影和文学无论是虚构还是非虚构的，都在这方面特别有效。替代体验使学生能够过别人的生活，从而体验到感受和关心问题的力量，否则这些问题可能是陌生的（foreign）或遥远的。好莱坞电影比如《为奴十二载》（*Twelve Years a Slave*）（Mcqueen，2013），可以让过去的歧视带有深刻的人性化色彩，从而使过去个性化起来。同样地，现实主义小说比如《无数美妙的痛苦》（*The Fault in Our Stars*）（Green，2014），可以帮助学生理解其他人，比如癌症患者们面临的挑战。事实上，厄普顿·辛克莱（Upton Sinclair）1906年的小说《丛林》（*The Jungle*）对西奥多·罗斯福（Theodore Roosevelt）总统产生了如此巨大的影响，以至于在看完该小说六个月后，他创立了纯食品和药物管理局（the Pure Food and Drug Administration），并安排通过了《食品和药物法》（the Food and Drug Act）。

◇**模拟和角色扮演体验：**学生可以通过戏剧、角色扮演和其他模拟方式来表现出他人的困境。获奖纪录片《风暴之眼》（*The Eye of the Storm*）（Peters，1970）讲述了模拟体验的一个最著名的例子。为了帮助三年级的学生理解偏见的后果，在没有宣布的情况下，简·艾略特（Jane Elliott）开始歧视班上的蓝眼睛孩子，第二天又歧视棕色眼睛孩子。学生们被这种触及偏见的不公平触动。在后来一部纪录片《分裂的课堂》（*A Class Divided*）中，艾略特班里的学生描述了早期经历对塑造他们价值观产生的深刻影响。

◇**直接体验：**有效的唤起体验不一定是间接的。学生可以通过演讲嘉宾、实地考察、交流、与笔友通信以及参与社会行动项目等方式，接触到现实生活中的各种情况。熟练的演讲者可以改变学生的态度。就我个人而言，当我第一次遇到种族群体中那些表达清晰和充满激情的个人时，我早期对种族和种族群体的许多刻板印象就被打破了。社会行动项目也可以是重要的价值观培养体验。参与环境和人道主义项目可以对抗在许多学生中普遍存在的全球绝望情绪。

我们必须将通过正式教学和唤起体验来介绍一些素养视为第一步。教师个人或全体工作人员需要持续强化这些素养。如果期望的素养与学生目前的素养明显不一致，则更需要如此。在谈论耐心和坚持时，拉尔夫·泰勒（Ralph Tyler，1969）把教师的努力比作滴水穿石产生的影响："在一天、一周或一个月内，石头没有明显的变化。一段时间后，就可以注意到侵蚀的痕迹。相应地，随着教育经验的积累，学习者发生了深刻的变化。"显然，我们必须从长远的角度来培养学生的责任感。它需要渐进的、集体的努力，因为没有一个老师能快速地独自完成。

培养学生真正承诺的能力

到目前为止，我们的重点一直是教育工作者如何使学生习惯于特定的行为和思考方式。随着时间的流逝，学生需要得到支持，以确认自己的承诺，并批判性地思考这些承诺在特定情况下的含义。

支持学生自行确认自己的承诺。尊重个人的自主性要求教育工作者鼓励学生澄清他们希望致力于形成的价值观。但是这样做很少会引发承诺，并且这可能不是培养承诺的最佳举措。如前所述，引入所期望的素养，并允许学生通过某种程度的习惯化来体验它们，可能会更有效。然而，在某些时候，我们应该鼓励学生认真思考并确认自己的承诺。

帮助学生澄清价值观的重要性一直是价值澄清运动的焦点[①]，其基本前提是，个体由于不清楚、困惑、未能致力于价值观的培养而经历了不和谐。由于价值观是非常个人的，教师的作用是帮助学生克服这种不和谐，要求他们澄清和表达自己的价值观。这种方法确认了真诚持有价值准则的三个特征。

◇**选择**：个人必须最终通过考虑一系列替代性方案的影响来选择他们的承诺，而不必受到来自其他人的压力或影响。

◇**珍视**：一旦选择，个人应该对自己的选择感到高兴，并愿意公开确认这些承诺；

◇**行动**：个人应该始终如一地采取行动，以反复确认并加强承诺。

在帮助学生进行选择时，教师可能会提出问题，让学生确定他们的承诺，思考承诺的意义和对他们个人的影响，并通过澄清以下问题考虑言行一致性：

◇这是你重视的吗？

◇承诺发生时，你的感受如何？

◇有什么好处呢？

◇这个想法的起因是什么？结果如何？

◇对此你做了什么？

其他的澄清活动包括让学生对备选方案进行排序，或确定连续体中的优先顺序，并反思和讨论老师提出的争议性陈述、问题或重大问题。与澄清价值观的活动同时进行的，可以是通过正在进行的日常活动和特殊活动事件，来对这些价值准则进行公开地确认和行动。

支持学生认真并灵活地履行承诺。 即使学生有意识地决定采用某种特定素养，也需要进行持续地批判性反思。对诚实的承诺并不意味着一个人必须始终保持诚实。在某些情况下，根据某人的承诺行事可能是不合理的，或与其他同

---

① 价值澄清的经典著作由拉茨（Raths）、哈明（Harmin）和西蒙（Simon）所著（1966）。它得到许多其他人的支持，这在当前的教育实践中是显而易见的。

等重要的承诺相冲突。亚里士多德（Aristotle）对中庸之道（the golden mean）的见解表明，任何美德过多或过少都是罪恶。例如，过多的勇气是蛮勇，缺乏勇气是懦弱。尤其是在一个复杂多变的世界里，学生不应该简单地遵循习惯而不思考。教育工作者必须帮助学生认识素养何时适用，并考虑在面对特殊情况和可能的后果时，这些做法是否明智。

指导承诺

从确定学生是否能够做某事，到确定他们是否有规律地倾向于做某事的转变，对教育工作者如何评估学生的成就有着重要的意义。

评估常规而非模范行为。如果目标是促进和评估行为素养，那么用考试的方式衡量学生的态度是不充分的。教师需要学生典型或常规行为的证据。他们需要观察真实情况下的学生，看看他们是如何表现的。他们是否真的有听别人说？当他们和同伴交谈时，真的会接受另一种观点吗？教师需要三角证据，使用多个信息来源来证实对学生习惯的评估。例如，在得出关于思想开明的结论时，教师可以利用学生同伴和自我评估以了解学生接受其他观点的意愿程度，分析修改后的作业草稿以寻找学生改变意见的证据，并观察课堂讨论中学生对他人观点的接受程度。

在课堂上，学生自我和同伴评估对于收集关于素养的信息特别有用。同伴观察和自我监控不仅节省了教师时间，而且为学生提供了有用的学习机会。此外，由于学生与同龄人广泛合作，他们可能接触到教师不易获得的信息。表7.4所示的课堂观察表，旨在用于小组协作时对协作素养的同伴评估。

表 7.4 协作性思维的同伴评估

协作性思维评估					

姓名：_____ 组员姓名：_____

1. 对于下面列出的每个标准，圈出最准确地反映每个人在执行项目时的行为的数字。
2. 在可能的情况下，描述一个实际情况或者识别一个典型的行为，为你的评估提供证据。
3. 每个人单独使用一张表格。不要和任何人展示或讨论你的评估。

	一直有证据	一半时间有证据		很少或基本没有证据	没有足够的信息来判断
1. 重新考虑立场的意愿支持的证据	5 4	3	2	1	NEI
2. 捍卫个人意见的意愿支持的证据	5 4	3	2	1	NEI
3. 尊重持不同意见的人支持的证据	5 4	3	2	1	NEI
4. 以负责任的方式迎接挑战支持的证据	5 4	3	2	1	NEI
5. 致力于建立共识支持的证据	5 4	3	2	1	NEI

资料来源：Created by The Critical Thinking Consortium。

结 语

如果学校不培养学生对自己所学知识付诸行动和学有所用的承诺，那么发展理解和培养我们所期望的能力就没有什么价值。此外，许多个人和社会行为素养是个人和集体福祉的关键因素。素养不应被忽视，而是学校渴望培养的最有价值的教育目标。学校和课堂氛围、正式教学和唤起体验、澄清价值观和批判性反思是教育工作者培养承诺的主要方式。然而，这些素养必须超越情感反应，必须转化为可靠的行动和思维习惯。

培养思维课堂的实践	
营造氛围	◇创建不断增强的环境，培养所期望的承诺。
创造机会	◇强调一些承诺，并把它们做好。
培养能力	◇支持学生自行确认他们的承诺。 ◇支持学生认真、灵活地履行承诺。
提供指导	◇评估日常而非模范和表现性行为。

把握机遇

为教师营造浓厚可靠的氛围

有意识地建立惯例、互动和其他机制，为学校的教师营造工作氛围，以培养学生所需的个人、社会和智力素养。

消除隐藏的障碍

鼓励员工富有想象力地思考如何调整在学校和个人课堂中的一些行为与实践，这些行为和实践可能无意识地阻碍着预期素养的发展。

齐心协力

作为一名教职员工，确定一些对学生在校内外取得成功有显著影响的素养。共同努力培养和加强学生在这些领域的素养。

第四编

匹配指导原则：教师如何才能最有效地支持21世纪学习

第8章　吸引学生参与

本章探讨教育参与的概念以及教育工作者如何吸引学生参与。更具体地说，本章讨论：

◇一种解释教育参与水平和程度的分类法；

◇工作重心从较低层次参与转向更高层次参与的原因；

◇有助于提高学生参与学习的实践。

> 即使学生认为能在学校取得成功，他们也不会努力，除非学生看到这样做的理由。
>
> ——国家研究委员会和医学研究所
>
> （National Research Council and Institute of Medicine）

克里斯·古德（Chris Good）正在教八年级关于1812年战争的社会课程。这场持续了三年的战争发生在美国和加拿大（当时仍然是大不列颠的殖民地）之间。最引人注目的是，为了报复美国对安大略省约克市（现多伦多）的袭击，英国军队烧毁了白宫。克里斯以前一直以相当传统的方式教授有关战争中的人物事件，直到他碰巧参加了一个写作项目，在那里他领略到了围绕一个挑战性问题组织教学的有效性。回到自己的课堂后，他决定来实施这个策略。他问学生，在战争中加拿大一方的三个主要历史人物中哪一个是最英勇的。他们的选择是：

◇艾萨克·布洛克（Isaac Brock），一位被授予勋章的英军少将，负责保卫加拿大，因在战场上的英勇而被授予爵士，并最终在战斗中牺牲。

◇劳拉·塞科德（Laura Secord）是许多书籍、戏剧和诗歌中的女主人公。她从美军占领地步行 20 英里，向英军警示美军即将发动攻击。由于这个预警，英军打败了美军。

◇特库姆塞（Tecumseh），著名的肖尼部武士和首领，领导了一个印第安原住民多部落联盟，在战争期间与英国联合，以保护他们的传统土地不受侵犯。他后来在战争中阵亡。

在制定了构成英雄的标准后，学生们得到了三名候选人的情况表。学生根据标准选出了三个人中最英勇的人，准备好论据，然后全班就开始辩论这三个历史人物的英勇事迹。用克里斯的话来表述，以下就是接下来发生的事情：[1]

都没想到接下来的辩论这么激烈。我很少看到我的学生像在辩论布洛克、特库姆塞和塞科德的英雄主义那样投入。我只需要稍稍约束一些学生，我的角色从教师迅速转变为裁判员。当铃声响起时，辩论涌入了走廊，进入下一堂课。我对这一节课非常满意，因为这样的课堂参与在初中课堂很少见。然而，到当天晚些时候，这一关键挑战的影响才真正迎面而来。

我是学校篮球教练，那天晚上我们参加了城市锦标赛。这是一场扣人心弦的拉锯赛（back-and-forth game）。直到快结束时，对方球队才在最后一秒以一个三分球击败了我们。兴奋过后，我在健身房里打扫卫生，听到有人在走廊里争

---

[1] 这一事件由克里斯·古德（Chris Good）所著，他当时担任阿尔伯塔省（Alberta）科尔圣热拉尔学校（École St. Gerard School）的副校长。

吵。我想可能一些球员对比赛结果不满，就去看看怎么回事。一开门，我就听到一个球员大叫："你怎么能这样严肃地说艾萨克·布洛克不是三个人中最英勇的人呢？他可是冒着生命危险为信念牺牲了！"

我意识到队员们并没有在争论他们刚输掉的锦标赛，而是在讨论早上在社会研究课中引入的话题，我脸上掠过一丝微笑。这个看似简单的关键性挑战培养了学生对课程的理解，而这种理解对我的学生来说意义重大。

以"思维"作为教学取向的最令人信服的原因之一，是让学生思考自己的信仰，而不是简单地思考别人的答案，这非常吸引人。这个故事就是让学生批判性、创造性和协作性地思考课程，从而产生了典型的动机效应。

在过去的 20 年或更长时间里，关于学生参与的讨论占了教育文献的主导。参与是教育事业的核心。如果想让学生按我们所希望的方式去学习，他们必须以某种方式参与到学校活动中，这似乎是一个不争的事实。最近大家关注学生参与，部分源于传统的参与方式不再像以前那样有效，人们担心学校教育越来越不能吸引学生。[1] 正如一位评论家描述的词"概念模糊"，这种概念模糊造成了不能及时得到有关参与度降低的反馈。我们认为，这种缺乏清晰度的做法长期存在，从而弱化了学生的学习效果，其效果适得其反。如果教育工作者想要调整教学实践以培养更多参与的话，需要清楚地理解这个概念，它也是有效学校的核心原则之一。

---

[1] "健康加拿大"（A Health Canada）研究表明，在 1994 年到 2002 年期间，喜欢上学的学生数量有所下降（Boyce，2004，p.41）。

什么是吸引学生参与?

通过思考这一难以捉摸的概念的性质的四个问题,我们开始对教育参与的定义作如下探索:

◇教师能吸引学生参与吗?

◇参与课堂和参与学习一样吗?

◇各种形式的参与是同等必要的吗?

◇参与形式和参与程度有何不同?

教师能吸引学生参与吗?

教师能否吸引学生参与,这个问题看起来很愚蠢;但严格来说,他们事实上未能引导学生参与。参与不是一个人让另一个人做,而是人们自己去体验——参与是让自己完全投入、去参加、被吸引、全神贯注或感兴趣。其他人可能试图诱导出这种状态,但他们不能直接做到——必须学生自己同意,不管教师和其他人提供多少支持都没有用。这种区别与教学和学习的关系相似——教育工作者可以教这门课,但学生可能不学。教育工作者的工作能否成功,取决于学生实际体验了什么。当人们谈到一些固有的参与活动,比如允许学生选择或基于问题学习时,有时会忽略这种区别。这些实践可能会吸引很多参与者,但仅使用这些策略并不能保证学生的参与。从体验者的角度来解释参与非常重要,并得到了词源学的支持——来自法语的 *engagé* 一词——它的意思是作出誓言或者承诺某事。当一对夫妇宣布订婚时,他们表达彼此的承诺。关键挑战是如何提高学生的能力、参与可能性以及参与学校活动的意愿。

参与课堂和参与学习一样吗?

同样，如果不是在这里问，这似乎是另一个愚蠢的问题，出人意料的是，其回答是"不！"。请想象下面的情形：

老师要求学生尽快从演示中捕捉所有的重要想法。演示时，三个学生是用以下方式参与：

◇在做笔记的间隙，陈（Chen）快速地在指间转动铅笔，希望他的朋友在这个任务中表现最好。

◇埃玛（Emma）对铅笔头流苏的运动很着迷，尤其是形成各种字母时所产生的效果。

◇林赛（Lindsay)正在兴奋地重写到现在为止所捕捉到的关键想法，因为他最开始写的内容错位而且排列不整齐。

> 当学生个人自由地致力于追求期望的教育目标、完成预定的任务时，他就会投入到学习中。

三个学生都处于任务状态中（都在记笔记），而且确实参与了活动，但我们很难说他们参与的是应学内容。决定记录什么和如何最好地记录并不是他们参与的任务来源。事实上，他们参与的焦点在一定程度上偏离了课程的主题。这些学生在完成任务却没有参与预期的学习，这两者之间的差距正好解释了学生参与（在校学生参与）和教育参与（参与预期学习）之间的区别。这一区别对于理解为什么学生对使用数字技术的热情并不是解决问题的灵丹妙药尤其重要，尽管一些倡导者试图让我们相信这种热情的确是灵验的。学生的热情可能与技术特征有关，而实际上技术会分散他们的学习注意力。值得注意的是，最近的一项国际研究发现，在课堂上大量应用数字技术并没有显著提高学生的成绩，而且往往产生好坏参半的结果（Organisation for Economic Co-operation and

Development，2015，p.4）。只有当学生自由地追求期望的教育目标，完成预定的教学任务时，教育参与才会发生。这一解释与弗瑞德·纽曼（Fred Newman，1992）对参与的定义相一致："学生在学习、理解或掌握学术工作旨在促进知识、技能或工艺方面的心理投入和努力。"

各种形式的参与是同等需要的吗？

前面的讨论强调了有必要理解某个人会被某事激励的原因。参与教育的各种动机可以根据他们受教育的愿望分层次划分。[①] 在下框中显示的是提交学校作业的动机层次，是按教育回报的递增顺序组织的。最符合教育期望理由的在榜首，而在底部的则是最不符合的。

教育参与动机一览
◇获得超出特定关注点的更广泛、更有价值的结果；
◇追求有价值但不易实现的结果；
◇感知意义或个人信念；
◇为娱乐、兴趣或快乐而探索；
◇希望获得外部奖励或避免负面后果。

从表8.1（见下页）提供的每个形式的描述，我们可以看到这种层级结构的合理性。层级最开始是"**不参与**"（Not engaged），然后到"**遵从**"（Compliant），并跨过几个层级，最后到"**转变**"（Transform）。每种参与形式都表现出一种不同的动机，从对外部奖励的渴望到自我实现的欲求。每种参与形式的强度范围从低到高。例如，一个学生可能会受到分数激励去完成课程作业，而另一个学生可能仅仅被课程作业存在的少许价值激励。因此，等级不是关于强度的程度，而是根据每种参与形式的动机需求来区分的。为了分类，每

---

① 动机是前驱，是参与的理由，而参与是心理体验或行为（National Research Council and Institute of Medicine，2004，p.31）。

种参与形式都包含于它之下而不是它之上的层级。例如，某个（仅仅）"感兴趣"的人看不到任务的价值，因此不会受到该任务的挑战。这样的学生可能会发现老师很有趣，并且能讲很多有趣的故事，但他们不会觉得老师所说的与他们有多大的关联，换句话说，他们看不到老师有趣之处存在的价值。这种情况很常见。我们许多人在看电视时可能会有这种感觉：电视消磨时间，偶尔会让我们发笑，但它很少有任何弥补作用（redeeming purposes）。然而，当我们以一种我们能发现其价值的方式观看一部有趣且信息丰富的纪录片时，我们的感知可能会改变。

表 8.1　参与的层级形式

不 参 与	遵　从	感兴趣	重　视	挑　战	转　变
不遵从： 学生经常不完成指定的任务。	**只是遵从：** 学生完成教育任务很大程度上是由于外在的奖励或期望。	**有兴趣：** 学生愉快地执行教育任务。	**重视体验：** 学生执行教育任务不仅出于兴趣，而是因为意识到其重要性、有用性或个人相关性。	**受到挑战：** 学生们被教育任务吸引，因为这些任务会提出适当而有意义的挑战。	**扩展到其他方面：** 任务的激发或激励效应被学生自愿扩展到个人、工作和学术生活的其他方面。

　　"遵从"是学习最不理想的动机。如第1章所述，主要出于外部影响（例如，避免惩罚或分数太低）的动机而参与学校学习的学生不太可能越过浅层学习真正地参与。相反，被满足感或成就感所激励的学生更有可能参与他们的作业，并且超出最低要求（National Research Council and Institute of Medicine，2004，p.32）。重视学习的学生重视并欢迎学校里发生的事情。"受到挑战"的学生，不仅在任务中看到价值，而且会更积极地追求感知到的价值。接受挑战的个人致力于根据他们的价值准则行事，以获得期望的结果。仅评估一项任务并不能体现促进或追求价值的决心。在前一章"从态度到真正的承诺"中，关于有意识的决心讨论的就是这里强调的区别。

教育预期的顶级目标是"转变"。这指的是一种承诺形式，学生自愿使用并将在一个环境中学到的经验扩展到生活的其他方面。这意味着学生有动机运用基于课程的理解和能力指导他们在其他科目的学习情况，并且改善他们的个人和工作生活。学校是一个基本不会产生转化影响的体系——学生除了完成学校要求，实际并没有运用他们所学，因此，它是一个对学生几乎无用的系统。另一种解读是，学校未使学生为校外世界作好充分准备，其原因正是学校对学生的转化影响不够。问题不仅在于学生学到的对他们以后有用的东西太少，而且在于学生对在校外生活中使用在校所学的投入太少。

表 8.2 提供了动机示例，其定义了在异想天开地描述完成数独游戏的原因时各种参与形式。

表 8.2　数独游戏的参与形式

转　变	在进行最困难的数独游戏时，寻求有关问题的解决模式，我学到了很多。这使我改变了应对生活中其他方面问题的方式，并寻求问题潜在的模式。
挑　战	我期待最难的数独游戏（我不屑做那些简单的），我争取尽快完成。
重　视	我喜欢数独，它有益于大脑，让我思维活跃。
感兴趣	我喜欢数独游戏。我知道它很琐碎，但很有趣。
遵　从	我真的不喜欢数独游戏，无聊时，消磨时光而已。此外，我妻子不喜欢看我坐在那儿，无所事事。

我们不应该像许多人解释布卢姆分类法那样，将这种分类法理解为指导教育者从层次结构的最低层次开始，然后按顺序进行到最高层次。相反，层级制度的要点是将努力引向更高形式的参与，而不是通过不太理想的动机来吸引学生参与。

参与的形式和参与的程度有何不同？

参与形式由人们加入活动的原因所决定。每一种形式都可能因人们介入活动的程度或强度而有所不同。有的人只是少许参与，有的人则完全投入，有的介于两者之间。如表 8.3 所示，每种形式都有它自己的强度连续体，其特征在于追求不同动机可能产生不同的情感。例如，受分数所驱动的学生将经历高强度的渴求。类似地，学生可能对他们认为没有价值的学校作业非常感兴趣（例如，着色地图）。显然，最理想的状态是非常渴望的高强度参与形式。受到任务实质性挑战的人有一种被米哈里·契克森米哈（Mihaly Csikszentmihalyi）誉为"心流"的经历——强烈参与活动所产生的一种精神状态（CsiksZtmimiHali，2002）。

表 8.3　参与强度的比较范围

参与形式	低强度 ←→ 高强度	
转变	改变 ←————————————→	完全转变
挑战	被吸引 ←————————————→	专心致志地
关心	看见价值 ←————————————→	热情地
感兴趣	稍被吸引 ←————————————→	着迷地
愿意	遵从／默许 ←————————————→	完全渴望

值得考虑的是，一个人有多大可能是由于对某件事非常着迷或充满激情（经历高度紧张），而不是因为在某种程度上受到挑战去学习或做更多（表现出高度投入）。换句话说，紧张的增强状态可能会导致人们提升参与形式。即使这种强烈的情感本身并不能将学生提升到更理想的参与形式中，但我们能意识到，当学生被吸引时，挑战学生相对来说要容易得多。

教育工作者面临的挑战关键是，要让学生出于合理的原因投入到学校学习中，并达到高强度参与形式，至少在这里提出的分类框架下是这样的。在下一节中，我们将看看为什么教育工作者应该追求这个目标；而在最后一节中，我们将探讨他们应该如何实现这个目标。

为什么吸引学生不仅仅出于遵从和
单纯的兴趣参与学习很重要？

吸引学生参与学习是当前改革的主要动力之一，我们把它作为思维课堂实践的五项指导原则之一。目前为止，讨论的重点一直是强调培养学生对学习的投入，这种投入不仅局限于遵从和兴趣，还要加大参与强度。我们可以想象一些反对意见，比如"让学生同意做作业是很难的"，或者"期望学生参与更高层次的学习似乎是不现实的"。换句话说，这些反对意见可以表述为，"为什么学生需要恰当的理由去学习？"或者"只要学生在听，做一个完全娱乐性的演示有什么不对？"

不理想参与形式的负面作用

> 在动机心理学领域中，研究最充分的结论之一是，人们做某事得到的奖励越多，他们就越倾向于对为了得到奖励而必须做的事情失去兴趣。
>
> ——阿尔菲·科恩（Alfie Kohn）

分类学最重大的意义在于它指导我们努力让学生以更高层级的形式参与，而不是以不太理想的形式参与。它使我们能够突显普遍性学生激励策略背后所隐含的目标和局限性。例如，让我们来看一看设置高期望这一观念。这是挑战学生的例子吗？还是仅仅为他们做功课提供一个更加苛刻的外部激励？那些仅为了取得好成绩而努力学习的学生可能仍然认为所学内容无价值。如表8.4所示，为了促进学生参与，教育工作者可以利用不同的动机，开展不同类型的活动。

表 8.4　针对每种参与形式的策略

参与形式	参与策略
转变 （赋能）	◇提供一个让人感觉好像是在改变的机会 ◇带来在即时情境之外顿悟的欣喜时刻 ◇连接学生的热情，指导他们走向新方向
挑战 （介入）	◇要求思考（智力挑战） ◇提出身体或性能挑战
重视 （激励）	◇把学习与学生生活联系起来 ◇链接到学生关心的更广泛的问题／主题／叙述 ◇帮助领会——而不仅仅是了解——目标或目的
感兴趣 （娱乐）	◇视觉吸引力或震撼力 ◇幽默风趣 ◇嵌入到故事或叙述中 ◇用熟悉的例子来阐明
愿意 （任务）	◇提供奖励或引诱物（记分） ◇通过课堂管理直接控制

我们不担心学生是否发现他们所做事情的价值，而担心通过外部激励激发学生兴趣来吸引学生参与的效果如何，原因有如下四点：

可疑的有效性。仅出于自愿和兴趣而没有意识到目的的参与形式变化无常，可能不太具有持久吸引力。维持这种形式的激励机制需要做更多工作，因为它们必须不断被加强。此外，测试作为一种激励策略，对许多成绩不好的学生来说收效甚微。使用噱头和依靠诸如数字技术之类的高趣味体验来吸引学生可能会提高他们的注意力，但是与教育参与几乎没有积极关联。

"降低难度"的压力。依赖测试结果来激励学生，并尝试使学习变得轻松有趣，这样做往往会导致学习难度降低。因为当任务变得困难时，学生就不会那么愿意努力了。

适得其反。一种鼓励学生在作业中取得优异成绩以获得外在奖励的规则，却很有可能减少了他们对学校任务的兴趣。此外，"如果让学生选择的话，志在取得好成绩的学生可能会选择最简单的作业"（A. Kohn，1999，"Three Main Effects of Grading" item 2）。因此，我们不知不觉地给了学生最低要求，同时逐步减少了他们在学校的乐趣。本书第二编所讨论的丰富的教育目标（深入理解、现实生活能力和真正的承诺）中没有一个适用于只追求分数的学生。

长期不满。敦促学生经常在没有看到任务真正目的或价值的情况下完成任务，其引起的破坏性后果值得我们好好考虑。人类最基本的需求是去追求重要且有价值的东西；不然，我们就失去了正直感、满足感和自豪感。对于那些看不到学习价值的学生来说，不可避免的影响就是冷漠或疏离。

诉诸更理想的参与形式所产生的力量

从更积极的方面来说，帮助学生看到学习的真正价值和挑战，是可行而有强大潜力的。[1]

可能比强制遵从和激发兴趣更容易。在更高级的参与形式中获得适度成功，很可能促进较低级形式的参与。或者换句话说，通过挑战学生来增加学生参与学校活动的意愿和兴趣可能更容易。[2]例如，我可能对拼图不是很着迷，但它比看电视更有趣，因为出现待完成的任务使它更有趣。

在学习中看到真正的价值是令人信服的。一旦学生看到了所做事情的价值，就会有产生相关任务的溢出效应。下面的例子说明了感知关联性对显著增强学习承诺的作用。

---

① 目前还不清楚转变是否是一种可以直接利用的动机。也许这只是因为看到某件事的价值，并接受挑战，就会促使人们有理由将这些想法和经验应用到其他领域。

② 有证据表明，具有挑战性的工作能促进兴趣和享受（National Research Council and Institute of Medicine，2004，p.49）。

在 11 年级时，我的人文系学生要进行为期三周的工作安排，要求他们提前采访雇主。介绍面试技巧的课程是我教过的最简单的课程之一。没有任何提示，学生就自己做笔记，提出精彩的问题。如果我在他们排练采访的时候离开，我能预料在我回来时他们还在排练。他们互相征求意见，并对对方的采访进行建设性的评论。在很大程度上，学生很有动力去做这些事，因为他们明白，学习这种技能不管从短期和长期来说都很重要。[1]

学生应对挑战。与为了分数不同，如果这个挑战不会压垮他们，许多学生还是欢迎挑战的。有一项研究清楚地表明，学生欢迎更真实或具有智力挑战性的作业（Edmunds，Willse，Arshavsky，Dallas，2013）。事实上，一项研究得出结论，挑战学生的课堂被认为更有吸引力。此外，60% 的学生认为使他们尽力思考的课程最有趣和最有价值（National Research Council and Institute of Medicine，2004，p.50）。另一项研究发现，最吸引人的数学活动，用一个学生的话来说，是那些"你必须自己想明白正在发生什么，你必须有自己的想法"[2]的活动。我们的经验表明，挑战学生的方法可能不像人们想象的那样难以识别和实施。回想一下，学生们被要求选出 1812 年战争中英雄人物的故事。这里，我们提供的是一个由八年级学生贾斯廷（Justin）给出的解释。他当时参加了这场激烈的讨论。对于那些通常不是班上最积极主动的学生来说，对这节课进行的简单修改对他们提出了特别具有激励性的挑战：

有人可能觉得这个故事难以置信，但它是真的，因为我就是那个与一个同学在篮球比赛后争吵的运动员。我参加这个课程，是因为三个英雄启发了我。

---

① 由不列颠哥伦比亚萨里学区（Surrey School District）的老师斯特凡·斯蒂普（Stefan Stipp）提供的一段描述。
② 一项由博勒（Boaler）在 2002 年做的研究，引自 National Research Council and Institute of Medicine（2004，p.50）。

当老师告诉我说我们将要辩论谁是我们认为最伟大的英雄时，我只是觉得我必须让老师和班上其他同学知道我的意见。我想让每个人都知道谁是我认为最英勇的人，因为我需要让他们有同样的感受。我想让每个人都说，"我认为艾萨克·布洛克是最英勇的"，我只是想让每个人和我感同身受。[①]

哪些实践支持教育参与?

在创建思维课堂的章节中介绍的所有实践都适用于支持学生参与。以下是与此目标特别相关的其他实践。

营造支持学生参与的氛围

研究文献（在本章中引用的一些文献）对于关怀性（caring）和支持性环境的价值是明确的。

培育鼓励型课堂、学校、家庭和虚拟空间。有无数著作已经论述了学校里不支持甚至敌对的学习条件对学生学习意愿和能力的削弱作用。这些条件直接影响学生的参与度。例如，最近的一项研究确定了三个与在校学生满意度密切相关的因素。它们是：积极的学校和教师关系，良好的同伴关系，以及无压力实现目标的状态（Boyce，2004）。讨论支持真实和虚拟社区的实践超出了本书的范围。然而，创造让学生感到安全、受重视的鼓励性环境仍是所有学习的先决条件。

---

① 由贾斯廷（Justin）的老师克里斯·古德提供。他也是阿尔伯塔省，科尔圣热拉尔学校的教师。

> 美国学校可以采取具体行动来提高学生的参与度，例如发展更具吸引力的教学，改善学生与员工的关系，以及提供高期望值来帮助学生成功。
>
> ——朱莉·埃德蒙兹等人（Julie Edmunds et al.）

培养对学校总体和具体任务的鉴赏力。使任务更具目的性会增强很多学生完成任务的意愿。如果人们知道是为了做善事，会更愿意承担艰苦的任务，比如为防止河水泛滥而挖泥。然而，有证据表明，高中学生往往对一般性主题的价值以及他们在学校遇到的特定活动知之甚少（Boyce，2004）。只告诉学生这些知识以后有用，或者因为课程包括这些知识，所以我们必须学习，这是不够的。只提供含混不清的理由无法帮助学生看到学校教育和校内具体任务的价值。以下四个因素有助于学生感受到学习的重要性：

◇被推广的任务或主题确实是值得做的事情。向学生推广那些可能微不足道的东西是不明智的。

◇教师必须对自己的工作保持信心，并以真诚的热情向学生传达这一点。

◇学习内容的评估理由应该与学生能够赏识的结果相联系，尤其需要与学生关注的一些事关联起来（例如，简化事情、自尊、冒险、赚钱、赢得尊重、给他人留下深刻印象、独立自主和自给自足）。

◇最后，通过将学习锚定于励志故事来辅助学生认识到价值。电影《为人师表》（*Stand and Deliver*）（Menéndez，1988）讲述了一个推动自己成功的令人振奋的真实故事。它讲述了洛杉矶的贫困学生们为了向自己和他人证明自己不是失败者，最后成功通过了大学预科微积分考试。

为学生参与学习创造机会

可能有人认为，前面提到的例子是个例外，而不是规则，不是所有在学校的活动都能轻易地被修改成能激励学生的活动。尽管我们与超过 175,000 名教师合作实施思维课堂的经验使我们确信，许多看似死板的任务可以转化为对学生更有吸引力的任务，但显然，我们无法在所有情况下成功地挑战所有学生。

◇**提供更具吸引力的学习机会。**加强教育参与的主要工作是努力提供丰富的学习机会，这些机会因能力和兴趣而有所不同，这促使学生自行投入到有意义的教育目标或任务中，其鼓励的方式多种多样。

◇**与学生协商有意义的（内在的）目标和计划：**使学生参与的一种方法是让学生一起规划学习。根据一项研究报告，只有34%的六年级学生和18%的十年级学生，觉得他们有决定课程使用时间的话语权。正如另一份报告得出的结论，这种影响是学生觉得自己正在"被学习"，而不是由他们来"完成"学习（Schools Program Division，Manitoba Education，2010，p.26）。协商的决策可能涉及制定有意义的个人目标，例如同意将学生在学校受到挑战的频率提高到每周至少一次。学生可以以多种方式参与决策，例如建议如何为地区考试作好课堂准备，或者如何利用几何原理在课堂上最有效地排列课桌。协商决策可以为学生负责任地作出选择提供重要的机会。

◇**建立现实生活的意义或结果：**教育工作者有很多方法把任务变得有意义。例如，指定的论文可能正式提交给当地或州机构。假设的讨论实际上被转成行动，而演讲是针对真实的观众。

◇**把要学习的主题问题化：**这个策略是思维课堂的核心，并且贯穿本书的讨论重点。我们的目标是对学生每天所学内容提出疑问，这样他们就不能简单地记住或找出答案，而是必须得出自己的结论。表8.5（见下页）提供了各种主题领域中的能引发思考的任务实例。这些例子是围绕六个提示组织起来的，这些提示有助于将任务转换成一种形式。这要求学生根据相关标准对选项进行评估，作出合理的判断。

表 8.5　批判性挑战样本

任务	评判作品：学生评估一个人、产品或系统性能的优点或缺点。	判断好坏：学生从两个或多个选项（教师提供或学生生成）中判断最符合标准的选项。	作品再创作：学生根据附加信息或指定的关注点、视角或体裁来转换产品性能。	解码谜题：学生对一个困惑或未知的问题提出解决方案，并证明。	规格设计：学生开发符合规定标准条件的产品。	执行规格：学生执行或承担满足规定标准条件的行动过程。
英语/语言艺术	◇为歌曲《伽利略》的精简版确定适当的标点符号。 ◇《我的左脚》是适合高中阶段学习的小说吗？	◇在《哈姆雷特》中，莱尔特斯和哈姆雷特谁更高贵？ ◇在《三只小猪的真实故事》中，狼是好的还是坏的？	◇写两篇社论，一篇支持，另一篇反驳，论点是认为我所有英国人引以为豪的"轻骑兵的冲锋"是一次光荣失误。	◇解构嵌入广告中的信息。 ◇使用故事中他处的确凿证据，解释作者在本部分中的信息。	◇为市长准备今天的新闻简报，需包含相关性，并且全面、简洁。 ◇使用四种说服技巧巧制作禁烟海报。	◇制订并实施切合实际的行动计划，作为这个学期的写作重点。 ◇执行指定的角色，表达至少三种感受。
科学	◇这个实验的结果是可信的吗？ ◇这个网站上的信息是可信的吗？ ◇《末日世界》中的特效是基于声音物理学吗？	◇达·芬奇、牛顿和爱因斯坦，谁最伟大？ ◇如果地球早就该被天体击中，我们最应该害怕哪一个天体，流星、小行星还是彗星撞击？	◇根据地球重力场中物体行为的数据，重建火星上物体的结果。	◇根据模拟挖掘恐龙化石的发现，写一个简短的叙述，解释在这个地方发生了什么。	◇用提供的材料构建结构，以实现指定的结果。 ◇设计一个满足有动物需要的教室宠物的栖息地。	◇使用纸飞机进行实验，以确定最远飞行中的设计变量（机头的重量、纸页尺寸、硬度、形状等）。

社会研究	◇我们向第二次世界大战嘉宾提出的问题有力吗？◇教科书是否对确实发生过的事情提供了公正和充分的说明？	◇北极地区更有效的交通方式是狗雪橇还是雪地摩托？◇你的家人应该撒到威伯恩斯普林斯乔治？	◇利用"角色-观众-正式的-主题-强动词" R-A-F-T-S框架改写历史记录。◇根据提供的信息，给托马斯爵士写一封参考信。	◇用一个强有力的隐喻，描述某人生活上加拿大生活方面的特点。◇识别并以证据支持同学写作中的R-A-F-T-S框架。	◇为单元末考试创建六个问题，要求清晰、不琐碎，易控，不只是信息记忆类。
					◇为他人的一生作出持久的贡献。◇发起一场宣传运动，抵制剥削员工的公司产品。
数学	◇专家关于学生成绩的结论是否能得到表格中提供的数据的支持？	◇想出三种最有效、最精确的方法来估算一首歌票的金额。	◇将下列模式转换成代数表达式。	◇半径为5英寸的半球形碗盛了深度为1英寸的水。碗倾斜到什么角度水会溢出？	◇设计一幅四格漫画，以幽默但有效的方式解释指定数学概念（例如，分子）的关键特征。
					◇带领一个小组完成一项工作，以帮助他们理解一百万的概念。
音乐	◇巴托克《管弦协奏曲》是12年级学习进行音乐细节的恰当选择吗？	◇作为美国偶像评委，创造你自己的角色和表演。分析两个表演并有你的判断。	◇将所学的二进制数转换成三进制数，保持A段的基本特征。	◇用一个强有力的比喻来描述当前正在研究的音乐历史时期。	◇根据所提供的细节和标准构建工具。
					◇练习指定的作品，表达至少四种感受。选择两种用于课堂表演。

◇**消除阻止任务完成的障碍：**仅通过消除学校任务中最乏味而又不损害教育价值的部分，就能使学校更有吸引力。这可能包括课程中学生觉得有点勉为其难，很少有时间或根本没时间去做的边缘话题。这也涉及在不减少核心学习的情况下减少任务量。例如，可以接受"笔记式"（note-form）回答，因为一页的概要可以代替完全模糊的报告。

培养参与能力

如果任务对学生要求太高，那么就不能通过令人信服的方式挑战学生来发现他们的重要潜力。有一份报告直截了当地指出，"在不提供支持的情况下提高标准会适得其反（National Research Council and Institute of Medicine，2004，p.58）"。挑战学生的同时还需要培养他们迎接挑战的能力。

开发应对挑战的工具。第4章中关于开发思维工具的讨论，对提高学生接受挑战的能力尤其重要。我们提出的挑战，无论是提出有效的问题还是分析一首诗，都必须在学生的最近发展区域内。也就是说，每个学生不需要大量额外指导和帮助就能完成任务。文献一致认为，当任务要求与学生能力相匹配时，学生受到的挑战最佳（National Research Council and Institute of Medicine，2004，p.44）。

通过减少所需工具，或者扩展工具类别，可以使任务难度适中，从而确保学生的工具能匹配他们预期完成的任务。我们不是认为学生不敢于思考，而是认为思考任务可以降低要求——这样完成任务所需工具不那么繁琐——但任务仍然具有挑战思考的性质。例如，对于要求学生生成一个原创性的假设来解释大量数据的任务，我们可以提供四个可能的假设让学生来判断，从而简化任务。如果这还是太难，我们可以提供更少的假设，并让其中一个看起来明显就是合理可信的解释。换言之，我们不是减少对思考的预期期望值，而是减少学生完成任务所需的背景知识和其他工具。虽然这项任务可能更容易，但它仍要求学生思考，这并不意味着自欺欺人。另一种匹配能力和挑战的方法是开发更多的工具。值得注意的是，学生通常表示说，当他们的技能水平和挑战水平都很高的时候，他们的参与度最高（National Research Council and Institute of Medicine，2004，p.50）。将能力和挑战匹配起来的两种方法可能同时发生在同一堂课中。例如，如果学生愿意，老师可以让他们完成生成原创性假设的更加开放的任务，并允许其他人根据建议的假设列表进行判断。两个小组都将接受有关假设概念和合理假设标准的指导。

提供指导，支持参与

　　培养学生参与学习的能力需要有效的双向沟通。教师需要帮助学生理解他们在每一步中表现如何，学生需要有机会与老师沟通什么是对他们有用的。

　　提供及时、有用和鼓励性的反馈。尽管投入大量精力进行评估和评价，但实际上很少对学生有帮助。大部分精力花费在测量学生的成绩以形成报告。即使评估旨在支持学习，许多努力也只是提供了很少帮助。反馈需要非常及时，否则无用。及时，意思是在学生们正在做任务的过程中。两天后才返还的作业学生很少用。此外，教师提供的信息并不总能回答学生需要的三个关键性问题："我是否在正确的轨道上（我理解任务了吗）？""我做的怎样（我的优缺点分别是什么）？""我怎么做才能改进？"在第11章"创建富评估学习"中，我们将对提供更多及时、有用和鼓励性的反馈进行更多的探讨。

　　建立了解学生观点的机制。近年来，相当多的人致力于为学生提供表达观点和考虑其意见的机会。虽然他们的观点和意见相继被讨论，但给学生提供发言权不同于给学生提供选择权。后者意味着学生实际上参与了影响学校生活和学习的决定。对学生发言权的呼吁源于一种担忧，即教师可能并不总是了解学生的观点和感受。即使教师继续决定课堂上发生的事情，教师也需要敏锐地意识到学生的观点和需求，从而作出明智的决定。定期收集来自学生的反馈是非常有用却又相当简单的做法。它可能只需要在课后收集学生上课意见反馈条，或者让学生发篇"三字"微博来监控课堂温度。征求学生意见这一行为本身就是让学生感到受重视的有用姿态。

结　语

让学生参与学习是学校改革呼声中最响亮、最坚定的呼声之一，也是教育工作者们面临的重大挑战之一。我们认为，传统上依赖外部奖励和诱因来使学习变得有趣，虽用心良苦，但对许多学生来说可能基本无效，最终会适得其反。相反，我们敦促教育工作者更加重视帮助学生找到所学内容的价值，并用更有说服力的学习任务来挑战他们。

引导学生参与学习的实践	
营造氛围	◇培育鼓励型课堂、学校、家庭和虚拟空间。 ◇培养对学校总体和具体任务的鉴赏力。
创造机会	◇提供更吸引人的学习机会。
培养能力	◇开发应对挑战的工具。
提供指导	◇提供及时、有益和鼓励性反馈。 ◇建立了解学生观点的机制。

以下是一些精选策略，供教育领导者与教师一起使用，以培养学生参与度。

把握机遇

与所有合作伙伴共同培育参与的先决条件

与家庭和社区建立关系，使他们成为在情感和教育方面支持学生的积极合作伙伴。

减少对外部诱因的依赖

即使评分仍然是教育领域的一部分，也要努力减少利用评分给学生参与和完成任务造成压力的情况。

定期让学生就他们的参与程度进行沟通

鼓励教师征求和倾听学生对参与程度及其影响因素的看法。

第9章　保持探究

本章阐述在 21 世纪课堂中保持探究式学习的原则及其重要性。更具体地说，本章讨论：

◇为什么持续性探究最好被理解为一种心态（mindset）；

◇持续性探究与其他流行版本的探究有何不同；

◇为什么持续性探究如此重要；

◇支持正式和非正式探究的实践。

> 保持怀疑状态，进行系统性、持久性探究：这是思维的本质。
>
> ——约翰·杜威（John Dewey）

珍妮（Jenny）和她的四年级班级开始学习加州淘金热时，她决定围绕一个重大的关键性挑战来组织这个单元：值得冒险去赶加州淘金热吗？[1] 她要求学生在接触任何有关淘金热的材料之前，匿名回答这个批判性思维问题。他们用一

---

[1] 准备过程获得了珍妮·穆利根（Jenny Mulligan）的帮助。她是洛杉矶合作宪章小学（Synergy Charter Academy Elementary, Los Angeles）的四年级教师。

个大的线形图来展示他们的回答，让学生能在课后追踪他们的思维过程。起初，几乎所有的学生都觉得把一切都抛在脑后，长途跋涉去加州可能是值得的。

接下来，当他们开始学习淘金热时，班级制定了指导标准。商定的标准如下：

◇低风险：是不是受伤或受害的可能性很小？

◇高回报：变得富有的可能性很大吗？

◇足够舒适：生活条件（住所、食物、水）舒适／可接受吗？

◇大冒险：体验冒险的机会大吗？

当班级学生在阅读关于加利福尼亚淘金热特定主题的不同段落时，这些标准为他们确立了阅读焦点。使用迭代方法，每隔几次让孩子们反思他们的新学习，以确定是否要修改他们对关键性挑战问题的回答。

学生开始了解到不同的可怕的淘金热路线。这时，学生再次被要求匿名记录他们的问题答案。但这次，教室里都回响着"不！不值得去冒这个险！"然而，当学生了解到有碰到"母矿脉"的可能性时，意见迅速转变。

在整个单元中，批判性思维问题作为学生元认知的载体。在已知知识基础上，他们建立了新知识，并不断和团队成员探讨新信息是如何左右他们的思维。他们兴奋地阅读和学习更多，因为他们想知道淘金热是不是被炒作出来的。

每天，当学生们找到一个淘金热时代的人物形象，并滑稽地发言讲解历史角色时，班级就会出现生动幽默的讨论和辩论。这强有力地证明了在学习单元之前引入批判性思维任务的重要性：学生有了明确的学习目标，他们知道专注于创建合理的答案而不是寻找正确的答案，这使他们对自己所学有了发言权。他们可以广泛接触不同的材料，可以和同龄人反复谈论，可以反思和修改答案，这就是为学生创建的安全地带。正如珍妮·穆利根老师解释的那样，"这允许我的所有学生（不只是部分孩子）以深入学习的方式参与到关键性挑战中。问题不在于对错，而在于根据证据和标准创建合理的答案。这个学习机会，能让学生说出自己的想法，自己作决定，在适当时修改，并在需要时为自己的答案辩护"。

在这个持续性探究过程中，学生不断地重新审视他们的初步结论，并为自己的思考建立了越来越强的理论基础。老师很高兴学生参与了学习。与以前采用教师指导法或独立研究方法的课程相比，他们对课程有了更合理的理解。

与许多教育流行语一样，"探究"被大量地讨论但理解模糊。一个多世纪以来，教育工作者一直鼓励把探究作为一种教学方法。它被用作讲解教学的替代性方案，讲解教学是指教师通过讲课或教科书向学生提供信息。其中，教育工作者提供用以支持探究的结构是令人困惑的领域之一。通常，探究被构架为教师和学生应该遵循的一系列有序步骤，但教师和学生都没有意识到"重新搜索"信息和批判性地探究问题之间存在重大差异。相反，另一些人认为探究必须是非结构化的，让学生自己去重新创造和重新发现一切，教师要尽可能少地干预。这些误解掩盖了真正探究的特性，只是徒具其表的拙劣的仿制品。

什么是持续性探究？

持续性探究是一种心态，旨在让学生在学习的每个阶段，都正式或非正式地参与到批判性、创造性、协作性调查中。

我们把持续性探究（sustained inquiry）作为思维课堂的核心五原则之一。简而言之，探究就是提出问题，并试图回答问题，其答案并不是提问的人直接知道的。换言之，答案需要一些调查。持续性探究最好被视为一种心态，旨在让学生在学习的每个阶段，都正式或非正式地参与到批判性、创造性、协作性调查中。我们将探究表征为一种心态，使之区别于具体的实践或程序步骤。许多课程方案都试图诠释一种探究精神，但有时实际操作却掩盖了这种精神。

探究式心态和探究模型

将探究转化为教师和学生遵循的过程或步骤是很常见的。图9.1（见下页）概述了一个广泛传播的探究模型，其灵感来自约翰·杜威的"学习循环"，该模型由五阶段框架（Falk & Drayton，2009，p.55）组成。

这些成分在一个非常简单的探究中可能很明显——例如，当坐在餐桌旁的家庭成员对某一特定事件的历史人物意见不一致时。女儿可能会使用苹果平板电脑，并在网上搜索答案。如果所有信息不在同一个网站，她可能会查看好几个网站并交叉检查模糊不清的或相互矛盾的信息。然后，她会得出结论，并回到餐桌上讨论她的发现和结论，以及她得到结论的方法。其他家庭成员会琢磨这些信息，并有可能改变自己的观点。

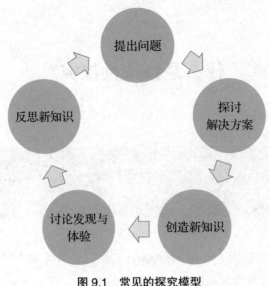

图 9.1　常见的探究模型

　　或者，探究可以是复杂和长期的，如研究生设计、研究和撰写书本厚的学位论文时，或者当调查委员会花费数年时间审查公共利益问题或确定重大事件的原因时。

　　虽然在一个完整的探究过程中所有的成分都会出现，但是在任何给定的情况下，只有其中一些组件可能出现。例如，交通调查人员可能不会自己制定指导性问题，而是由委托其进行调查的政府机构给他们指定这些问题。同时，政府可能会决定在报告出来或讨论发现之前就终止探究。重要的是，探究不必涉及所有阶段，也不需要以任何预定的顺序进行。探究的目的不是特定的程序而是探究的精神。事实上，有可能经历了探究模型的步骤，却不具备探究心态。

批判性调查与研究

　　当出现一个覆盖多个规定课程所有内容的任务时，教师常常会分配话题，以供学生独立研究。让学生从多处收集信息，准备演示文稿，通过数字显示器或显示板来展示，然后与同学分享他们对自己主题的发现。独立研究通常被认为是一种探究形式。我们认为区分这些术语很重要。虽然研究项目为学生提供了探索话题的机会，但可能很少涉及真正的调查。他们可能只是简单地重新搜索，只是找出别人的发现结果，然后报告这些结论。这种方法与开篇故事中的学生形成强烈对比，他们期望从发现的信息中得出结论。学生不仅要收集和呈现信息，还要权衡证据，以帮助他们得出关于是否参加淘金热的最有根据的结论。

教师指导型探究和学生主导型探究

学生在形成探究方向方面的作用是一个颇具争议的领域。正如我们在第2章"思维是关键"中所看到的那样，发现法的支持者认为学生应该基于自己的兴趣进行探究。我们可以想象一下，如果前面描述的四年级学生参与了加利福尼亚淘金热的探索单元，情况会如何。可以想象的是，没有学生会对这样的生活条件或人身危险感兴趣。在这种情况下，这样的主题就会没人选。同样，学生可能对人们的服饰最感兴趣，即使这不是课程的主要焦点。另一方面，只要能够实现课程成果，思维课堂方法就会鼓励学生选择。这与鼓励四年级学生探求自己的问题和调查领域，以便更好地思考加入淘金热的风险和优点是一致的。当他们既不了解即将调查的主题，也不了解课程期望时，期望学生进行探究似乎是不现实的。

迭代探究与单元末探究

使用限定语"持续的"（sustained）意味着学生将在很长一段时间内调查一个有意义的挑战。这有时被解释为在单元开始时提出探究问题或任务，在单元结束时再讨论。这时，教师期望学生思考在这段时间里所学到的知识并作出反应。然而，我们认为探究应该推动整个单元，而不仅仅是学习的高潮部分。换言之，探究应作为一个连续体：学生学习的内容和追求的问题之间的联系应该是显而易见的。此外，在学习过程中，每一步都会让学生去探究问题或话题的某方面，因此，批判性、创造性和协作性地思考就成了学生学习的方式。在持续性探究中，对重要问题的思考是迭代的，因为它在整个单元中反复出现，而不是在单元末重现而已。

将持续性探究嵌入各种模型中

探究性学习是一个概括性术语，可用不同模型来操作，包括发现式学习、基于问题的学习、基于项目的学习、研究过程和逆向设计。这些方法各有特点。例如，发现式学习是由学生兴趣驱动的，而基于问题的学习是由一个商定的问题驱动的。然而，所有这些模式都有一个共同的目标，即让学生通过构思问题、搜集证据以及交流观点来参与探索问题。尽管都有这些特点，但不能保证他们会支持持续性、批判性的调查。表 9.1 说明了如何通过考虑四个标准把探究心态融入这些不同结构中。

◇**有目的：**调查的重点是有意义的问题，为学生创造有吸引力的挑战。

◇**突出和透明：**推动学习的问题从一开始就很清楚，并且正在进行的学习与挑战之间的联系也很明显。

◇**连续不断：**探究一直贯穿学生的学习过程。

◇**真正的调查：**批判性、创造性和协作性调查推动探究。

表 9.1　将持续性探究融入常见结构中

常见的学习结构	嵌入持续性探究的机会
独立研究 　　学生收集特定主题的信息，围绕主题标题组织信息，并以报告、演示或展示的形式共享。 **任务示例：**写一份关于疾病的报告。	**独立研究支持持续性探究的时候是……** 　　◇收集信息以帮助得出关于某个问题的合理的结论，而不是在很大程度上总结从互联网上发现的想法； 　　◇鼓励学生考虑信息的相关性、可信性和有用性。 **任务示例：**按照常见疾病等级来确定研究资金的优先顺序。

常见的学习结构	嵌入持续性探究的机会
基于问题的学习（PBL） 　　PBL 使用现实世界中遇到的复杂问题作为学习的促进因素。学生在学习开始时就得到该问题，并被要求以允许其应用于未来问题的方式整合和组织所学信息。 **任务示例**：制订一个有助于减少家庭环境问题的计划。	**PBL 支持持续性探究的时候是……** 　　◇某个不能简单靠查找信息来解决的问题； 　　◇明确教授高品质思维的智力工具； 　　◇新的想法或修改意见贯穿整个单元，而不是简单地在单元结束时进行。 **任务示例**：制订一个有助于减少家庭环境问题的计划。这个计划应该可行、与众不同，并随着时间的推移，可持续发展。
翻转课堂 　　翻转课堂是让学生在家里通过网上阅读、录制的讲座或报告来获得学习内容。课堂时间用于辩论、讨论或模拟等活动。 **任务示例**：在家观看一个概述著名印象派画家艺术贡献的讲座。在课堂上讨论每个艺术家的作品。	**翻转课堂支持持续性探究的时候是……** 　　◇通过视频来解决学习上一个有意义的挑战； 　　◇学生被要求选择相关、可信和重要信息，即使任务仅是从基于网络的视频做笔记。 **任务示例**：在家看讲座，记录所有证明印象派著名画家创作贡献和影响的证据。在课堂上讨论并分别列出前三位印象派画家。
真实评价任务 　　指与真实世界应用相关的任务。学生需要应用一定的知识和能力，模拟校外应用来创建产品或性能。 **任务示例**：研究古建筑结构，建立沙或雪结构模型。	**真实评价任务支持持续性探究的时候是……** 　　◇学习是一种有意义的挑衅，需要理性的判断； 　　◇通过开发完成探究过程所需的智力工具，支持学生学习相关知识和能力。 **任务示例**：选择一个代表性古代建筑，在沙地或雪地里造一个复制品。搜集证据时，要考虑其可信性、关联性和重要性。
逆向设计单元 　　一种通过关注大概念（big ideas）和可迁移内容和技能来规划学习的方法。围绕重要的理解规划学习，利用重要问题使学生展开学习。 **持久性理解示例**：早期文明的创新影响了现代世界。 **基本问题示例**：早期文明的创新在哪些方面继续影响着现代世界？	**逆向设计单元支持持续性探究的时候是……** 　　◇基本问题被设计为方便进行有意义探究的框架； 　　◇基本理解是通过学生积极参与课程来实现，而不是通过老师向学生传递大概念。 **基本问题示例**：早期文明的哪些创新对现代世界的影响最大？ 　　要考虑的标准： 　　◇影响的持久性； 　　◇影响的深度或意义； 　　◇影响的广度或范围。

为什么保持探究如此重要？

询问探究的价值本质上就是询问为什么鼓励学生思考所学如此重要。这些原因在前面的章节中已有暗示。更有效的讨论是让学生持续地思考他们所学的重要性。在许多课堂很少有持续地思想酝酿。相反，学生接触到一个又一个想法，在面对新的信息时，几乎没有机会也不期望深入钻研和修改自己的想法。为学生定期提供持久性的调查机会非常重要，原因如下。

> 媒体也会让你相信科学充满了孤独天才的惊人发现。事实并非如此。（无聊的）事实是，它通常是多年以来由许多人收集的数据和见解逐步积累而稳步发展起来的。
>
> ——乔尔·阿肯巴克（Joel Achenbach）

提升学生的思维质量。好的想法需要时间孕育，特别是当学生就某一话题了解得更深入时。考虑一个问题的时间越长，思想就越有可能渗透和发展，结果也就越好。能够持久地探究一个问题是创造力诞生的关键因素。虽然一个创造性的想法可能诞生于稍纵即逝的灵感，但是更常见的情况是，创造性想法经过一段时间的调查和实验、反复尝试、反思和修正而涌现。

促进深入理解。当学生经历一段时间的挑战后，他们可能更能理解关键的课程概念和想法。当学生面临一系列不相关问题时，他们往往看不见支撑这门学科的有意义的问题，并且很少形成任何深入的理解。持续性探究的效能不在于提出一个单一的问题，而在于对问题进行仔细排序，使学生在参与到相互关联的概念、想法和事件中时，他们的学习随着时间的推移逐步加深。

培养有价值的素养。持续性探究有助于培养许多在校内外的生活都有价值的素养。例如，在为一个有意义的挑战寻求一个合理的应对措施时，学生学会了坚持的价值。当他们探索和完善思维时，他们更有可能发展出敢于冒险的素养和自信。持续性探究帮助学生认识到，他们的初始答案很少是最佳答案。反复鼓励学生预测、提出假设，然后根据合作性话语修正他们的思维，从而培养其促进社会进步的调查习惯。

哪些实践促进持续性探究？

> 太多学生认为努力只适合笨拙的学生。然而持续努力是成就卓越的关键。
>
> ——卡罗·德维克（Carol Dweck）

持续性探究是指导教师决策的一个原则。持续性探究不是完全重新修订现有的课程，而是通过调整课程、重新排列学习顺序、建立对学生思维的支持来实现。在思维课堂背景下讨论的所有实践都可以在这里适用。以下是在持续性探究中特别有用的其他实践。

营造加强持续性探究的氛围

如果没有理解，我们可能会破坏学生对持续努力素养的发展。我们很少要求学生做第二稿作业，而且几乎从来不会要求第三稿和第四稿。我们仓促的时间框架几乎没有机会让学生深入研究主题。与先前讨论的想法联系起来通常只是附带参考。简而言之，学生可以从这些实践中汲取的信息就是"去做并继续前进"。持续性探究需要不同的心态。

> 建立迭代的过程帮助学生认识到，他们不是在试图寻找一个正确的答案，而是在应用新知识来形成自己合理的结论。

创建持续性调查的期望。有效探究的一个重要障碍是学生认为在校取得成功取决于背诵由教师、教科书或其他权威来源提供的答案的能力。建立迭代的过程帮助学生认识到，他们不是在试图寻找一个正确答案，而是在应用新知识来形成自己合理的结论。所有这一切都需要一个围绕着学生之间严谨话语建立起来的丰富的环境，并期望学生在学习的过程中不断重新思考、修改和扩展答案。此外，它还包括鼓励对不确定性的容忍，对深思熟虑的不同意见的宽容。

为支持持续性探究创造机会

持续性探究的机会发生于两个层面：当学生每天学习关于特定课程的新想法时，以及当学生经常性地使用这些想法对重大调查作出回应时。

嵌入日常性探究。非正式探究可以并且应该经常发生（也许每节课几次）。持续性探究旨在使每堂课问题化。与其通过讲解式授课加载概念和想法，使学生成为教师、教科书或其他媒体传递信息的被动接收者，不如通过探究来建立必要的背景知识。这些非正式探究可能由学生主导或由教师架构，可以是个人的或协作性的。正如餐桌旁家庭的例子所示，非正式探究可能会在课堂讨论中自发产生。另一方面，教师也可以准备一些在课堂上随时可以提出的问题。例如，在阅读一篇文学作品之前，老师可能会要求学生分别用标题和封面作为线索来预测故事内容。老师也可能要求学生在故事中间，使用人物和情节的相关信息作为线索来预测接下来会发生什么。最后，在读完故事后，老师可能会要求全班学生用他们所学知识预测这些人物会如何应对新的挑战。表9.2（见下页）

描述了构建微型探究（mini-inquiry）的各种策略，这些策略说明了调查主题内容如何变成日常事件。

表 9.2　将内容问题化的策略

识别概念的属性	界定"同类项"（like terms）

识别概念的属性

　　向学生展示一组关于某个概念的"是"和"否"的例子，让他们识别"是"的例子所共有的但在"否"的例子中并不存在的属性。然后，给出一个测试用例，让学生决定它是否是该概念的例子。或者，让学生创建一个"是"或"否"的例子添加到数据集。

　　在右例中，学生使用概念获得法来更好地理解数学中"同类项"这一概念。学生比较每一对匹配的概念以确定它们之间的差异，来识别概念的不同特征。在学生列出临时属性列表后，检查这些属性是否都适用于测试示例。

界定"同类项"（like terms）

　　比较成对的例子来确定"同类项"的界定属性。

"是"的例子	"否"的例子
2a, 5a	2a, 5b
$-\dfrac{1}{2}ab$, $+\dfrac{3}{4}ab$	$-\dfrac{1}{2}ab$, $+\dfrac{1}{3}ac$
$6m^2$, $3m^2$	$6m^2$, $3m^2$
$4w^3y$, $-7yw^3$	$4w^3z$, $9z^3w$

您的属性是否符合下面的测试示例？

$$-y4z2x, \quad -\dfrac{1}{2}x8z2y$$

选择最相关或最重要的

　　为学生提供一个围绕某个主题的五到七个事实性陈述。让学生与同龄人讨论，确定所提供的哪些观点与所研究的问题最相关或最重要。指导学生排除最不相关的信息。

　　在右例中，学生必须决定关于古雅典的七个事实中哪两个对于学习如何建立有效的民主是最不重要的。

民主的要义

　　我们能从雅典的民主中学到哪些知识来帮助我们创造最好的民主？划掉两条最不相关的信息。

　　1. 古雅典是直接民主，所有公民在所有问题上都有投票权。

　　2. 生活在雅典的人中只有 15% 的人是公民。

　　3. 每年，公民都投票来决定是否"驱逐"（从城市赶出去）一个人。

　　4. 雅典并不是建立在天然港附近。

　　5. 妇女和不在雅典出生的人不被认为是公民。

　　6. 不想要的婴儿有时会被放在公共广场，其他人可以带回去充作奴隶。

　　7. 雅典的房子建立在庭院周围，通常有一个贮水的井。

识别异常 　　让学生使用可用信息来识别细节清单中的错误陈述。 　　在右例中，学生通过指出所提供的陈述中哪一个是封面上没有的细节，来预测《巨型木棉树》这本书的可能内容。	**从封面中我们能知道什么？**  图片来源：Kirsten Nestor，Corwin。 根据书的封面，这些陈述中哪一个最不可能是真实的? 1. 这是关于一个在丛林中失踪的人的故事。 2. 这是关于一个人在亚马逊森林探索奇迹的故事。 3. 这是关于一头在丛林中失踪的北极熊的故事。 4. 这是关于一个人要爬大树的故事。
改变视角 　　给学生呈现一篇短文或一幅图，让他们根据线索推断呈现的角度。鼓励学生考虑持不同视角的人如何构建不同的图或文本。 　　在右例中，学生们在特鲁布的绘画（Trumbull painting）和关于邦克山战役（the Battle of Bunker Hill）的教科书摘录中寻找线索，以破译每张图所呈现的角度。然后，他们想象如果从不同的角度呈现的绘画和叙述又会是什么样子。	**谁的观点具有代表性？**  资料来源：The Death of General Warren at the Battle of Bunker's Hill, June 17, 1775, painted by John Trumbull, 1786. Retrieved from Wikimedia Commons。

	以下教材摘录是否反映了美国人或英国人的视角？不同的视角会如何看？ "1775年6月，英国军队袭击了美国军队，他们正保卫着俯瞰波士顿市的邦克山。美国爱国者的英勇立场鼓舞了殖民地人民为争取独立而战斗。"（Beers，1996，p.2）
排列事件 　　列出没有提供日期和时间的事件清单，让学生根据线索，如人们穿什么、天气、参加什么活动等，确定事件的正确顺序。类似地，呈现一系列在一段时间内拍摄的图片，让学生根据指定的主题按顺序排列图片。作为扩展任务，让学生画一幅可能位于所提供的图片之间、之前或之后的图片。 　　在右例中，要求学生根据每幅图片中描绘的可能温度对选定图片从热到冷进行连续排列。	**温度是什么？**  图片来源：Kirsten Nestor，Corwin。
质疑解释 　　给学生提供有关疑问的或令人困惑的情况或现象的可能性解释。请学生根据已有的证据和对该主题的理解，来证实或驳斥提出的解释。 　　在右例中，要求学生使用他们有关重力的已知知识来质疑滑板者能滑上坡的解释。	**这个解释有道理吗？**  图片来源：Kirsten Nestor，Corwin。 　　滑板者能够上坡滑行，因为由陡峭的山坡下降产生的总重力对质量的影响比他行驶的道路稍微倾斜所产生的反作用力更大。

规划迭代结构化探究。 除了在每节课中嵌入多个非正式或者微型探究以外，教师还可以使用探究的方法来构建整个学习单元。对于规模较大的单元，最好先发起在整个单元反复出现的带有开放性挑战的探究活动，再进行正式的探究，并建立明显的长短期目标，安排重要的思考时间。

◇**以一个循环贯穿于整个单元的挑战来开展探究。** 发起充满挑战性的探究：为持续性探究创造机会的一个关键性实践是，让学生提出预测或初始立场来应对挑衅性挑战，从而启动（launch）学习。我们把启动和吸引（hook）区分开来。虽然通过建立相关性或兴趣引起学生的注意力是有效的，但吸引并不经常用于维持探究。启动必须建立相关性和兴趣，但同样重要的是它被用作一个重复的焦点，以帮助学生连接整个单元的学习。由教师架构的探究，其递归性特征（recursive features）鼓励教师和学生在面对新出现的兴趣和见解时，返回并修改结论。学生可以在他们学习的各个阶段作出合理的判断，而不是等到单元结束时才得出结论。

循环性探究的启动样本

一位一年级教师正在计划让学生基于之前对生物和土壤的了解"创建"一个蝴蝶园。她突然意识到，让学生画蝴蝶园的草图来启动学习会立刻吸引他们。每天，当学生更多地了解植物、土壤和蝴蝶时，他们就有机会丰富他们的园艺计划，做出必要的修改，并确认现有的想法。

一个科学班开始调查气候变化带来的威胁。教师要求学生在仪表盘上设置一个刻度盘，显示气候变化造成的威胁程度（从"最小"到"非常严重"），并为他们最初的评估提供几个理由。当通过教师引导的讨论、录像和阅读来探索新信息时，学生回顾刻度盘，并在证据确凿的地方进行调整。

一位11年级物理老师发起了一项关于运动的探究。他要求学生从一开始就设想为什么在棒球运动中，曲线球会呈弧线运动。在学习牛顿运动定律时，让学生确认、修改或扩展答案。当学生学习并检验他们的思维时，他们的回答质量提高了。

◇**建立明显的长期和短期目标：**一个普遍有用的做法是清晰地确定每天课程的学习目标。当然，关注的焦点要延伸到日常课程之外。如果要让学生看到课程之间的联系，他们需要了解个别课程如何与更广泛的问题相关联，如何促成他们理解驱动探究的大概念。提供明显的长期和短期目标可以支持持续性探究。下面的方框中描述的"级联挑战"方法是按挑战的顺序来构建的，可以为学生提供学习路线图。表9.3（见下页）中概述的"级联挑战"（Cascading Challenges）单元示例显示了重大挑战和支持性探究之间的关系，而一些单个的课程则帮助学生理解他们每天所做之事的相关性，以及这种相关性如何构建他们对大概念的理解。

级联挑战法

级联挑战是由批判性思维联盟开发的一种支持持续性探究的方法。"级联"（cascading）这个术语强调了对问题仔细排序，因此总体探究（overarching inquiry）由一系列探究性问题支撑，而这些探究性问题又由一系列日常课程挑战提供支持。"挑战"（challenge）一词表明从总体探究到日常课程的各层级学习都被问题化了，学生被要求根据仔细考虑的证据得出合理的结论，从而对有意义的挑战性问题作出回应。"级联挑战"方法通过融合设计规划、有效评估和合理指导等方式，融入批判性、创造性和协作性思维。

主要特点：

◇为持续性探究创造机会，每个挑战都来自更大的挑战。

◇确保思维是学习的核心，其方法是围绕一个挑衅性挑战来构建单元、探究的内容和日常课程，并且要求学生对该挑战作出合理的反应。

◇通过发起活动启动探究。通过发起活动让学生对挑衅作出初步反应，以此激发学生兴趣。根据挑战的性质，启动形式可以是一个假设、一个预测、一个猜想，或者只是一个想法的初步草图或草稿。

◇使用"思维手册"（Thoughtbook）鼓励思想的持续孵化和深思熟虑后的修改。

◇用"思维手册"和丰富的真实性挑战丰富评估思维的机会。

◇通过较小的探究系统构建重大想法。

◇通过开发探究内容，确保对核心课程目标和关键概念的关注，同时允许学生在个别课程方向以及单元产品或性能选择方面有发言权。

◇强调开发智力工具，以支持思考重大问题，而不只是将其用作产品。

◇确保学生和家长在预期的学习和课程之间流动的透明度。

表9.3　部分级联挑战单元

牛顿运动定律
总体探究：了解牛顿运动定律能帮助我们更好地驾驶吗？ **学习目标**：理解牛顿运动定律以及它如何解释日常生活中的运动。 **总体挑战**：准备四条关于安全驾驶的、能应用牛顿运动定律的明确解释和准确建议，就好像牛顿是你的驾驶教练一样。

牛顿运动定律			
支持探究：重力	支持探究：惯性	支持探究：力	支持探究：作用力和反作用力
学习目标：理解重力的概念以及它是如何影响日常运动的。 **探究**：重力在驾驶中扮演着重要的角色吗？ **挑战**：开发一个考虑到重力的安全驾驶技巧。	**学习目标**：理解惯性的概念以及它是如何影响日常运动的。 **探究**：惯性在驾驶中扮演着重要的角色吗？ **挑战**：开发一个考虑到惯性的安全驾驶技巧。	**学习目标**：理解"力"的概念以及它是如何影响日常运动的。 **探究**：力在驾驶中扮演着重要的角色吗？ **挑战**：开发一个考虑到"力"的安全驾驶技巧。	**学习目标**：理解作用力和反作用力的概念以及它们是如何影响日常运动的。 **探究**：作用力和反作用力在驾驶中扮演着重要的角色吗？ **挑战**：开发一个考虑到作用力和反作用力的安全驾驶技巧。
重力活动示例 **学习目标**：了解重力在日常活动中的作用。 **课堂挑战**：汽车在十层楼高的斜坡上启动是如何让玩具车跳起来的？	**惯性活动示例** **学习目标**：了解惯性在日常活动中的作用。 **课堂挑战**：为什么直升机很难转弯？	**力活动示例** **学习目标**：了解物体匀速移动需要不平衡的力来改变运动。 **课堂挑战**：为什么马车下坡时速度变快？	**作用力和反作用力活动示例** **学习目标**：了解每个作用力都有同等但相反的反作用力。 **课堂挑战**：气球车是如何前进的？

◇**构建重要的思考时间**：在紧迫的时间内，我们很难为复杂的问题想出深思熟虑的解决方案。通常，缺乏思考时间是由前端加载主题内容，将学习应用拖延至单元末尾处所造成的。启动挑战性学习并定期为学生提供用以评估新的学习的时间，这可以促使他们思考如何将现学的知识与前期理解相关联。

培养持续性探究能力

为了实施探究，学生肯定需要开发在第4章讨论过的一系列智力工具。很显然，其中包括持续的批判性、创造性和协作性反思倾向及能力。

支持连续的生成性和建设性反思。正在进行的学生反思支持生成性和反应性地思考挑战，这可以有效地使学生建立联系，监督自我学习或产生新的可能性。在探究过程中，学生的持续性反思应该关注他们的回应如何有效地满足挑战的要求。通过自问"我的回应中哪些部分有效？哪些部分无效？"学生可以学会通过学习来确认或修改他们的回应。对回应的反思也可以帮助学生思考新的学习如何生成新的想法和可能性。通过这种方式，反思既有助于增强反应性思维（对所完成工作的评判），也有助于产生生成性思考（根据新的理解产生和评估新的选择）。思维手册可以帮助学生把现有理解和新概念新想法进行联结。表9.4解释了这一策略以及它如何支持持续性探究。

表9.4　达·芬奇的笔记本 [①]

以思维手册支持探究
思维手册是学生参与挑战时进行思考的地方，其表现方式可能是艺术家速写本、小型笔记本或记事本；甚至可以是数字形式，用来存储学生正在构思的模型图像，又或者是录制下来的演出，比如一段舞蹈、一次阅读，或者原创性图画、沉思。思维手册允许学生向前反思以延伸和巩固学习，而不是向后反思已完成的工作。 　　思维手册这个标签可能是新的，但概念却不是。数百年来，许多历史伟人都在笔记本、日志、纸屑上，甚至在建筑物的墙壁上记下了他们的想法。历史上的伟人使用各种思维手册启动他们的思维，然后修改、扩展、重新思考和定义那些改变世界的伟大思想。莱昂纳多·达·芬奇（Leonardo da Vinci）、艾萨克·牛顿（Isaac Newton）、查尔斯·达尔文（Charles Darwin）、阿尔伯特·爱因斯坦（Albert Einstein）、斯蒂芬·斯皮尔伯格（Stephen Spielberg），和J. K. 罗琳（J. K. Rowling）只是历史上一些使用过笔记本、日志或故事板的知名人士。思维手册在许多工作领域也很常见，包括建筑和景观，以及图形、汽车和时装设计等行业。电影制作者、编舞者和电子游戏开发人员都使用某种思维手册，以捕获最初的想法并在整个开发过程中不断修改。

[①]莱昂纳多·达·芬奇，《重量与摩擦研究》（Studies of weights and frictionff. 40v-41. http://www.bl.uk/turning-the-pages/?id=cb4c06b9-02f4-49af-80ce-540836464a46&type =book）。

以思维手册支持探究

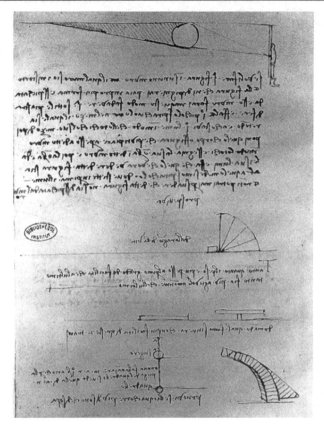

资料来源：Wellcome Library, London. Wellcome Images
(images@wellcome.ac.uk, http://wellcomeimages.org).
Manuscript notebooks MS A fol.42v*Les manuscripts de
Leonard de Vinci* (six volumes). Charles Ravaisson-Mollier.
Published: 1881. Retrieved from Wikimedia Commons。

　　虽然长期以来记日志一直是教育领域的一部分，但是学生通常用日志反思已完成的工作情况。一位接受过大学教育的学生沮丧地回忆说，他不得不"反思"他们在这一年里所完成的反思。当然，反思是有价值的，但这价值也体现在鼓励学生"进一步思考"，以促进他们检验想法、加深理解、汇集想法和设计的相关反馈。思维手册帮助教育工作者重新将目前的工作构建为学习的一部分。同样，它们为有效评估提供了多种支持。

提供指导，以保持探究

持续性探究的一个重要组成部分是持续提供反馈，帮助学生得出新结论。

提供连续不间断的同伴互评和教师反馈。通常，评估采取定期评论学生作业的形式，然后由学生根据他们收到的反馈进行单独修订。在这种评估方式中，学生只是按照建议去修改，以寻求他们认为是教师期望的答案。而在一个连续不间断的过程中，学生在学习初期对挑战作出回应，并获得多种机会，根据新的学习内容以及老师和同伴提供的反馈修改和扩展他们初期的回应。让学生对日常课程中提出的小型挑战的回应进行分享和评论，并使其成为学习的常规部分，可以持续为学生提供有用的新想法，并激励他们持续修订他们的作业。

结　语

探究的效能不在于提出一个问题，而在于谨慎地对引起持续探究的问题进行排序。通过迭代过程，培养学生对某一主题的深刻理解力和思维课堂的核心能力。这些能力也是在急剧变化的世界中取得成功的要素。持续性探究不是一个新名词或者实施的新项目，而是一个指导发展的原则，它汇集了有效教学的方方面面，以创造对于学生来说更连贯、更清晰的体验。

保持探究的实践	
营造氛围	◇创建持续调查的期望。
创造机会	◇嵌入日常性探究。 ◇规划迭代结构化探究。
培养能力	◇支持连续的生成性和建设性反思。
提供指导	◇提供连续不间断的同伴和教师反馈。

以下是一些精选策略，供教育领导者和教师一起使用，以鼓励持续性探究。

把握机遇

与同事和员工一起建模探究心态

当时机成熟时，将讨论设计为问题，并以开放和协作的方式进行探究。

确保重大的学生项目涉及真正的探究

关注学生可能承担的重大项目，以确保他们不能简单地重新搜索信息，并将其报告给教师。

寻找支持持续性努力的方法

鼓励同事和员工审视他们的实践，查寻鼓励或阻碍学生在学校进行持续努力的方法。

第 10 章　培养自我调节型学习者

本章阐释支持自我调节型学习者（Self-regulated learners）的意义及重要性。更具体地说，本章讨论：

◇自我调节型学习者及各种相关概念；

◇为什么说培养自我调节型学习者是一个重要的指导原则；

◇培养自我调节型学习者的实践。

> 为了促进学生自我调节，教师必须协助学生灵活地、自适应地参与认知活动的循环圈（即任务分析、策略选择和使用以及自我监控）。
>
> ——黛博拉·巴特勒（Deborah Butler）

尼尔森（Nielsen）女士想知道班上的每个学生对所学内容的理解情况。最初，她为学生提供了三套彩色卡片，用于显示学生的理解水平：

◇绿卡：我完全掌握了。

◇黄卡：我理解了部分。

◇红卡：我不懂。

例如，在解释如何计算矩形面积的课程之后，她会让学生在她数到三的时候同时亮出卡片。一般来说，大多数人都举着绿卡，只有几张黄卡和红卡。她会让一名亮出绿卡的学生示范解题，然后让全班同学再次亮出卡片，这时她特别关注之前亮出黄卡和红卡的学生。她通常会给全班学生布置五个练习题，这样她才有时间关注需要帮助的极少数学生。

后来尼尔森女士意识到这是由教师发起的，而不是学生自我监控的行为。她开始重新考虑使用这种检查理解的策略。她，而不是学生，正在决定着学生何时评估理解水平。她开始使用彩色的可堆叠杯子代替卡片。无论哪个杯子叠在上面（从而可见），都代表了学生自我感知的理解水平。现在，学生们在整个课程中可以不需要教师提示，自己不断调整杯子以反思当前的理解水平。这种改进旨在期待学生能够独立思考学习。同时，它提供了一种相对非侵入（nonintrusive）的方式，让学生在不理解教学内容时向教师发出信号。与在老师讲解过程中举手来表示他们有不理解的地方相比，静静地将红色杯子放在最上面这种方式需要学生较少的勇气。这种策略使学生有了发言权，即使是在尼尔森女士讲课时。同时，它也鼓励尼尔森女士倾听学生并相应地调整课程。而且，每当尼尔森女士开始在教室里走动时，杯子颜色就变成了一个即时的对话启动器。

这个场景很好地描述了尼尔森女士由原来让学生参与自我评估的策略转向增加学生自我调节维度的改进方法。学生不仅是在衡量学习，而且还在没有教师提示的情况下定期评估学习。帮助学生学会发起和调控学习是思维课堂的一个关键部分，对学生在校内取得成功以及让他们在一个并不总是有人在场告知他们该做什么的世界中发挥作用具有重要意义。

在高中不需要自我调节就可能取得成功，这是欺骗学生的假象。那些听从教学安排并记住由老师精心收集、父母管控的大量信息的学生可能会毕业，可那又怎样呢？那些缺乏智力工具和独立行为素养的学生，无论他们积累了多少知识，仍然举步维艰。

培养自我调节型学习者是学习的五大核心原则之一。该五大原则告知教育工作者有关教育实践的方方面面，包括向学生指引方向，如何回答学生问题，评估内容，小组协作要求，以及让学生作选择的时机。

　　那么，自我调节型学习者放在首次出现时这一术语包含哪些含义呢？

什么是自我调节学习?

自我调节型学习是指以个人负责任、自我反思的方式执行规定的任务，并在追求商定的教育目标时进行合理判断的能力和倾向。

自我调节学习是指以个人负责任、自我反思的方式执行规定的任务，并在追求商定的教育目标时进行合理判断的能力和倾向。换言之，学生不再是心不在焉地坐在课堂上，无助地等待教师把他们需要知道和思考的一切信息填鸭式地灌输给他们。相反，学生的思维将在他们努力学习并理解学习内容的意义时开启。理想情况下，学生会习惯性地以这种方式操作，而不需要提示。一个完全能自我调节的学习者可以在没有他人指导的情况下成功完成指定的任务。这并不意味着学生不与同伴交流并寻求教师的帮助。相反，这意味着学生不能期望被告知该做什么——他们必须自己思考。这个方法的实际意义在下面的方框中有指导性的描述，其中列出了 11 年级学生在工作三个月后为实现这一目标对自我调节学习的看法。

自我调节学习是……

高中生对自我调节学习的看法：
◇确保你理解你学到的东西。
◇思考如何改进学习。
◇总是试图在自己和所学内容之间建立联系和意义。
◇能够掌控学习而不是高度依赖教师填鸭式灌输。

◇寻找一种有助于你学习的方法。

◇按时完成作业。

◇事情不清楚时采取主动。

◇用各种方式去理解。

◇自己如何做事。

◇不依赖别人来回答你的问题。

◇即使不感兴趣，也要找到激发学习兴趣的方法。

自我调节学习涉及哪些内容？

自我调节型学习者具有四大特性（Wolters，2011），即：

◇掌握了一套学习策略；

◇能够判断哪些特定的学习策略最适合各种学习任务；

◇能够监控，并在必要时修改各种策略以适应各种情境；

◇有动力调控学习，并在不被强制的情况下坚持完成任务。

自我调节学习很容易与两个相关术语混淆：自主学习（self-directed Learning）和自我调节（self-regulation）。现在，让我们来讨论一下各个术语。

自我调节与自我调节学习。自我调节是一个比自我调节学习更广泛的概念。自我调节涵盖多个领域，包括调节我们的身体、情绪、思维和社会行为（Shanker，2013）。虽然这些都很重要，但我们只关注帮助学生更好地控制与学习相关的思维和行为。这里，我们不讨论情绪和身体自控，因为我们旨在阐明在思维课堂中指导教学与学习的教学原则。

自我调节学习与自主学习。自主学习是指自己设定学习目标和学习路径，通常被描述为个性化或自定义学习。基于学习者的兴趣并借助学习技术，自主学习可能在任何时间，任何地点，以任何进度发生。自主意味着学生自行选择学习内容和学习环景，而自我调节则假定这些是由他人设定，而学生则在这些参数范围内展开学习活动，以启动和监控他们深思熟虑地执行指令。很明显，如果没有学习的自我调节，有效的自主学习也是不可能的。如果学生不能以个人负责任的、自我反思的方式执行指定任务，他们就不可能在学习上行使更大的自主权和负起责任。因此，自我调节是自主的必要前提条件。学生缺乏自我调节学习的能力和倾向是许多在线学习计划完成率如此令人失望的主要原因。

自我调节工具与学习策略

当教师将教学策略与思维策略等同起来时，另一种可能的混淆就发生了。我们将前者称为活动，将后者称为工具。工具是学生有意识使用的设备，用于实现所选择的目的或目标；活动是学生完成的任务。学生可以拥有一种工具——这意味着他们可以随意使用它来实现策略性目的。另一方面，学生可能会非常擅长某项活动，但仍然不能在指定的背景之外参与其中。例如，许多教师用来帮助激活学生思考故事或非虚构小说的预读活动（prereading activity）"整理（sort）和预测"。当要求学生整理和预测时，教师会给学生提供从文本中选取的词汇。学生的任务则是整理这些词汇，以理解和预测文本内容。这项活动很有价值，但它是由教师指导的，并不是学生可以独立使用的预读策略，因为学生必须阅读文本以提取词汇。

许多策略，包括预览、创建故事板、绘制概念和思维地图，以及在图表上记录证据，都有可能成为一种工具，但永远都只可能是学生所从事的活动。例如，考虑使用图形组织者来比较故事中的两个人物或事件。教师可以对维恩图（Venn diagram）的使用进行示范，并举例引导学生对其加以运用。许多教师会认为他们正在教授一种思维策略。然而，除非学生将其添加到他们的自我调节工具库中，否则这种潜在有用的策略仍然是一项活动。通过"自我调节"这一术语，我们指的是目的性使用的（即旨在实现内化目标）、独立使用的（不是只在被要求的情况下使用），并且经过仔细选择使用的（从一系列可能的选项中选择）工具。尽管教师的用意是好的，但在许多课堂中，学生往往想不到使用维恩图来理解正在学习的内容。

区分仍然是活动的策略和已成为自我调节学习工具的策略并不是要削弱教学活动的作用。显然，活动可以帮助学生理解课程内容。然而，让学生完成活动或任务可能很少有助于学生学会如何自我调节学习（并且可能会分散注意力）。这是因为当学生（而非教师）认为这是一个合适的策略时，还没有学会使用维恩图或其他诸如图形组织者这样的工具。只有当学生学会独立思考目的或需求，考虑选择并能够选择有效的策略来帮助自己学习时，他们才能获得工具。

为什么自我调节学习很重要？

采用自我调节学习作为创建思维课堂的指导原则有以下几个充分的理由。

它是能力的必要条件。自我调节学习是能力的必要条件。我们已将能力定义为需要启用各种工具的复杂任务机制。真正有能力的学生不仅必须表现出执行任务的能力；还必须在没有提示的情况下能选择和使用必要的工具。只有通过自我调节才可能获得真正的能力。事实上，如果一个人在很大程度上没有自我调节能力，那么我们谈论他有能力胜任任何事情都毫无意义。让我们来看看作为一个反思者意味着什么。学生可能理解元认知的重要性，并学会了如何在课程的各种环境中应用元认知。他们甚至可能展示出非常善于反思学习的能力。但是，除非学生在不经提示的情况下能够在校内外环境中运用该能力，否则我们就不能认为他们很熟练。此外，自我调节型学习者具有元认知意识，能够持续将他们的能力扩展到更复杂的层面。

有直接的课堂效应。当学生有自我调节学习的倾向和策略时，课堂会呈现出直接的优势。专注于思考学习的学生不太可能扰乱课堂，而更有可能成功学习。

增强学生的自信心和参与性。学生的参与程度是自我调节的先决条件，但自我调节也会促进学生的参与性。学生认识到，具备自我调节学习的能力，而不是被填鸭式地灌输知识，这也是他们接受教育的重要目标。有机会掌控自己的学习，并以自己的方式行使更大的学习自由，这种方式很受学生欢迎。在一门强调自我调节学习的为期一学期的课程结束后，一名学生写道：

这是我第一次爱上学习，我发现这不是因为课程材料更好，而是因为我学会了使用大脑。让我的大脑参与的那一刻，课程变得有趣了，我想学习。今年"社会"课程的每个单元，课堂上的每个知识我都想汲取。能力工具对我帮助很大，我对学校的态度也发生了巨大的转变。

——切尔西·范·兰登（Chelsea Van Randen，11 年级学生）

切尔西的反馈代表了她的许多同学。一旦学生开始自我调节，他们就会更有效地学习并提高成绩。对于许多学生来说，自我调节学习加深了他们对学习方式以及学习改进方面的理解。这种重获的学习信心有助于学生克服长期缺乏成功所带来的疏离感（disengagement）。

哪些实践培养自我调节型学习者？

所有与促进思维课堂相关的实践都适用于培养自我调节型学习者。这里还有一些其他的特别适用于培养学生自我调节学习能力和素养的实践。

营造培养自我调节型学习者的氛围

许多学生已经形成了我们所谓的"习得无助感"（learned helplessness）。他们逐渐期望，只要等待的时间足够长，诉求的人足够多，总会有人来告诉他做什么以及怎么做。希望培养自我调节型学习者的教育工作者需要克服学生这种深植的心态。

让学生认可并期望自我调节学习。学生必须看到更多地成为一名自我调节型学习者的目的和益处。通过提升自我调节学习的理念，改善他们将使用的特定学习策略，使学生对自我调节学习产生期待，帮助他们看到其价值。

把握全局（the Big Picture）。将学生引向自我调节学习的第一步是创造期望和认可。学生需要一个概述，以帮助他们理解自我调节学习，明确其目的以及它如何改善他们的校内外生活。已有证据表明，仅仅是向学生介绍自我调节学习概念就已经可以激励他们了。因此，开设一些有关自我调节学习的含义及其重要性的课程是大有裨益的。在下面的方框中可以找到相关示例。在支持自我调节学习时，不断确保学生能看到其价值，这一点至关重要。如果学生不完全理解这一点，他们就不会花费时间和精力监控自己的学习。

介绍自我调节学习

斯蒂芬·斯蒂普（Stefan Stipp）老师使用以下脚本向高中生介绍自我调节学习理念。[1]

大多数老师都擅长填鸭式教学。我们告诉学生学习内容，何时、何地，如何以及与谁一起学习。大多数学生都擅长填鸭式学习。通常情况下，你在课堂上被动地坐着，等着老师告诉你该怎么做，不加思索地完成任务。这样做的问题在于它几乎不会产生有意义的学习。你们中太多人到了高中还依赖老师进行学习。我想通过教你们成为自我调节型学习者来改变这种状况。作为一名自我调节型学习者，你需要掌控学习，弄清楚你要学习的内容和学习方式，密切关注你没有在学习的情况，并知道如何克服这个问题。你需要经常在脑海中与自己交谈，以了解大脑接收的新信息。本学期，我会教你们一些工具，帮助你们课内外学得更好。使用这些工具将促进你们自己掌控校内外学习，这样你们就有了随时随地学习一切的动力和技巧。

看到使用自我调节学习策略的价值。除了看到全局，学生还需要看到被要求自我调节学习时使用特定学习策略的价值——无论是使用彩色杯子来表示对

---

① 由不列颠哥伦比亚省萨里学区的教师斯蒂芬·斯蒂普提供的一段描述。

课程的理解程度还是激活前期知识以帮助阅读文章。一种方法是选择与即将到来的任务直接相关的工具集，或者适用于任何任务的通用工具。鼓励学生识别哪些是最期望学习的工具。此外，让学生看到该策略的运作方式也可有效地创造学生对自我调节学习的认可度。

以下方框中描述的课程用于帮助学生看到在开始一项任务之前激活其前期知识的价值。

展示激活前期知识的价值

斯蒂芬·斯蒂普老师使用以下脚本向高中生介绍激活前期知识的策略。[①]

在你开始学习新内容之前，作好准备将有助于大脑思考。把大脑想象成一个档案柜。你弄清楚关于该主题的已知知识并作出预测将有助于在大脑接收到新信息之前开启正确的抽屉，从而大脑更易于理解并有效地存储信息。

要了解其工作原理，请阅读下面的诗并尝试读懂。你可能发现这项任务具有挑战性。但是，如果你事先得知这是一首描写蝙蝠的诗，你会作何感想呢？现在重读这首诗，你会发现它更容易理解。那是因为大脑中已经有一个标有蝙蝠的文件，当你打开它时，你对蝙蝠的全部已知信息都可以帮助你理解像"从梁上垂下来"这样的表述。"打开抽屉"是一个比喻：获取你有关将学内容的前期知识并唤醒你对它的好奇心。

在冬天，他从横梁上垂下
但在春天，他翻转向上放飞
震颤着到处飘来荡去
直到炊烟飘飘渺渺
微光中他低沉地盘旋
在洒落草坪的落日余晖中
采集着沉沉低飞的虫子们
随着绿色世界的晨曦归来
在烟囱下面消失了灵活
回到他们用细针捕捉老鼠的地窖。

——詹姆斯·雷尼（James Reaney）[②]

---

① 由不列颠哥伦比亚省萨里学区的教师斯蒂芬·斯蒂普提供的一段描述。
② 这是詹姆斯·雷尼（James Reaney，2010，p.18）的诗《二月牧歌》（February Eclogue）的第五节。

为培养自我调节学习创造机会

学生需要很多机会来发展和应用他们进行自我调节学习的新兴能力。

频繁嵌入自我调节学习的机会。尽管大多数学生都乐于接受成为自我调节型学习者这一理念，但是由于已经习惯了填鸭式学习，许多学生很难实现自我调节学习。毕竟在课堂上被动地坐着，等着老师告诉该做什么，不加思索地完成任务，这都更容易些。更糟糕的是，教师往往更擅长填鸭式，而且在这种方式下，学生完成任务的速度可能还更快。例如，在用准备好的笔记解释重要现象或事件细节时，教师可能只是要求学生逐字抄写笔记。这种方法很简单，它确保每个学生的笔记中都有相同的信息。但是，抄写笔记使学生更加依赖教师来决定哪些是需要记下来的重要信息，剥夺了学生自行决定的机会。而且，抄写先前准备好的笔记并不能产生任何学习。相反，那些被要求去思考哪些是重要信息的学生必须在一定程度上理解内容。鼓励学生在没有明确提示的情况下作决定才会提高个人对学习的掌控权。尽管我们呼吁让学习变得更容易，但是只有当教师利用这些日常机会支持学生独立思考并期望他们确实这样做时，有意义的学习和长远利益才会真正地发生。

培养自我调节学习能力

培养自我调节学习的能力和素养，其关键是帮助学生掌握学习工具库，从中他们可以根据情况需要选择工具并深思熟虑地加以运用。

制定各种学习策略，包括有效使用的标准。学生在使用一系列策略来帮助学习时需要获得明确的指导。这些策略可以是帮助学生准备学习的预习工具，帮助理解学习内容的任务工具，以及帮助展示和应用所学知识的学习确认工具。教授自我调节学习工具的建议包括：

◇**从预习工具开始**。演示如何使用每个工具及其用途。例如，在教学生注释作业单时，使用交互式白板或数码相机在课前注释好讲义。使用一种有声思维策略（think-aloud strategy）来展示注释背后的思维。

在学生进教室前张贴好有吸引力的学习目标

为学生提供每堂课的学习目标可以培养学生预习的习惯。但有效地传达学习意图并没有什么简单的公式：有些课堂中，惊喜元素很重要，而在其他课堂中，澄清学习意图和成功标准的最佳方法是给学生示范。多数情况下，最好在每节课开始时以学生友好型语言显示学习意图。

重大问题

我们选举总统的方式有效吗？

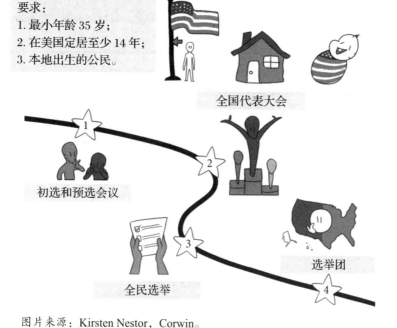

要求：
1. 最小年龄 35 岁；
2. 在美国定居至少 14 年；
3. 本地出生的公民。

全国代表大会

初选和预选会议

全民选举

选举团

图片来源：Kirsten Nestor，Corwin。

图 10.1　如何成为美国总统？

你能学到什么？

◇什么是初选？一个人如何成为党团中的一员？

◇什么是选举团？

◇获得的选票少于其他候选人是否有可能当选总统？

你将用你的所学做什么？

用一段话来回答这个重大问题。

◇使用首字母缩略词 WALT（"我们正在学"）和 WILF（"我正在找什么"）来构建学习意图。

◇一种劳动更为密集型但更有效的沟通学习意图的方法是创建微型探究，即要求学生在一堂课开始之前根据课的内容线索进行推断。图 10.1 是关于美国政府的一堂课。任务是制定关于当天课程性质的假设，并在此过程中激活前期知识并建立新知识。

提前提供讲义

讲义可以在学生到教室之前放在学生课桌上，也可以堆放在前门，以便学生进入教室时例行取件。或者，发布在班级网站上，并且要求学生在每节课的前一晚观看。学习期望是学生在课开始之前就对课形成一种印象。目标是为即将到来的主题激发动力，激活前期知识，并阐明学习期望。

◇**给学生展示在不同背景下如何使用每种工具。**例如，可以在阅读小说或教科书时使用注释工具，并且需要在上下文中再次建模。

◇**先关注少量工具，直到学生在不同的环境中掌握了这些工具。**学生很容易被太多的工具压垮，但一旦掌握了一种工具并开始看到它的效能时，他们就会很兴奋。

◇**为学生提供工具菜单，**可以在每节课开始时分发一叠清单，或者粘贴在学生的课桌或活页封面上。

◇**提醒学生在学习时问自己两个关键性问题：**

我正在以最佳方式学习吗？

如果没有，哪一种工具可以帮助我更好地学习？

表 10.1（见下页）中描述的工具已经用于高中生。我们给每种工具都提供了指导性问题和定义标准或使用目的。教师可以从某些工具开始，并根据需要引入其他工具。

表 10.1　学习工具示例

预习工具	
※ 学习目的——看讲义、教科书、黑板、屏幕。 我即将学习或做什么？我能了解或做什么？对我的期望是什么？	**明确目的** 清楚地理解他们要学什么和做什么。
※ 前期知识——在大脑中先创建一个问号。 我对这个主题已经了解哪些信息？我可以查询（以前的笔记……）哪些内容？	**有意义的联结** 把新材料和先验知识有意义地联结起来。
※ 预测和设想。 我认为会学到什么？我会有什么问题？	**合理预测** 作出合理预测并提出真正的问题。
※ 想一想学习的原因。 我为什么要费心去学习这些（有趣，有挑战性，能改善生活，与他人建立联系，扩展我的视野……）呢？	**强烈的动机** 有真正的学习理由。
※ 创建自己的工具。	
任务工具	
※ 在阅读／聆听／观看时写下你的理解。 缩写将使你更有效率。例如：C.=circa（大约）=approximatley（大概） + =and（和）　　　　 /h =per hour（每小时） pop=population（人口）　b/c=because（因为）→ =leads to（导致） w/=with（和，一起）　　gov't=government（政府）	**有意义的理解：** 用自己的语言写下理解，并和全局联系起来。
※ 把学习内容可视化。把它画出来。 它看起来是什么样子呢？	**有用的视觉** 视觉效果增强了理解力。
※ 检查你的理解。 我弄懂这个了吗？我正在理解什么？什么是我不懂的？ 用符号与你所读、所听或所写的内容进行交互。例如： √ 懂了　　　　　　√√ 同意 ?? 有困惑　　　　　× 不同意	**准确的自我评估** 用符号来澄清理解。

预习工具	
※ 如果你不理解某些问题，进行故障排除。 我怎样才能弄懂这个？ 重读，往前读，联系前期知识，协作，寻求帮助。	**有效的故障排除** 故障排除步骤有助于激发学习欲望。
※ 创建自己的工具	

确认学习的工具	
※ 写一个简要的总结。 我学到的主旨思想是什么？	**简要总结** 用自己的话简要准确地捕捉主要观点。
※ 为你的简要摘要创建一个标题，最大限度地把知识打包。 我所学内容的精要是什么？	**有力的标题** 捕捉精要。
※ 创建概念地图。 这一切如何融合在一起？	**展现概念地图** 概念之间联系显示了关系并澄清了全局。
※ 思考一下你的所思所学。 我学得如何？我该如何改进流程？	**改进学习** 考虑可以更好地使用工具的学习。
※ 创建自己的工具	

支持学生独立使用工具及其持续地监控

选择和有效使用甚至调整适当工具的责任需要逐渐由教师下放给学生。在对工具进行明确指导后，教师应该慢慢鼓励学生更多地使用这些工具。指导学生，然后让学生独立练习运用工具，并让此练习一直持续到学生熟练掌握这些工具为止，这时老师可以撤回任何积极的支持。以下是优化该过程的一些建议：

◇鼓励学生从清单中选择最有效的工具来完成特定的任务。

◇要求学生不断反思他们使用各种工具的有效性。这有助于他们调试工具，甚至创建自己的工具。

◇随机要求学生识别他们为某项任务选择的工具，并解释原因以及使用这些工具的方式，从而让学生对自己的行为负责。后一种要求是为了识别那些可能误认为自己已经理解工具用途和目的的学生。

下面的方框中描述了一位教师如何支持她的学生逐步掌握可视化策略。

增加对学习工具的自我调节

一位七年级数学教师给学生提供了一个机会，让他们在接下来的有关带有不常见分母分数相加的一节课中练习可视化策略。在黑板上写下问题"$\frac{1}{2} + \frac{1}{3} = ?$"后，教师提醒学生可以用之前介绍的可视化工具。她让学生分成小组，尝试以可视化方式展示问题。学生先记下各自的想法，再交给小组创建可视化文件，并将其提交给老师，以反馈他们使用该工具的程度。

三天后，当处理单词问题时，她再次要求学生以可视化方式展示问题，但这次由学生独立创建视觉效果，她在教室里来回走动以确认他们理解使用该工具的方法。两周后，在教授分数相乘时，她要求学生来决定如何最好地执行这项操作，但她只字未提使用工具的事。当80%的学生创建了例题的视觉效果时，她知道他们在自我调节使用工具方面取得了显著进步。

每天结束时，学生们进行学习反思，在学习日志中特别提到工具的使用。他们每人都有一本随时可以记录的螺旋式笔记本。当教师介绍其他工具时，也鼓励学生在其他科目中使用。随着时间的推移，学生们调试适合自己需求的工具，最后定制出含有最有效学习策略的个人工具包。

指导自我调节学习

教师和学生对自我调节学习的评估应该持续进行并应该有经常性的反馈。

评估自我调节学习的具体情况和总体水平。定期收集有关学生在特定学习情境中自我调节能力的反馈信息并测量他们的整体自信心和能力，这非常有用。

◇**评估自我调节策略的具体运用**。用易于理解的标准进行自我评估，并养成习惯，是自我调节型学习者的基本属性。这应该贯穿于整个学习过程中，记录于学习日志，并偶尔提交以获得反馈。它也应该是完成所有主要任务的常规部分，在此情况下，更正式的过程是有帮助的。

表10.2（见下页）中概述的自我评估策略几乎可用于任何任务。老师一解释好作业，学生就在开始任务之前完成前三行。重点是确保学生了解该任务、任务目的，以及怎样才算成功完成任务。学生在完成作业初稿后完成下面三行。理想情况下，教师要在这之后将作业返回给学生，让学生按照建议改进并重新提交最终作业版本。最重要的是对六个问题中的每一个问题的解释进行自我检查。关键是要确认学生们何时理解和何时不理解任务要求。与那些未能理解任务要求但却不自知的学生，或者那些其实自己理解任务要求却误以为自己不理解的学生相比，对任务要求理解不佳但却能认识到自己在这方面的弱点的学生其实更能自我调节。

◇**评估自我调节学习的总体水平**。学生应通过非正式地反思学习来不断进行自我评估。此外，借助教师反馈，对学生调节学习的整体能力进行更正式的定期评估，有助于测量学生的学习进度并提高其应用学习策略的能力。定期留出时间进行这样的自我评估可以提醒学生自我调节的重要性。

表10.3（见210页）中概述的自我评估清单已经证明在培养高中生自我调节学习的能力和素养方面是有效的。定期使用该清单中的策略可以让教师有机会提供反馈，并鼓励学生在自我调节的基础上进一步发展。基于这种自我评估，表现出一致的自我调节学习水平的学生，在选择学习方式、学习同伴和学习地点时，可以获得更多的自由。

表 10.2　自我评估理解和表现

帮助学生意识到他们不懂之处		
自我评估：＿＿＿＿＿＿＿＿＿＿＿＿＿＿＿＿		姓名：＿＿＿＿＿＿＿＿＿＿＿
	用自己的话解释	自我检查
我应该为这项任务做些什么？		我对要求的理解有多清楚呢？ □ 非常清楚 □ 很清楚 □ 一般 □ 非常困惑
这项任务的意义是什么？		我对目标的理解有多清楚？ □ 非常清楚 □ 很清楚 □ 一般 □ 非常困惑
这项任务的质量标准是什么？		我对标准的理解有多清楚呢？ □ 非常清楚 □ 很清楚 □ 一般 □ 非常困惑
根据标准，哪些方面我做得好？哪些方面我理解得到位？		我做得有多好？ □ 非常好 □ 很好 □ 一般 □ 非常差
根据标准，哪些方面需要改进？哪些方面我没有理解？		对于需要改进的地方，我评估得如何？ □ 非常清楚 □ 很清楚 □ 一般 □ 非常困惑 □（对我）不适用

帮助学生意识到他们不懂之处		
	用自己的话解释	自我检查
我该做些什么来改进呢？		我对要求的理解有多清楚？ □ 非常有用 □ 很有用 □ 一般 □ 完全没用 □（对我）不适用

资料来源：Created by The Critical Thinking Consortium。

表 10.3　自我评估自我调节水平

评估自我调节的总体水平				
作为一名学习者，我是如何自我调节的？	总是	大多数时候	有时候	改进计划
我准备学习的方式是：获取正确的产出，检查我所知，思考并设置学习目的。				
解释：				
我让自己专注于课堂任务。当老师讲课时，我用工具来确保我在倾听并且听懂。例如：记下来，注释讲义。				
解释：				
我有学习的动力。当我不在学习状态时，我知道如何激励自己。				
解释：				
如果我没有弄懂，我知道如何摆脱困境并弄懂它。				
解释：				

评估自我调节的总体水平				
作为一名学习者，我是如何自我调节的?	总是	大多数时候	有时候	改进计划
当学习变得困难、无聊、让人难以承受、令人困惑时，我会勇敢面对。				
解释:				
我能够有效地按时完成作业和任务。				
解释:				
我使用评估结果（教师评论 / 标准）来提高学习水平。我会把重点放在学习上，回顾并完善或重做作业。				
解释:				

在下面的量规中圈出你的自我调节水平

完全自我调节

　　我完全意识到我需要做什么，为什么要这样做，以及如何确保我成功。我完全能掌控现有任务。

几乎自我调节

　　我大多数时候意识到我需要做什么，为什么要这样做，以及如何确保我成功。我通常能掌控现有任务。

有时自控

　　我有时候会意识到我需要做什么，为什么要这样做，以及如何确保我成功。我有时候能掌控现有任务。

极少自控

　　我很少意识到该做什么，为什么要这样做，以及如何确保我成功。我很少能掌控现有任务。

完全依赖

　　我没有意识到该做什么，为什么要这样做，以及如何确保我成功。老师掌控我的学习。

资料来源：Created by The Critical Thinking Consortium。

结 语

以个人负责、自我反思的方式执行指定任务的能力和倾向，对在思维课堂上和校外世界里取得成功都是至关重要的。此外，自我调节学习是更独立的自主学习的必要条件。自我调节学习要求学生掌握自己选择的一套学习工具，并能在不经他人提示的情况下，将这些工具应用于适当的情境中。

支持自我调节型学习者的实践	
营造氛围	◇让学生认可并期望自我调节学习。
创造机会	◇频繁嵌入自我调节学习的机会。
培养能力	◇制定各种学习策略，包括有效使用的标准。 ◇支持学生独立使用工具和持续性监控。
提供指导	◇评估自我调节学习的具体情况和总体水平。

以下方框包含一些精选策略，供教育领导者与教师一起使用，以鼓励自我调节学习。

把握机遇

澄清关于自我调节学习的困惑

由于可能将自主学习与自我调节学习混为一谈，或将教学策略与学习工具混为一谈，因此要确保工作人员清楚了解培养自我调节学习者的本质和目的。

让自我调节学习成为全校学生的期望

鼓励全体教职员工采纳并强化一种期望，即期望学生学会自我调节学习，并且随着时间的推移，监控整个学生群体的自我调节学习的总体水平。

把握机遇

开发一套通用的核心学习工具

  与年级或学科领域的教师合作，确定一套可能与学生一起使用的通用学习工具。创建资源以支持教师向学生介绍工具并监控其使用情况。

第 11 章　创建富评估学习

本章解释创建富评估学习（assessment-rich learning）环境的意义及其重要性，更具体来说，本章讨论：

◇建立富评估学习和拓展其他学者关于有效评价的研究成果的六种方法；

◇富评估学习有助于提升学生学习成绩的重要性；

◇创建富评估学习的实践。

> 我们必须确保反馈能引起认知反应而不是情感反应。换句话说，反馈应该引起思考……事实上，反馈的全部目的是提高学生自主学习的程度。
>
> ——迪伦·威尔希姆（Dylan Wiliam）

因为这是 11 年级的最后一次作业，马修（Mathew）非常努力地写了一篇论文来比较《悲惨世界》（*Les Miserables*）的小说和电影版本。但是他最终只拿到了 B+ 的成绩，对此他非常失望，因为他认为他写的论文要好于 B+ 成绩所对应的水平。当被问到老师如何评价他的论文时，马修说："我不知道。"让他重新拿出来看时，他从书包里掏出老师批改过的这篇论文。文章的每一页都有深刻的见解和可能有用的评语，但是马修根本没有看。因此，老师评论这篇文章的所有努力都是在浪费时间。

这种情况并不少见，并突显了学校评估实践中一个持续存在的问题。如果评估不能成为评估者和被评估者之间的对话，即使是老师清晰书写的准则和最有见解的评语也不会对学生的学习产生任何影响。和其他十几岁的孩子一样，马修看到他论文封面的分数，从容地面对失望，然后继续前行。然而，培养毅力的机会就这样错失了。更重要的是，他也错失了接受教师反馈，从而成为一名作家的机会。由于马修仅仅是班上 30 名学生之一，老师实际上浪费了大约 30 个小时来评论作业，但这些评论也只能证明老师所给的分数是合理的，对于学生的学习没有任何影响。我们来想象一下，如果马修在构思论文的初步想法时以及在随后的修改过程中，都能与同伴和教师进行有意义的持续讨论，那这种学习的潜力应该是很大的。

在过去的几十年里，尽管学校评估取得了显著的进步，但仍就是对学生的作业或表现进行定期评论或评价。这些评论或许也提供一些反馈，并给定一个分数，但这种评估并没有将学习提升到应有的程度。马修根本没有发现教师评语对他学习的价值所在，所以他懒得去看评价反馈。如果我们希望创建富评估学习，那么评估必须成为教学中一个有用的常规部分。

当前的评估环境有什么问题?

有两个矛盾长期困扰着教育,即支持学生学习的愿望和让学生、教师、学校和学校系统负责的愿望。以问责制为重点,以成绩和标准化评估作为高等教育的守门人,创造了以评估为导向的方案。与北美数千名教师一起工作时,我们经常听到教师哀叹:"我真的同意你所做的批判性思维工作,但是我必须让我的学生为标准化考试作好准备。"

标准化评估很可能仍然是教育领域的一个主导特征,评分将继续是一个有争议的问题。高利害关系的测试(high-stakes tests)往往首当其冲地受到批评。批评人士认为评估与我们宣称的教育目标不一致。这种单一的关注方式会分散我们对另一个问题的注意力,而这个问题经常会阻碍我们建立富评估学习。基于课堂的评估往往是周期性地中断学习,而不是学习的核心部分。此外,他们几乎只关注学生提交的作业,很少关注完成作业过程中的思维。富评估学习模式旨在让评估成为教师教学工具包中更有效的工具之一。这并不是忽视教育中标准化评估的存在,而是认识到如果我们恰当地利用评估机会,那么学生在标准化测试中取得成功很可能会水到渠成。

在 20 世纪 90 年代英国的保罗·布莱克(Paul Black)和迪伦·威廉(Dylan Wiliam)、美国的阿尔菲·科恩(Alfie Kohn)和瑞克·斯蒂金斯(Rick Stiggins)以及加拿大的肯·奥康纳(Ken O'Connor)和安妮·戴维斯(Anne Davies)开始这项工作之前,评估主要用于收集学生成功实现课程目标的证据。这些教育者工作者在以下三个方面帮助加强了评估实践。

◇**更加多样化的评估工具**:在许多课堂中,评估由一系列的纸笔测试、论文和项目集合而成,辅之以测验、家庭作业检查和对各种行为的评分。现在,评估越来越多地利用更多样化的评估工具来指导学习和确定分数，更准确地反映学生在达到课程成果方面所取得的成功。

◇**更加真实的衡量标准**：在转向更多样化的评估方式的同时，也开始转向更真实的评估方式。这些评估方式更能反映学校以外的日常学习任务。

◇**更加强调形成性评估**：也许最重要的是，教育工作者已经意识到评估的效能不在于仅仅收集作为评分基础的证据（对学习的评估）。如今，评估很重要是因为它提供了指导学生学习的机会（为学习而评估）。

教育工作者们对评估作出的种种贡献使评估得到更广泛的应用，并且更加强调提供反馈来指导学生学习。富评估学习模式主张进一步转变，即主张提高评估水平，使之成为学习中不可或缺的一部分，就像任何形式的教学一样。

什么是富评估学习？

> 富评估学习模式将学生和教师评估定位为所有学生学习中的一个不可或缺、持续和真正有益的方面。

我们使用"富评估学习"（assessment-rich learning）这一术语旨在提请人们注意学生和教师评估是所有学生学习中的一个不可或缺、持续和真正有益的方面。"不可或缺"指的是评估成为教学的一个无缝对接且必要的方面；"持续"指的是评估贯穿整个课程中；"真正有益"指的是学生们欣然接受评估，认为这是一个引导并促进他们学习的机会。相比之下，当评估相对不频繁，学生害怕评估时，评估不足的学习就会存在。这时，学生会抵制或避免寻求反馈，并将评估看作是同伴和老师评判他们学习情况的时机，而不是促进自己学习的机会。

建立富评估学习以及扩展有效评估实践的方法有很多种：

◇将评估与教学更无缝地结合起来，并增加其频率；

◇提高反馈的感知价值和利用率；

◇将所有作业视为"进行中"；

◇提高学生评论的严谨性；

◇强调学习而不是任务完成。

评估与教学无缝且及时对接，而不是中断和延迟

通常，形成性评估仅限于定期检查学生的进展情况。富评估学习的一个关键要素是自我评估、同伴评估和教师评估在支持学生学习方面所起的不可或缺的持续性作用。让及时和有用的指导成为日常教学的常规要素，从而教师可以帮助学生将评估视为学习的重要组成部分。我们所说的及时，是指及时为学生提供评论，以便他们及时了解自己的学习。马修对老师的大量评语不予理会是可以理解的，因为这些评语是在他完成论文之后不久才反馈给他，而且他也没有想过要为下一次写作储备想法。表11.1描述了一名九年级英语教师为提升学生思维所做的努力。她让学生根据新的信息定期重新评估他们先前的结论。

表 11.1　按自由意志程度划分的等级量表

重新评估先前结论
当九年级的学生被问到"命运和自由意志，哪一个更能塑造我们的生活？"时，研究人员向学生们展示了一个刻度盘，范围从"命运"到"自由意志"不等，并要求他们反思自己最初的反应。然后全班开始研究《罗密欧与朱丽叶》。随着对该剧研究的展开，学生们根据该剧中新的证据和见解不断重新评估他们的评分。教室里的一个大转盘充当了搜集证据的协作空间，学生们用他们自己的小转盘来记录他们的新想法。 **是命运还是自由意志对罗密欧与朱丽叶的死亡起了更大的作用？** 　　命运作为主导因素的标准： 　　◇罗密欧和朱丽叶几乎无法控制影响他们生活的事件。 　　◇直接导致罗密欧与朱丽叶死亡的事件源于他们无法控制的行为和决定。 　　◇罗密欧与朱丽叶的决定并没有直接导致他们的死亡。

重新评估先前结论	
命运或自由意志	支持性证据
自由意志大于命运　　命运大于自由意志 自由意志　　　　　　命运	最初的观点
自由意志大于命运　　命运大于自由意志 自由意志　　　　　　命运	第一幕

学生认识到反馈的价值

只有当学生意识到评估能显著改善他们的学习时，他们才有可能寻求反馈并利用他们所得到的指导。我们知道当学生不再畏惧评估，而是急切地寻求更多反馈来帮助改进和提升学习时，我们已经完全实现了富评估学习模式。

学校里几乎所有的一切都是循序渐进的过程

富评估学习帮助学生认识到学习是一个迭代的学习过程，而不是一个产品驱动（product-driven）的目的地。对挑战的多次迭代回应不仅应该被允许，而且应该是一种期望。请看以下例子。

在一个五年级的班级里，在准备学习节能知识时，教师要求学生从家庭可能采取的减少能源使用的五项行动中选择三项并对其进行排序。学生们可以参考三个标准（会产生显著的影响，可以持续一段时间，不会产生有害影响）。学生选择并证明他们最初选择的合理性。随着时间的推移，当这门课探讨有关能源和节能的问题时，学生们每天都在讨论会产生影响的行动。在讨论过程中，学生回顾了他们的排名梯级，并在必要时进行了调整。所有学生，甚至那些已决定不做任何改动的学生，都必须为其决定提供理由。最终，学生们逐渐发现这项任务要求他们通过增加更多的证据来支持自己的立场，从而创建出越来越合理的答案，但是他们也发现其实并没有一个正确答案。他们寻求答案是一种循序渐进的过程，这让他们加深了理解，并鼓励他们保持开放的心态。

在迭代方式中，成果或表现只是学习的工具。每个单元都可以通过挑战启动学习，而挑战可以提供诊断性证据，以熟悉教师的计划；每一课都给学生提供了机会，使他们在应对开放式挑战时持续地整合新的想法和观念。自我、同伴和教师评判是及时的，并且鼓励改变想法。"失败"成为反思和深化见解的机会。简而言之，与其把评估的重点放在某个特定的最终成果上，不如把重点放在学习过程上。

学生在评估时和老师一样严格

大多数学生不把自我评估或同伴评估当回事，有两个原因。其中一个原因是，学生的评估能力远不如教师。如果学生不能判断他们对一个概念的理解程度或对一项任务的掌握程度，那么我们肯定会质疑他们的理解程度和评估能力。知道自己什么时候做得好，什么时候做得不好及其相关原因。富评估学习意味着学生对自己和他人的评估有信心且很严格。下面方框中的示例描述了与研究生班的老师一起培养这一目标的努力。

教授严格的自我评估

最近，我让研究生班的教师相信学生提前知道他们分数的价值所在，从而成功地消除了大学课堂上不健康和适得其反的评估环境。我解释说，学生将根据我计划在他们的最终作业中使用的量规来练习评估未打分的临时作业。我安排了多次自我和同伴评估的机会——不是评估作业本身，而是评估他们对作业的评估。换句话说，重点是学生准确且深刻地评估他们作业中优缺点的能力。我们需要一次又一次的机会来建立他们的信心，这样他们就可以判断什么时候一份作业是好的或者是非常好，以及为什么好或非常好。他们意识到，反复评估相似作业是更好地完成作业的有效途径，从而他们也会意识到，随着一次次的评估实践，他们的成绩也可能会提高。此外，在一定程度上，他们对老师心血来潮的"怪念头"也不再那么敏感了。学生逐渐会理解他们可以反复修改被评改过的作业，直到他们认为自己的表现达到了他们所期望的成绩等级。学生们掌控着自己的成绩，其掌控程度是他们以前从未经历过的。

学生不认真对待自我和同伴评估的第二个原因是他们的评估并不重要。富评估学习意味着学生重视评论，因为他们理解评论如何帮助他们学习。如果教师给学生评估的质量打分并强调"知之为知之，不知为不知，是知也"是每个人在学校都能学到的重要能力之一，这或许有助于显示其评估的重要性。

强调学习，而不是完成任务

当教育工作者把他们的评估完全集中在提交的作业上时，学生们开始相信在学校里最重要的是产出可接受的最终"产品"或表现。如果教育工作者希望创建富评估教室，他们必须向学生说明，学校中的每项任务都应该被视为学习机会。完成任务不是目标，而只是实现目标的手段。使用术语"学习机会"（learning opportunities）而不是"作业"（assignments）便说明了这一重大区别。

富评估学习通过确保学生在应对挑战时保持警觉，并仔细收集和权衡证据，来支持学生并提高他们的成绩。这可能需要反思哪些额外信息有助于提出更合理的论点，是否达到标准，或者哪一种思维策略最有助于他们作出决定。富评估学习有助于学生专注于他们需要思考和改进的地方，而不是只专注于他们做得好或不好的地方（Wiliam，2007）。

评估是对话，而不是裁决（Inquisition）

假如在被认为是懒惰还是愚蠢之间进行选择的话，大多数学生会选择懒惰。他们宁可选择没有完成作业或者没有努力完成作业，从而选择体面地失败，也不愿意承认自己没有理解。与努力后的失败相比，不努力造成的失败则更有尊严。重点评估学生具体的作业或表现使得评估成为对学生作业的裁决，而不是师生间的协作。在富评估学习中，学生思维能力的逐步增长，他们向他人提供反馈的能力，以及他们接受并整合反馈以完善自己作业的开放心态，这些都与最终成果或表现同样重要。

只有当学生把教师视为教练而不是裁判员，协作式讨论才更有可能实现。裁判员和教练都会作出评判，但是裁判员这样做旨在执行比赛规则，而教练的评判则是为了就他们的球员如何最有效地提高比赛水平而提出建议。当学生将老师视为裁判员时，他们只会提交作业以供评判；但是当他们将老师视为学习教练时，他们会寻求指导来提升自己。

为什么富评估学习很重要?

尽管取得了重大进展，但目前的许多评价和评估做法继续阻碍着学习。我们将讨论富评估学习所要克服的两个学习障碍。

滥用成绩来确保服从和激励学习

尽管评估做法的出发点是好的，但在评估的主要目的方面存在着混淆，这往往会抑制评估的有效性。虽然教育当局通常会宣称评估的主要目的是支持学生学习，但是学校里的许多政策和实践做法却旨在衡量学生是否达到课程目标，旨在控制学生行为，并把学生分成不同的类别。校方往往会利用学生对成绩的担心来迫使他们完成任务或在截止日期前完成作业。

滥用成绩让学生形成了一种心态，即罗伯特·皮尔逊（Robert Pirsig，1999）在《禅与摩托车维修艺术》（*Zen and the Art of Motorcycle Maintenance*）中描述的"成绩激励"，而不是"知识激励"的心态。有证据表明，这种心态极坏地影响了学生的成绩：

在一项实验中，与那些被告知不会涉及分数的学生相比，那些被告知会根据他们的学习成绩来打分的学生更难理解课文的要点。即使以死记硬背的方式来衡量，一周后，被评分的小组记住的事实也更少（Grolnick & Ryan，1987）。

另一项研究发现，在作业中只获得分数而没有评语的学生在学习上没有任何进步，而获得评语但没有分数的学生在学习上平均增长了30%。有趣的是，那些既获得分数也得到评语的学生，就像马修的英语老师给马修打了分数并写了评语那样，在学习上也没有表现出任何进步。分数的存在使评语黯然失色，这也意味着给作业评分之后再写评语这种做法是完全浪费教师的时间（Wiliam，2007）。

大学生（可能更广泛地说，是所有学生）普遍认为，作业分数的高低在很大程度上取决于是否提出了课程教师所持有的想法和观点。这种信念使需要完成而非学习的意识更为错综复杂（Wolcott，1997）。

收效甚微的教师和学生反馈

虽然可能会要求学生进行自我和同伴评估，但我们的经验表明，大多数学生并不擅长进行自我和同伴评估。事实上,有证据表明,许多教师可能也不擅长提供有益的反馈。例如,几年前,当我给教师们讲授一门在线课程时,教师们相互提供的同伴反馈质量非常糟糕,令我万分沮丧。当各自的作业被上传以供评论时,大多数教师只是简单地写下他们发现同事的作业是多么有用和有趣,很少有人能够熟练自如地提供具体性和建设性的反馈。研究表明,如果给予学生的表扬不是真实的,而且对于进一步的改进也没有明确的指导,这实际上会给学生的学习造成不良影响(Karpinski & D'Agostino,2013,p.203)。该研究还表明,被评为最高效的教师往往给予表扬的频率略低于其他教师。相反,他们会提供可信、具体和诚实的反馈。他们的评论都会集中在如何改进作业方面。同样,如果学生被受困于某个问题但得到了完整的解决方案,当他们在面对一个新的问题时,也会表现出很少的进步。当得到的帮助仅足以使他们摆脱困境时,学生受益更多,并且学习更持久。

哪些实践支持富评估学习?

如果我们能改变学生和教师看待评估的方式,改变评估的结构和传达方式,提高学生提供和利用评估反馈的能力,以及能够使评估更有效地支持学习,那么我们就能实现从定期反馈到经常性嵌入评论的转变。

营造支持富评估学习的氛围

追求富评估学习始于培养学生重视深度反思和评估的氛围,其目标是帮助学生看到评估的重要价值。我们可以使用各种策略帮助学生意识到自我和他人评论是他们最有价值的学习支持方式。

让体验具有建设性。如果评估一味强调学生的缺点,学生就可能继续畏惧评估。如果教师将形成性评估仅仅视为总结性评估的前奏，他们就会更倾向于根据预期标准来评判学生作业，并关注其缺点。但情况大可不必如此，相反，教师可以重点关注学生作业的优点，以及在最有成效的领域提出一些可控的改进建议。提供更多有价值和有用的评论有助于学生克服他们对形成性评估的恐惧。

创建丰富的学习任务。当学生致力于丰富的学习任务时，他们更有可能参与同伴和自我评估。这些任务会挑战他们的思维，让他们在一段时间内加深理解。此外，任务需要思维，这有益于学生学习。当学生认为学习目标是找到正确的答案或记住教师提供的想法时，富评估学习的机会就会十分有限。

提升同伴和自我评估的价值。重要的是，学生要把同伴和自我评估看作是增强自己思维的一种方式——与自己"单打独斗"比起来，这种评估方式可以让学生们更"聪明"。喜剧演员约翰·克立斯（John Cleese）讲述的一个故事也说明了这一点。他观察到，巨蟒剧团（Monty Python）的一位同事比他更有天赋，但是他却能经常创作出更好的短剧。克立斯解释说，他的同事经常会想到一个他会用到的想法。他还解释说，他会工作几个小时来修改、扩展和再加工他最初的想法，最后，因为他"钻研这个问题的时间更长"，他的短剧小品也就更好（Cleese，n.d.）。克立斯的经历给学生上的重要一课是学生们的初始答案往往不是最佳答案，即使是最佳答案，他们也能通过多琢磨该问题来检验这个想法。

帮助学生认识到他们可以通过反复试验、反思和修改来提高自己表现的方法之一是对促成最终成果的持续性思考的质量进行评分。这可能包括要求学生证明他们尝试了不止一种方法或形成了不止一种理论，他们考虑了各种选择的优点，并且他们能够采纳他人建议来改进他们的作业。

为富评估学习创造机会

如果经常提供机会让学生从自我评价和他人评价中受益，那么富评估学习就发生了。虽然留出指定的时间进行自我评估、同伴评估和教师评估，让其中一个人负责向另一个人提供反馈，这样做很有价值，但我们应该提供更多的机会，以非正式的方式相互评估，这有助于重新思考学习。

创建及时的师生交流。马修的英语老师为每位学生的论文都写了深思熟虑且详尽的评语，但是这种值得称赞的努力却收效甚微，因为她的反馈不够及时。同样，大量的评语可能会使大多数学生难以承受。在整个学习过程中，只有教师给的评语在"可控的剂量"内，学生才能够受益于老师的帮助并吸收评语建议，这样的评语才是有用的。这也意味着我们可以把评估工作转为不太正式和不太密集的师生交流，如快速检查、一分钟对话和下课前的课堂反馈条。虽然许多教师经常采用学习评估策略，但所有这些检查未必有效。例如，口头向一个班级询问一个单词的定义，并且第一个举手的学生给出了正确的答案，但这并不表明全班学生都理解了这个概念。威金斯和麦克泰（Wiggins & McTighe，2005）在这方面提出了一个颇具讽刺意味的警告："在被证明理解之前，应该假定学生没有理解。"相反，教师需要收集学生个人进步的证据，以帮助他们在被评分之前掌握学习成果。富评估学习是寻找低调的、及时的方式来确定谁需要帮助，并确保他们获得这样的帮助，当然这也包括帮助学生自己解决问题。

拓宽同伴和自我评估的应用范围。在某些领域里，同伴和自我评估包括对自身工作或他人工作进行某种程度的正式评价，其目的是对这个人的成就水平进行评级和解释。通常，这种评级是通过使用评价量规来辅助进行。减少一些繁琐程序并降低提供评级的期望有助于减少学生对同伴和自我评估的抵制，并使评估更易于融入日常教学。如果教师对自我和同伴评估的形式有更广泛的认识，他们将会更成功地把常用的同伴和自我评估融入课堂的日常活动中：

◇**评判（Critiques）**：这是正式的评估，其中一个人会列举另一个人工作的利弊，但不一定对作业或表现给出任何评级。消除将评估与评级挂钩的倾向会减少一种印象——即只有最终的作业或分数才重要。

◇**评论（Commentaries）**：评论所涉及的评估不像评判那么正式。它们包括观察和见解，以及对优缺点的评论。它们往往是合议的，不涉及作业评级。评论可以是相互的，也就是两个或更多的人同时就他们各自的想法交换意见。

这种双向对话的优点是更容易融入日常课程中，因为它比一个人对另一个人的批评式评估更具自发性。例如，常用的思考—组对—分享（think-pair-share，即TPS）策略可以简单地包括分享想法，也可以被构建为一种互惠关系，其间学生可以评论彼此的想法，并从同伴那里得到即时的反应。

◇**自我评价（Self-Reviews）**：这是相对非正式的评估，其中一个人或一个团体反思并重新评估他们自己的想法和行为。使用反思性学习日志和第9章描述的更具前瞻性的思维手册是帮助学生重新思考和不断修正其想法的有用策略。

培养学生富评估学习的能力

除非学生能够提供有用的评论并愿意运用他们收到的评论，否则富评估学习的好处将难以实现。

帮助学生熟练掌握自我和同伴评估。如果没有获得大量的支持，学生将不会成为有效的自我和同伴评估者。教师要培养学生的能力，使他们生成有用的评论，并在与他人分享时适当地构建这些评论，其方法之一是对学生的反馈给予适当的反馈。这首先要帮助学生理解富有成效的同伴评论的标准——它应该是尊重的、有保证的、具体的和建设性的。教师需要指导学生，并给他们提供评论他人作品的练习机会。然后，学生能将学习任务评价标准用作指南，形成有用的想法并与他人分享。在一次实践活动中，学生可能会与创作作品的学生分享他们的评论，第三方小组可能会负责观察评论的有效性。这个过程可以重复，直到所有学生都评论了他人的作品，并对他人提供的反馈发表了评论。

帮助学生学会从反馈中受益。评估的潜在有用性不仅仅取决于评语的质量。学生是否愿意接受建议以及是否有能力运用这些建议同样很重要。如果教师的反馈被认为是一种批评，而不是一种评论，学生将不大愿意接受并可能会忽略这些建议。显然，从评论中获益的能力取决于反馈的语气和质量，但也取决于接受反馈的人的接受程度。

◇**将挫折重塑成为失败而前行的机会。**提高学生接受能力的一种方法是鼓励他们将失败视为学习机会。如果学生将挫折重新定义为完善自己的机会，而不是挫败感，他们就能学会失败且前行。在写一本书时，这种心态是必要的：作者希望在书出版之前收到所有的反馈。发表后收到负面评论就太晚了，也没有任何意义。养成这样的心态需要培养开放性思维和毅力。当学生总是只有一次机会完成一项任务，然后接着完成下一项任务时，这些习惯就会被破坏。富评估学习期望学生定期有机会根据教师、同伴或他们自我评估的有益评论来修改和加工作业，进而调整自己的思维。

◇**鼓励积极倾听**。鼓励学生（或学生群体）在收到他人的评论时扮演积极的倾听角色是提高学生接受能力的另一种策略。这包括学生对他人评论进行回应时，仅限于要求他人澄清或详尽阐述所给予的评论，并确认个别评论者提出的观点被广泛接受。这有助于鼓励接受者摆脱防御心理，即不再认为他们应该为自己所做的事情辩护。他们的主要职责是倾听他人的意见，并在评论结束后，自行决定哪些评论值得遵循（如果有的话）。

◇**练习利用建议**。如果我们期待所有学生在获得良好建议的情况下都能够有效地利用这些建议，那简直是痴人说梦。帮助学生充分利用评语的一个策略是让他们根据老师提供的一系列评语来修改他们已经完成的一份作业。学生可以将他们的修改尝试与同伴进行比较，从而了解他们每个人是如何从教师的评语中获益。

指导富评估学习

有效的教师评语应该引导学生深度思考他们作业的优点，并考虑如何提升他们的思维。那些看起来只是为了证明某个评分的合理性或者几乎没有提供改进性指导意见的反馈都可能会抑制学习。事实上，迪伦·威廉（Dylan Wiliam，2011）报告称，在40％的研究案例中，糟糕的形成性反馈实际上阻碍了学生的学习（p.132）。

确保教师的评语促进学生学习。 确保教师向学生提供的评语有助于学生学习，这不仅是富评估学习的核心，而且也确保了教师投入的时间和精力不会被浪费。

教师面临的一个常见困境是如何提供指导，促使学生对他们的作业进行思考，而不是简单提供答案。如果学生提交的段落草稿没有明显的主题句，老师可以提醒他们注意主题句不充分。如果学生回答说他们不知道如何改进主题句，老师经常会感到束手无策。告诉学生"要更努力地思考"其实对他们帮助不大，而向学生展示如何修改主题句又会加深他们的学习无助感。

通常，教师的评论最好设计为指导性问题，并且在适当时，应该提供一些替代性方案，供学生思考。教师可以提供三、四个选项，既没有直接提供答案，还可以促进学生思考。只要学生在自己的作业中不只是照搬这种方法，教师提供评论模板也是有帮助的。所以教师的评论必须是真实的，能解决实质性问题，包括表扬和建设性的意见。仅指出学生作业中的不足而不提供指导会逐渐削弱学生的信心和成就感。同样，那些毫无根据的或者针对作业中次要方面的赞美，也会被认为是不真诚的。如表 11.2 中列出的初始评语的改进版所示，教师的反馈应该诚实、尊重、具体、易于操作和具有建设性。

表 11.2　改写教师评语以提高有效性

最初的评语	改进的评语	修改理由
你对核心思想的理解不足。	你能想想如何让你对（X）的理解更清楚吗？ 也许你可以检查（Y），然后修改，试图让其更加清晰。	修改后的评语说明了不足的本质及不足的具体内容。
有效利用了图像来吸引注意力；但是，对文本中反映的问题的理解不足。	使用表格组织（X）章节中的想法非常有效，我想在（Y）章节中是否可以使用类似的方法来阐明其重要观点。	最初的评语解释了为什么教师如此打分，但是对于学生如何作出更有效的回答，几乎没有给予任何支持。

最初的评语	改进的评语	修改理由
你提出了一些非常有趣的想法，但是你组织想法时显得有些混乱。	我对你提出的想法很感兴趣。但你想说明的中心观点是什么呢？或许你可以标出你所认为的中心观点、关键论点，以及支持每个论点的证据。这可能有助于你更清晰地重构你的回答。	修改后的评语为学生下一步学习提供了明确的方向。

结　语

评估可能会削弱学生的信心和阻碍他们的学习，但它也可能是教师教学中最有力的工具之一。如果使用时能够深思熟虑，评估可以激励和增强学生的能力，并极大地改善他们的学习。但是这需要以不同的心态看待评估，需要将评估更无缝地融入课堂常规实践中，需要教师和学生更善于提供有效的评论，并需要学生真正地利用这些评论来指导他们的学习。

支持富评估学习的实践	
营造氛围	◇帮助学生发现评估的重大价值。
创造机会	◇创建及时的师生交流。 ◇拓宽同伴和自我评估的应用范围。
培养能力	◇帮助学生熟练掌握同伴和自我评估。 ◇帮助学生学会从反馈中受益。
提供指导	◇确保教师的评语能促进学生学习。

下面的方框中包含了一些精选策略，供教育领导者与教师一起使用，以鼓励富评估学习。

把握机遇

当面对教师指出的缺点时，创造一种"学习机会"的氛围

　　坚决抵制只关注缺陷的自然倾向，相反，我们应该将缺点视为学习机会。

以自己的处理方式示范有效的高质量评论

　　当涉及教育工作的情况出现时，要慎重考虑，并提供诚实、尊重、具体、易操作和具有建设性的评论。

第 12 章　通过数字技术增强学习

本章解释数字化增强学习所涉及的内容以及技术如何提供前所未有的教育机会和效率——但是也只有在技术得到恰当使用的情况下。更具体地说，本章讨论：

◇什么是数字化增强学习；

◇有多少将数字技术融入课堂的善意努力没有产生重大影响；

◇为什么教育工作者找到有效的方法，通过数字技术提高学习如此重要；

◇支持使用数字技术增强学生学习的实践。

> 为了成功地构建支持学习的技术和新媒体，我们必须
> 超越教学作为传递信息的传统观念。
>
> ——约翰·希利·布朗（John Seely Brown）

当交互式白板在北美越来越受欢迎时，美国东部的一个大型学区投资了 10000 多块白板，并计划在该区的每所学校进行大力推广。但该地区也明智地意识到仅仅训练学生使用这项技术，还不足以使他们取得显著的成绩。因此，我们团队受到邀请，为那些跨年级和跨学科的教师团队提供支持，使他们在他们

学校教学中嵌入思维，使其成为学习的基石，并使用交互技术来帮助实现这一目标。

与这些教师合作的过程中，我们帮助他们将互动板用作获取其他数字资源的中枢。这些数字资源包括扩大学生思考范围的视频和数字内容。教师学会了让学生成为图像侦探，使用聚焦工具隔离和放大图像片段，以便更仔细地查看。我们还帮助教师培养学生协作性地解决数学问题的能力。学生团队学会使用互动板分享一个指定的开放式问题的临时解决方案；后面的小组建立在先前小组的努力成果基础上，所有的努力成果都被保存下来以供进一步展示和修改。学生比较不同的解决方案，以确定合理答案的标准。

我们逐年级、逐学科地帮助教师看到互动白板支持思维课堂的潜力。参与这个项目的一所中学位于贫困地区，并且其学生的考试成绩一直很差。在过去的两年里，学生没有达到国家标准，当我们开始这项工作时，学校正在接受审查。在全校采用我们的思维方式的一年里，这所学校的成绩大幅度超过了国家标准，并已经从审查名单中"除名"。该校对四个六年级数学班进行多单元测试的结果显示，成功达到预期单元指标的学生人数增加了32%（从34%增加到45%），超过预期单元指标的学生人数增加了167%（从15%增加到40%）。与我们团队合作前，学校有51%的六年级学生的数学成绩低于标准，而与我们合作后，只有15%的学生的数学成绩低于标准。

这一经历说明了利用数字技术具有很大的价值，包括使用3D打印机、交互式白板、平板电脑、大量可用的APP应用程序以及数字化获取的内容和其他新兴技术，以支持思维课堂。

数字技术应该成为每个教室必不可少的重要组成部分，这既是因为需要培养学生的数字技术素养，使他们为日益数字化的世界作出贡献，也是因为特定的技术可以扩大学生的学习机会。但是技术具有诱人的吸引力，因为它前沿、先进，且令人印象深刻，这导致了它的使用仅仅是为了技术本身。这不仅浪费时间和金钱，还会分散教育工作者追求教育目标的注意力，而21世纪的教育目标需要巩固加强学生的学习。

确保数字技术的应用能够促进学习，这是学习的五大核心原则之一。它应该为教育工作者针对实践中的各个方面作决策时提供指导。

什么是数字化增强学习?

毫无疑问，数字技术已经极大地影响了我们日常生活的许多方面，从银行到电信，从如何安排旅行到如何购物。有些人可能会说，随着基于云的应用程序、平板电脑和自带设备（BYOD）等策略的应用，我们的学校也正发生着类似的革命。当然，学习的环境正在发生变化——但是这些变化会促进学习吗? 对互联网的快速调查表明对于如何将数字技术融入课堂的建议已大量存在，但是有关使用数字技术促进学习的讨论却非常有限。[①] 尽管有研究表明，数字技术可能不会提高教学效果，但教育工作者仍对虚拟课堂趋之若鹜。一项对 18 个州数千名来自虚拟特许公立学校的学生的研究发现，这些学生"在标准化测试中取得的成绩比传统学校中的类似学生差得多"（Barnum，2017）。目前尚不清楚成绩下降是由于师生互动不够密集，还是我们还没有学会如何有效地将数字技术与现有课堂实践相融合。无论如何，为了充分发挥新技术的潜力，我们需要一种更强大的教学法。

> 数字增强学习是指在虚拟教室和面对面教室中使用各种数字技术来丰富学习环境和体验，这种环境和体验远远超越了通过非数字化手段可能产生的效果。

本章中，我们的重点是讨论如何通过使用数字技术来确保前面章节中探讨的能力、理解和承诺能够得到直接或间接地提升。术语"数字增强学习"（digitally enhanced learning）是指在虚拟教室和面对面教室中使用各种数字技术

[①] 为数不多的例外之一是加州科学技术委员会（2011）关于数字化增强学习的讨论。

来丰富学习环境和体验，这种环境和体验远远超越了通过非数字化手段可能产生的效果。换句话说，如果教育工作者可以在不使用数字技术的情况下获得类似或更好的结果，那么技术的融入并没有提升学习效果。

区分数字化增强学习和数字化融入学习

如果学校要投资数字技术，他们必须要找出技术给学习所赋予的价值。学校必须思考技术如何才能让学生与学习资料进行更大的互动，并增强学生对学习材料的理解。通常，将数字技术融入课堂的教育经费投入是很少的，但是数字技术融入课程在激发学生深入理解和创新，或以富有成效的方式来提升其使用信息的能力，或让学生进行有效协作等方面的促进作用也微乎其微。而数字增强学习就是要抓住新技术所赋予的机会，在思维课堂上培养理解、能力和承诺。表 12.1 展示了教育工作者如何改进常见的做法，把技术融入到学习中，以增加技术赋予学习的真正价值。

表 12.1　区分数字化增强学习和数字化融入学习

融入但没有增强学习	数字化增强学习的机会
给学生提供平板电脑	
学生使用各种应用程序（apps）而不会拷贝资源来获取相似或相同的信息（如果学生不知道如何过滤信息，这可能比过去更危险，因为相对于教育用途的资料，在线材料几乎都没有经过过滤）。 　学生通过强化死记硬背的应用程序独立学习。	◇精心挑选应用程序，以支持批判性、创造性和协作性思维，并在平板电脑上围绕"探究"的三个阶段，即输入、处理和输出，将应用程序组织起来。 ◇学生使用平板电脑获取原本无法获得的材料，或者以原本无法获得的方式获取材料（例如，视频、视觉资料、手工艺品、音频）。 ◇学生使用应用程序进行形式精美的媒体制作，或者他们使用应用程序记录练习或最终成果，以便他们或他人立即给予反馈。

融入但没有增强学习	数字化增强学习的机会
在教室安装交互式白板	
交互式白板的使用强化了以教师为中心的课堂，包括内容的传递。 交互式白板用于创设具有视觉和声音效果的更有趣的课程，但是学生仍然是被动的信息接受者。	◇交互式白板通过提供一个学生可以与同学分享自己想法的媒介，来强化思考者群体。 ◇在多模态课程的授课形式中，使用交互式白板提高了课程效率，从而创造了更多的学习时间。
学校购买了 3D 打印机	
学生可以观看建造一座预先设计好的桥梁所需材料的制作过程。 学生组装各种弹射装置，测试每种设计，看看哪一种装置发射的炮弹最远。	◇学生设计、印刷、组装、测试和修改桥的设计，直至符合既定规格。 ◇学生设计、印刷、组装和测试并改进一台机器。
采用自带设备策略	
学生使用他们的个人设备快速访问内容，但是在选择欲采信和记录的内容时没有应用过滤器。 学生用他们的个人设备做笔记、计算、拍照，但是他们很少思考记录的信息或计算出的答案。	◇个人设备被用作好奇心放大器，鼓励学生确认或补充想法，或寻找相关信息来解决问题。 ◇可以将即时获取几乎无限量的信息用作创设良性质疑氛围的机会。 ◇与过去相比，个人设备可以帮助学生组织和存储的信息更加多样化，包括使用信息收集软件存储和组织视频、图画、录音和书面笔记。
使用文件托管服务器共享和共建材料	
学生可以随时、随地获取和提供一些材料，但他们不会相互合作、加深彼此间的思维或者提升他们作业的质量。 学生发布他们的作业，编辑一份共同的文档，但是在形成想法或应对挑战方面，在线环境并没有涉及实际的协作。 学生阅读在线内容而不是硬拷贝（影印或打印），但是在其他方面，他们与材料的交互与硬拷贝材料没有什么不同。	◇学生通常使用在线平台进行评论和向同伴提供反馈。 ◇当学生在平台上分享自己的想法和借鉴他人的想法时，网络平台也就成了协作性"天才"壮大发展的空间。 ◇通过添加注释，学生学会以协作的方式来阅读材料。这些注释澄清或提出问题，并与构建学习框架的重大想法建立联系。 ◇文件托管服务器的功能可用于支持持续性探究，允许学生在学习过程中以合作的方式收集、修改和检验想法。

融入但没有增强学习	数字化增强学习的机会
用数字教科书替换或补充纸质教科书	
学生可以在任何地方以更便捷（更轻便）的形式获得教科书材料。这些材料具有更有趣的功能，如嵌入式视频。然而，学生与材料的互动仍然局限于对信息的被动汲取。	◇数字技术允许重新思考教科书在课堂上扮演的角色。教科书成为了信息来源，其通过各种媒介呈现各种视角和想法，用于支持学生应对真实的挑战。 ◇教科书的内容应该被问题化（例如，应该选择最有用的信息来应对挑战），而不应该是未经审查就可以直接被接受的大量信息。

认识数字化增强课堂

乍看之下，在课堂上使用非数字和数字技术可能会创造截然不同的学习环境。让我们来看一看以下示例。

在数字时代之前使用技术。在 20 世纪 60 年代，给学生提供多模态的课程是一项相当具有挑战性的工作。教师必须预订并安装一台电影放映机来播放他们在几周前从教育局办公室媒体库订购的电影，找到磁带上的音乐并安排一台磁带播放机，安装一台投影仪或幻灯片放映机，也许手上还会拿着记号笔和记录纸。即使努力组装多模态学习所需的"技术"之后，其内容仍然局限于教科书或教师可能已经汇集的少数其他资源。

在数字时代使用技术。快速切换到现在。如今，所有必要的技术都汇集在一起，并在需要时随时可用，所以同样的多模态课程可以通过交互式白板或者笔记本电脑和投影仪来讲授。此外，由于可访问互联网，可用的资源是无限的——网站、视频电话带来的客座专家、主要博物馆和艺术博物馆的图片库，以及在线资料库的视频。

资料来源：Library and Archives Canada. Credit: Gar Lunney/National Film Board Fonds/e010975628。

图 12.1　20 世纪的课堂

这两种课堂中的学习真的不同吗？答案取决于如何使用这项技术。学生是在被动地倾听虚拟的或面对面的嘉宾演讲，还是在向嘉宾提出有效的问题，并以此获取信息，解答他们的疑问？学生是在毫无疑问地接受呈现给他们的信息，还是在仔细审查信息来源并考虑他们所发现的信息的相关性和可信度？当学生使用技术与世界各地的其他人联系时，他们只是在发布信息来分享他们的研究成果，还是在真正地与他人协作，将一些新想法融入他们自己的回答中、提供富有成效的反馈以及考虑不同的角度？除非所有这些问题的答案表明新技术正在被用来支持更深层次的思考，否则，21 世纪课堂学习在本质上可能和 20 世纪并没有太大的区别。

资料来源：iStock.com/FatCamera。

图 12.2　21 世纪的课堂

确定数字化增强学习的标准

> 关键不在于是否应用了技术，而是该技术支持教与学的效果如何。……因此，课堂上应用技术的教学法很重要：如何用而不是用什么。
>
> ——迈克尔·富兰和玛丽亚·兰沃希
>
> （Michael Fullan & Maria Langworthy）

　　创建数字化增强学习不仅仅需要将新的数字技术融入课堂实践。只有当这些技术的融入促进更深入的理解和提高能力时，数字化增强学习才算真正地发生了。八项标准有助于指导数字技术的应用，以确保它真正地增强学习。表12.2（见下页）解释和举例说明了这八项标准。

表 12.2　数字化增强学习的指导标准

标　准	应　用
增加真实学习的机会　数字技术提供有意义的现实生活学习任务。如果没有技术的融入，这些任务将不会那么容易获得或有效。	◇学生利用档案记录收集过去的证据，学生使用安全的在线学生社区与世界各地的儿童联系，并了解不同国家的生活。 ◇学生利用小额贷款网站参与世界各地有价值的发展项目和学生企业。 ◇学生使用视频编辑软件来创建支持本地或全球事业的高质量媒体产品。
促进认真对待课程材料　数字技术允许对证据进行仔细检查，并允许获取证据和文物。如果没有技术支持，这些证据和文物要么不可用，要么难以检查。	◇学生几乎都能处理已经扫描过的稀有文物的数字拷贝。数字技术允许学生仔细检查、放大并翻转文物，以确定其构造成分和用途。
提升创造力　数字技术鼓励学生产生和检验能带来即时成果的想法，并以花费很少或不花费时间或金钱的方式轻松地修改它们。	◇学生使用三维数字雕刻和绘画软件，在虚拟粘土中雕刻创造生物、车辆或其他手工艺品以丰富图画小说。 ◇文字处理程序可以让我们对材料进行快速移动、轻松编辑并迅速重新格式化，使得由新想法引起的重写工作易于进行。
加强协作　数字技术为更多的学生创造了机会和平台，使他们可以一起解决复杂的问题并分享想法，同时确保每个学生都承担起自己的责任。	◇使用在线平台，来自一个省、州甚至世界各地的学生都可以分享想法和见解。 ◇协作式写作工具可以让学生们协作写作，同时跟踪每个学生对写作任务的贡献。
扩大视角范围　数字技术使人们更容易获得更广泛的资源，其反映了各种媒体更广泛的不同观点。	◇互动新闻分享网站可以让我们每天浏览世界各地的报纸，并从多个角度及时查阅对世界性事件的各种反应。 ◇通过可视电话接触到专家以及世界各大博物馆的网络收藏为学生提供了前所未有的资料。
促进有效授课　与无技术支持的授课相比，数字技术能以更有效的方式提供多模态授课。	◇将视频、歌曲和其他媒体形式嵌入到演示软件中，使软件的使用更加便捷、高效。 ◇数字化收集材料的能力减少了从教育行政部门处订购材料所需的时间，也减少了从学校媒体中心签购各种设备的依赖。

标 准	应 用
差异化学习 　　数字技术使教师展示课程内容的方式多样性，为学生提供了更多方法来发展并展示他们的学习结果。然而，如果没有应用技术，这一切都不可能实现。	◇使用演示软件嵌入视觉材料、图形表征和音频有助于所有学生参与课程。 ◇学生可以选择以多种媒体形式展示他们的学习成果，包括用音乐录制软件创作歌曲，视频编辑工具制作电影，或者用平面设计软件制作海报。
增强自我调节能力 　　数字技术提高了学生以个人负责、自我反思的方式完成任务的能力，而不是依赖他人告诉他们该做什么。	◇使用数学网站，学生可以输入有关代数问题的答案，并在几秒钟内看到他们的答案图表，从而可以检查答案的合理性。

为什么数字化增强学习很重要?

　　有一点是清楚的，技术可以增强优质教学，但是优良技术永远无法取代劣质教学。

——安德烈亚斯·施莱歇尔（Andreas Schleicher）

　　使教师和学生有机会接触到当前流行的技术是学校目前面临的一个普遍挑战。然而，投资数字技术通常对提高学生的学习没有什么帮助，而且实际上会破坏 21 世纪学习的核心目标。使用数字技术必须加强教与学，其原因有以下三个方面。

世界正在数字化

如果学校要在 21 世纪发挥作用，使用数字技术是必要的。数字技术正在改变世界。事实上，我们日常生活中的每个方面都受到了数字技术的影响。

◇**购物**：到 2021 年，全球网购者的人数预计将超过 20 亿，在线销售的商品和服务价值预计将超过 4 万亿美元（Statista，2017）。

◇**银行业**：2013 年，51% 的美国成年人使用网上银行（Fox，2013）。

◇**获取信息**：数字技术正在改变人们接收和分享信息、与朋友和家人交流、导航到陌生目的地的方式，甚至满足了我们的好奇心。

◇**工作**：大量的经济报告和就业结果证明工作环境以及公司提供的产品和服务正在日益数字化。

教学必须使孩子们为正在以不可预知的方式发生着变化的校外世界作好准备。要做到这一点，我们必须使数字技术的应用不仅仅局限于偶尔参观实验室。我们必须确保数字技术的整合增强学生在快速变化的世界中取得成功所需要的核心能力。然而，技术的无效整合浪费了数十亿美元的稀缺教育资金，也没有让学生为迎接数字经济作好充分准备。有证据表明，技术使用不当会分散学生的注意力，从而导致学生成绩不佳。2015 年经济合作与发展组织的一份报告得出以下结论：

我们学校的实际情况远远落后于技术的承诺……。即使是在使用电脑的教室里，数字技术对学生成绩的影响充其量也是好坏参半。在学校里适度使用电脑的学生往往比很少使用电脑的学生有更好的学习效果。但是在学校里经常使用电脑的学生大多数学习效果差强人意，即便这已经考虑了社会背景和学生人口统计因素。（p.3）

必须教授如何有效使用数字技术

只是学习如何操作数字技术是远远不够的。教师必须教授学生如何有目的、深思熟虑地使用技术。在数字环境中，学校的重要作用是向学生展示如何有效地利用技术，使其成为学习和思维工具。过去，学生主要汲取那些早已经被整合成一段连贯性叙述的信息，并且这些信息早已经过多次筛选过滤，其主要由审查员、编辑以及在某些情况下由州监管机构来过滤筛选。而如今，互联网上容易获取的信息几乎没有或完全没有经过筛选过滤，因此学生必须学会以怀疑的态度查阅信息，并应用标准来评估信息源的可信度。同样，互联网是一种高度视觉化的媒体，学生越来越多地成为视觉化学习者——但他们不一定具有视觉素养。如果学生想成为合格的互联网用户，教师必须教会学生如何仔细检查图片、质疑信息来源以及浏览网站，而不仅仅是点击粗体字。

没有指导，学生可能会简单地使用劣质数字资源取代优质的非数字资源。例如，学生可能放弃使用难度和质量都有所控制的印刷版教科书，反而选择在内容上没有任何附加价值的电子文本。教师需要教会学生认识到每种技术的内在优点和局限性，以便他们深思熟虑地选择和使用最适合其需求的技术。教会学生思考他们作品的目的和受众有助于他们学会选择最佳数字工具并有效地利用其功能。

可以显著提高学习效果

数字技术具有为学习带来巨大价值的潜力，教育工作者可以从多个方面利用这一潜力。

扩大学生在学习中接触到的各种声音的种类和广度。过去，学生们往往只能获取教室或当地图书馆里可用的印刷材料，或者只能接触到每天遇见的个人。今天的学生却可以接触到各种各样的文字、音频和视觉来源，并且可以把宇航员佩吉·惠特森（Peggy Whitson）这样的虚拟客人从遥远的国际空间站带进他们的教室。

确保学生更多地与他人互动，并从中受益。 使用文件共享平台和基于云的应用程序能够使学生与可能在他们班上或者可能在某个省、州、县或世界其他地方的同龄人交流想法并共建应对挑战的对策。

拓宽学生交流学习和促进知识构建的途径。 在过去的几年里，可以让学生展示他们所学知识的各种可用工具激增。如今，学生可以创作一些看起来很专业的传单、数字海报或精美的视频，并可以通过众多社交媒体网站分享他们的作品。

哪些实践支持数字化增强学习？

当我在迪拜机场过安检时，我非常着迷地看着机场阿凡达（虚拟替身）告诉旅行者他们可以在随身行李中携带哪些东西。相对于支付给人类的年薪来说，这些虚拟替身又可靠又经济。那么为什么不在每个教室的前面放一个阿凡达呢？正如史蒂夫·乔布斯所指出的那样，有效的教与学需要一位有思想的、能够根据学生的需求来组织学习的教师。教学技能娴熟的教师能有效地使用数字技术，促进学生学习，使数字技术成为好奇心放大器和学生分享想法的途径，使学生能够相互挑战、达成新的理解并创造出革新性产品。

"思维课堂"一章中讨论的所有实践同样适用于数字技术。这里提供一些其他的教学实践。当运用数字技术来提高思维课堂的学习时，这些实践尤其相关。

营造支持数字化增强学习的氛围

教师设定使用数字技术的课堂气氛是第一步。它有助于学生将数字技术用作学习工具而不仅仅是娱乐方式。

期望学生将数字技术用作学习工具。 起初，学生对数字技术特征的印象往往比他们对其内容和学习潜力的印象更深刻。教师可以运用各种策略向学生表明，数字技术应用于课堂上的主要作用是支持学习。

◇让学生了解有效使用数字技术可能促成深度学习，但也必须让他们知道深度学习不仅仅是通过使用数字技术来实现的。

◇帮助学生学会作出深思熟虑的选择并有效地使用技术以达到预期的目标，其方式是使他们了解所有技术中固有的局限性。例如，虽然在线社交网络的消息对于分享链接或提醒人们关注某些问题可能是有效的，但是这些信息的简洁性使它们无法成为讨论严肃社会问题的有效工具。

◇通过与学生一起探索数字技术的各种特性，并考虑哪些特性最适合指定的任务，从而最大限度地利用所选择的数字技术。例如，演示软件可以是组织信息的一种有趣方式，但是过于频繁地放大和缩小会使演示令人作呕。

◇鼓励学生在遇到不同的观点或新的信息（例如，报纸分享网站每天都会提供来自世界各地的即时新闻）时，重新思考他们的假设，从而培养其开放的心态。获取有关全球事件的多种观点可以满足好奇心、挑战假设并鼓励学生在探讨不同观点时获得开放的心态。

为数字增强学习创造机会

虽然将技术融入课堂的办法不胜枚举，但确保这些机会能够真正促进学习才是关键。

利用各种形式的技术扩大学习机会和视角。如前所述，当技术创造了使用非数字技术无法轻易实现的条件和机会时，它会促进学习。通过创造真实的可利用广泛视角和资源的学习环境，数字技术可以促进学习，让学生更有效地参与批判性和创造性思维，并支持差异化和自我调节学习。

◇嵌入使用各种技术以支持探究式学习的不同阶段。

输入：支持获取可靠信息的工具；

处理：支持讨论、组织和操控想法的工具；

输出：能够创造和分享结论及见解的工具。

探究式学习的三个阶段都可能是数字增强学习的机会。例如，当学生搜集证据以供思考时，他们可能会通过网站、虚拟嘉宾和社交媒体获取数字内容。然后，他们可能会使用数字工具帮助他们以图形方式组织信息。最后，学生可以使用演示软件创建动态陈述报告，使用视频编辑软件创作纪录片，或者使用3D打印机创建人工制品的复制品。

◇确保所选的数字技术能够增强预期学习目标。一位生物专业的高中生很沮丧，因为他不得不使用不合适的软件来创作一幅解释"遗传漂移"概念的漫画。在没有任何支持的情况下学习软件并不能促进他对科学的理解，相反，还需要投入比学习科学更多的时间，但科学才是他学习的重点。事实上，其他的数字工具可以更好地与预期学习目标相结合，并且更有效地利用学生的时间。

◇经常使用不同信息源，介绍考虑到各种可能性的观点和相互矛盾的叙述。例如，创建一节探究课，让学生思考各个小组所聚集的信息，以帮助他们选择相关的可靠信息。

培养数字化增强学习的能力

学生可以使用他们所接触到的许多技术并不意味着他们能很好地使用这些技术，当然也不意味着他们可以将这些技术用作学习工具，并最大限度地使之发挥作用。

教会学生熟练选择和使用数字技术。如果没有详细指导学生如何负责地使用电动小圆锯，我们不会让学生接触它；如果没有教会学生负责而高效地使用数字工具，我们也不应该让学生接触这些数字工具。

◇向学生介绍几种数字工具，并要求他们选择最合适的工具，以构建、检验、修改和整合他们的想法。

◇鼓励学生进行协作式意义建构，从而在课程之间以及关键性想法、事件和概念之间建立联系。有些网站将来自世界各地的学生联系起来，而其他网站支持协作，并允许使用各种形式让学生分享其有关某个主题或问题的想法。

◇将所有信息作为深思熟虑的审查机会，而不是被盲目汲取的对象，这比以往任何时候都更重要。传统上，大多数资源都有过滤器控制着学生阅读或看到的内容，而目前学生能接触到的许多信息源很少有过滤器（如果有的话）。但我们不能因为缺乏过滤器就禁止学生浏览不受监管的在线百科网站，我们要利用令人置疑的可信度来激发学生评估信息来源的兴趣。

◇从数字媒体下载真实的例子，以模拟示范性和非示范性工作。

指导数字化增强学习

通常情况下，课堂上的技术主要被用作教与学的工具。其实，它也可以用作有益的评估工具。

鼓励教师和学生使用技术提供及时和有用的反馈。教师和学生可以使用技术捕捉学生对学习成果的展示、提供建设性反馈以及促进迭代修改，从而提升他们的评估水平。

◇为了加深学生的理解、改善师生交流，可以使用数字工具提供和接收及时的反馈，这些工具包括：

便于同伴之间互评书面作业的在线工具；

能够以慢动作回放的形式记录学生表现的应用程序，其允许自我或同伴评介；或者允许通过多媒体进行协作和反馈的基于云的工具。

◇使用软件创建数字思维手册。这个软件可以组织和存储各种形式的媒体，也可以允许学生尝试表演或初创产品，并且在这之后，随着学习的深入对其进行修改。这可能需要使用软件来记录一段舞蹈编排、一段音乐，或者一个练习上篮的场景；或者用智能手机捕捉并存储一幅图像，以便在将来用铅笔和纸画乌托邦模型的草图时有所参考。

◇使用数字工具代替纸笔测验，如应答装置（点击器）或移动响应应用程序。这些都可以用于立即评估学生的理解，也可以让教师得到及时调整教学的机会。

结　语

有效学习的愿景超越了时代和潮流，技术将继续以日益增长的速度发生变化，今天的平板电脑将被尚未发明的技术取代。如果使用数字技术来支持 21 世纪学习者，我们需要找到方法，从而利用技术创造可以促进学习的条件和机会。教育工作者必须抵制住一种诱惑——即通过向学生介绍新技术而激发学生短暂的兴趣。相反，教育工作者必须寻求技术的周密整合，以支持思维课堂。尽管数字时代的到来带来了严峻的挑战，教育工作者还是应该抓住在课堂上使用数字技术带来的机遇。

支持数字化增强学习的实践	
营造氛围	◇期望学生将数字技术用作学习工具。
创造机会	◇使用各种形式的技术扩大学习机会和视角。
培养能力	◇教会学生熟练选择和使用数字技术。
提供指导	◇鼓励教师和学生使用技术提供及时和有用的反馈。

下面方框中包含了一些精选策略，供教育领导者与教师一起使用，以支持数字化增强学习。

把握机遇
投资最有潜力的技术 　并非所有的技术都同样有效。作为一名教职员工，需要选择能合理体现教育经费价值的数字技术，以期对实现 21 世纪目标产生最大限度的影响。

把专业学习聚焦于数字技术的教育应用

在没有经过充分教学培训的情况下实施新技术会导致实施不力。要确保在数字技术专业学习方面给教师提供支持，使他们在使用数字技术时重点关注提高 21 世纪学习目标的方法，而不是如何操作一种数字工具。

帮助教育工作者认识到各种技术的局限性和优势

和学生一样，教育工作者也必须认识到每种技术的特性是如何使其偏向于服务某些而不是其他用途的（例如，麦克风有助于听觉，但可能会限制移动性和共享讨论）。

第五编

支持教师成长

第 13 章　引领革新，不搞革命

本章探讨革新作为学校和学区教育改革的指导性隐喻的思想。更具体地说，本章讨论：

◇为什么在引领教育变革时，革新比革命更有益；

◇将改革工作构架为需要以连贯、全面和持续的方式加以支持的专业性探究的重要性；

◇教育领导者可以采用的、用以指导和支持学校或区教育变革的实践。

> 新的教学实践需要面对面地讨论，以明确其使用如何符合一个人当前的做法和职业身份。
>
> ——大卫·约翰逊和罗杰·约翰逊
>
> （David Johnson & Roger Johnson）

2003 年，我们的团队开始在印度各地为各个学校提供专业的学习支持，尤其是在昌迪加尔（Chandigarh）的维维克高中（Vivek High School）。该校由一位富有远见的校长 P·K·辛格女士（Mrs. P. K. Singh）领导。我们为期三周的首次访问包括对全体教职员工作报告，小型年级及学科会议，以及与个别教师一起计划时间。当第一次访问快结束时，几位颇具影响力的教师特意感谢我的工作，但向我解释说，虽然这种"思维方法"在加拿大可能畅行无阻，但却不适用于印度。他们列举了几个颇具说明性的差异，其中一个突出的差异是，我所谓的"小组作业"（group work）在印度却被称为"作弊"（cheating）。

在评估第一次访问结束时员工的接受程度，我们认为，在100多名教师中，有3名教师对这些想法表示赞赏，并非常有动力继续下去，这在很大程度上是因为这种方法与他们自己的教学哲学取向非常吻合。大多数教师仍然不确定这一切意味着什么，相当多的保守派教师强烈反对思维方法这一理念。他们认为，目前的教学体制正在发挥作用——毕竟这是一所精英学校，此外，这种新方法似乎需要教师做大量的工作。

在随后的安排中，我们继续与全体员工一起工作，鼓励每位教师每月尝试上一堂思维课。我们确保为最认真的老师提供额外的支持。当我们向其他学校提供课程时，我们会带上他们来提升其知名度。我们鼓励他们和其他人共同开发一些我们将更为广泛分享的课程。渐渐地，想要学习和做更多事情的教师增加到了15人。这个核心小组一开始是一个写作小组，但很快就成了学校的领导者，成为他们年级或学科小组中其他教师的主要支持力量。在印度学校，教师互动的一大优势是大量的共享课程计划。通常，一个年级中三、四位教师中有一位会准备一节课，其他教师会用这节课的内容教授他们的学生。另一个积极的因素是教师越来越认识到学生反应的差异。教师开始注意到，走廊对面的学生在参加了一堂"思维"课之后，都会带有一种异常的兴奋情绪。当我们用讲解法、发现法和思维法对同一个主题进行示范教学时，其中一个令人难忘的转折点发生了。对许多教师来说，这是他们第一次真正看到我们一直在谈论的差异。

经过两年半的一年两次的学习支持，我们实现了一些变化。在一项对550名5—11年级学生的调查中，72%的学生表示思维法比传统的活动更有趣，86%的人认为思维法有助于他们学习。学校的氛围已经转向支持这种方法。许多传统的保守派教师或者改变了主意，或者已经退休，或者换了工作。25名教师已获得了证书，证明他们的努力达到了一致认可的标准。工作人员汇集了大量可供定期使用和修改的课程。大多数教师至少会定期开设思维课，但即使如此，并不是每个人都明白自己在做什么。尽管取得了成功，但思维课被采用的程度并没有达到我们所期望的程度。令我们感到沮丧的是，每个国家的教育工作者所熟知的障碍，包括不断变化的工作人员、相互冲突的学校优先事项、行政管理的变化、专业支持的长期不足以及教师倦怠。但是这所学校与我们第一次见到它的时候不同了，数百名学生从此受益于一个改善的环境，其中，除了其他变化之外，小组作业不再被视为作弊。

我们在印度的经历使我们认识到教育改革从来就没有终点。它一直是一项正在进行中的工作。我们从未实现我们的目标，甚至当我们接近目标时，仍然会出现使我们偏离或暂停的其他问题。从这方面来讲，教育改革就像生活本身——两者都是旅程，这里没有一旦就位就能解决一切问题的灵丹妙药。

这些见解有助于我们深思当前的教育改革呼声。由于目前的教育体系被认为未能有效地让学生为现实世界作好准备，一些直言不讳的倡导者推动了全面和实质性改革，其规模势不可挡。如果教育工作者把这本书描述的全部实践看作是一次性完成的事情，那么所有这些实践将会令他们不知所措。如果是这样，关于变革的讨论可能会适得其反，并且引起恐惧。就像在生活中那样，我们必须过好每一天，尽我们所能让生活一天比一天好。如果我们忠实地做到这一点，并记得定期回看我们走过的路，我们很可能会惊讶于我们所取得的成就。本章中，我们将探索教育领导者如何与教师一起，深思熟虑地引导教师完成我们所描述的可能很艰巨的任务。"革新"（renovation）象征着可以以一种赋权和谨慎的心态，从课堂、学校或管辖区层面指导这一重要和必要的教育改革之旅。

为什么考虑革新?

首先，值得考虑的是，与革命性变革相比，革新如何能引导教育领导者拥有不同的、更有希望的思维模式。

革命和革新思维模式的区别是什么?

在教育变革的背景下，重塑与重新开始有三个区别性特征。

> 当你每天进步一点点，最终会有很大的进步……不要寻求快而大的改进，而是每天寻求一点点微小的进步，这是变化发生的唯一方式——当它发生时，它会持续下去。
>
> ——约翰·伍德（John Wooden，一位极其成功的篮球教练）

基于现有的做法与寻求彻底清除。引领一场教育革新的前提是相信改进现有的教育结构是更可取的，而教育革命则要求大规模的替换，因为当前的做法已经过时且方向错误，或者不值得挽救。革命性的变革寻求的是快速取缔（而不是调整）现有的做法，并实施一个截然不同的替代性方案。这可能需要整个系统的变革，如重新设计学校结构或重新制定毕业要求。这种变革可能包含更多的但却是革命性的改变——例如，实施新的单元规划方法或禁止使用教科书以加速改变教学方法。

逐渐变革与快速变革。革新思维模式认为变革必须是持续渐进的。随着时间的推移，它可能会发生转变，但短期内不会发生巨大变化。而革命性变革的倡导者则是基于这样一种假设：任何不会带来转变的变革都不充分，而实现变革的最佳方式是趁着有势头、有普遍兴趣和资源的时候快速完成所有事情。

根据已发现的内容调整课程与根据预先确定的问题和解决方案确定课程。以革新为导向的变革始于对重点内容的总体构想，但预计随着新问题的出现，具体方向需要调整。以革命为导向的变革始于这样一个决定，即需要在变革开始之前，基于一些可理解的原因，以特定的方式改进内容。

为什么要采用革新思维模式？

教育领导者经常面对压力，对学校系统进行即时的且预先确定的变革。但大规模教育创新的惨痛历史表明，迫切要求大规模变革不是一个非常稳妥的方法。相反，我们有理由相信进行小而持续地调整最终会带来更显著、更可持续的改进。

建立在现有优势和实践的基础上。当某些做法运行不佳时，教育界倾向于取缔它。这种取向会引发一些令人担忧的问题。它无意中清除了许多与新举措不相容的良好实践做法。它的运作基于这样一种假设：新的方案将包含当前实践做法的所有优势。通常，这会带来一种众所周知的情况，即将精华与糟粕全盘否定，从而得不偿失。取代而不是丰富当前实践这一趋势在一定程度上解释了为什么精心筹划的教育改革工作收效甚微。例如，教师可能觉得他们去年"做了"批判性思维实践，而现在他们正在被要求实施基于问题的学习——在这种情况下，前几年的努力被搁置一旁，以便为今年的创新腾出空间。一个更好的方法是将现有的实践做法视为可构建的平台。在我们与教师肩并肩的工作中，我们注意到鼓励他们修改现有的课程计划会对他们的实践产生微小但却很重要的改变。

允许更多的个人自主和更少的集体强制。如果教育系统是单一的，那么在所有环境中实施一个统一的解决方案可能是可行的。基于项目的学习（project-based learning）等举措可能是强大的学习方法。但是期望任何一种单一的方法在每个学科领域都是最佳方法，并且能适合所有的教学风格和优势，这是不现实的。

不仅个人不同，变革的需求也不同。教育改革的程度将完全取决于个别学校的状况和教师的实践。教育改革理念很少是全新的。许多理念已经存在了十年或更长时间，还有一些已经存在了几个世纪。这意味着它们已经在每个学校和教室中以不同的程度存在着。对一些教育改革理念而言，达到预期要求所需要的革新将相对温和，而其他改革理念则要求实质性的翻新。我们不应该假定同样的方法将适用于所有不同的情况。例如，在某些课堂中，基于项目的学习可以有效地满足学生更多地参与的需求；在其他课堂上，这可能需要通过主题的个性化来实现。正如房主专注于装修来应对他们最迫切的需求，教育工作者也应该优先考虑他们的需求。一刀切的方式不能满足这种灵活性需求。

对教育工作者期望过多是不切实际的。要求教育工作者全方位地颠覆教学实践，同时期望成功的教学与学习能一如既往，这是不可行的，即使这样做是可取的。在改革过程中，课堂仍然是适于学生学习的场所。无论好坏，教育系统或教师实践都不是一张空白纸。教师的基本信念和教学方法是随着时间的推移，通过仔细地考量、实践和改进逐渐建立起来的。教学实践不易于互换和交换，因为它们都是根深蒂固的习惯。甚至更深刻的是，正如帕克·帕尔默（Parker Palmer，2007）所言，"好的教学来自教师的身份和正直"。革新思维模式是一种尊重需求的建构主义思维。它肯定教师教学实践中的有效方面，同时寻求完善那些需要改进的领域。虽然通过肯定现有的做法来开始改革对话似乎有违直觉，但即使是一位领导者在传递变更或纠正的信息时，"该信息也需要尊重听到它的人"（Tomlinson，2015）。

强制变革只会适得其反。大多数革命性变革的努力都是为了强制动员不情愿的教师。强制变革的悖论在于它使变革更难实现。仅仅是要求教师采用一种实践做法就会引发他们潜在的抵制倾向。强制性变革转移了重点，使教师不能认识到自己的需要；否则，为什么需要强制执行呢？就像对待学生一样，创造一个他人为教师作决定的氛围会减少教师的个人责任感，并鼓励他们只保持最低限度的服从心态。

一对一移动设备策略的方法比较

许多辖区已耗资数百万美元确保学生在校拥有自己的个人平板电脑或电脑。关于这些举措产生的影响的初步报告强调，学生纪律方面的问题有所减少，教科书、纸张和其他传统资源的支出也有所减少。尽管取得了这些早期成果，但长期研究显示，美国大多数一对一的举措对学生学习和成就产生的积极影响微乎其微（Goodwin，2011）。为什么一项具有美好前景和良好意图的举措实施起来如此艰难呢？

让我们来对比一下引入一对一移动设备的革新和革命方法。一个拥有革新思维模式的辖区会探索推进某项举措的潜在需求或存在的问题，而不是大规模地购买技术或制定整个区域的政策以支持这一举措。个人使用移动设备将解决什么问题呢？政策制定者只是想让教师更多地使用技术吗？如果是，为什么？关键是提高学生使用技术的熟练程度（难道很多学生还不熟练吗？）还是通过让学生更广泛地使用强大的学习工具以增强其学习体验？无论是哪一种情况，这种不足在多大程度上主要是由于缺乏可用性造成的呢？这些可能是某些但不是所有班级里的问题。也许更大的障碍是教师对如何使用技术缺乏理解，也没有时间重新调整安排课程，以适应技术。在这种情况下，将移动设备放在每个学生手中并期望教师能由此获得动力来利用这个时机，这会是一个好的解决方案吗？调查一下教师为什么没有更好地使用技术，这不是更好吗？是缺乏可用性和可获得性、教学知识、时间限制还是哲学取向呢？事实证明，一对一举措取得成功的一个决定性障碍是缺乏与教学和学习目标相关的明确重点，而不仅仅是该举措的后勤保障成功与否。

以革新为重点的行政管理人员将确定用于支持学习的技术目前在哪些方面发挥作用，以及与谁合作。我们将鼓励兴趣浓厚的教师立即采纳这项政策，而不是全面强制执行该政策。这些早期的采纳者可能会帮助其他对这一理念持开放态度但对技术的教学应用不太熟练的教师，然后再期望他们每天与学生一起应用该技术。总的来说，他们可以开发一些资源和课程材料，以减轻那些没有时间开发自己教学材料的教师的压力。最后，我们将与那些原则上反对一对一移动设备的教师一起努力，这样他们就可以亲眼目睹那些目前正在有效使用该技术的教师所取得的成功。如果不改变想法，鉴于教师目前的心态，我们再去坚持这一注定要失败的教学实践是没有意义的。

如何引领教育革新？

正如任何一个从事革新项目的人所证明的那样，革新通常包括许多意外，耗时比预期长，成本也比预期高。同样，任何教育改革都必须从一个经过仔细考虑的、试探性和灵活性的计划开始。我们提出了一个有效且反应迅速的计划，其三个关键要素如下：

◇确定革新重点；

◇围绕一系列相互关联的探究活动发起倡议；

◇制订专业学习计划，支持教育工作者连贯、全面和持续地进行探究。

决定一个有前景的探索重点

当从识别机会和解决问题的前提出发，而不是从实施一揽子倡议开始时，引领教育革新首先要确定最富有成效或最有前景的探索之处。理想情况下，这将是学校和社区合作伙伴共同决策的结果，但即使由权威人士决定，以下两个标准也是特别重要的考虑因素。

围绕教育目标查找最需要或最受挫的领域。正如我们在实施一对一政策中所看到的那样，在最终教育目标不明确的情况下，采取任何做法都是没有意义的。这意味着，例如，不要把提高计算机使用频率或考试分数作为重点，因为这些仅仅是实现其他目标（如加深对内容的理解或提高读写和计算能力）的工具。以更高的使用频率为目标只会鼓励技术本身的使用，要求更高的测试分数只会使"应试教学"合法化——这两者对真正的成就都会产生极其负面的影响。

找到问题的根源。这一标准是呼吁透过表面现象，找到问题或挫折的根源。正如我们在实施一对一政策时所看到的那样，教育系统中每个人在应用技术时受挫的原因有很多，且因人而异。区分各个组成部分是为了确保变革工作能针对该系统最合适的方面。那些未作好充分准备的毕业生的感知状态主要是由他们在某些或大多数科目中追求错误的教育目标造成的，还是部分地由某些教学实践不能有效地促进当前目标所引起的？同样，学生在不同课堂中参与度低的原因是什么？这在多大程度上是由于教学主题不是特别的有价值（因此，改革课程）或没有足够努力使当前主题的潜在价值为人所知（如果是的话，帮助教师发展理念，向学生推广课程），或者课程的教学方式对学生没有吸引力或挑战性（如果是的话，帮助教师开发更有吸引力的课程）所造成的？

教育革新的重点最好被视为一个需要调查的领域，而不是最终的答案。因此，如下例所示，教育革新专注于探究活动是有益的：

◇哪些教学实践最能丰富教师的能力，使学习更有意义，更吸引学生？

◇我们如何更好地将我们的教学实践与持续性探究相结合（或者使其成为思维课堂的其他指导性教学原则之一）？

确定需要调查的专业性探究问题

有了一个普遍的共同的焦点，教育工作者则可以提出许多必须回答的更具体的问题，以便采取措施对教学实践进行有意义和有效地修改。我们提倡的方法是有意义的——通过确定最需要解决的系列问题，引领无数次教育相关改革。作为个人或工作人员，教育工作者需要询问他们如何将这一焦点与教学的其他要素结合起来，从而分析他们一致认同的焦点问题。例如，如果学生的参与度是焦点，教育工作者可能会问："哪些教学实践可以支持学生参与？""哪些机会可以让学生参与？""我的教学实践与此有冲突吗？""我的教育目标是支持这一点吗（它们对学生有意义吗）？"

这些问题不是蓝图，而是调查的起点。在教育改革之旅中，教育工作者将会不断增加并修正问题。然而，关键是要就一些初始问题达成一致意见。这些问题可能对有用的专业学习支持的类别、性质的相关决策有指导意义。

提供连贯、全面和持续性支持

培养教育工作者的共识和能力——"社会资本"——是教育改革成功的关键因素（Fullan，2012）。如果能获得连贯、全面和持续性支持，教师的个人和集体能力会得到最好的发展。

连贯性支持。对连贯性的渴求是一种"连接点"的尝试——以确保所有要素以两种方式保持连贯：教学实践的内部连贯性，使教学实践的各个方面协调一致；外部连贯性，使来自学校或地区的其他举措相互一致，并与教师的教学实践保持一致。许多因素凑在一起共同破坏了连贯性支持。首先，先前专业学习周期所支持的策略和结构往往没有得到延续，而新的举措通常不相关，这主要是因为它们来源不同，包括源自教育研究的趋势，学校或辖区领导的变化，或者政府的变化等。换句话说，去年的努力和举措往往被抛之脑后，为今年的革新腾出空间，从而导致专业学习脱节和分隔。因此，教育工作者可能会认为每年可预测的一系列新举措与自身无关，从而怀疑并且不愿接受它们。我们必须将以前的举措用作可构建的平台或用作透镜以了解支持当前革新工作的方式，从而构建专业学习，以阐明和促进举措的连贯性。

> 典型专业发展的间断性和零散性（即在职服务时间分散）注定了任何维持知识社群的努力都将失败。
>
> ——帕米拉·格罗斯曼，塞缪尔·温伯格和斯蒂芬·伍尔沃斯
> （Pamela Grossman, Samuel Wineburg & Stephen Woolworth）

全面性支持。尽管投入了大量资金，但教师成功实施新的教学实践所需要的必要性支持往往是缺失的。例如，我们可能会启动新课程，但所需的教学资源

可能无法及时支持新课程的实施。教师在学习变革和课堂相关隐含知识的同时，应该创建示范性资源。即使没有可靠的技术和互联网服务，教师在不同程度上也可能会被要求将数字学习成果融入课堂。全面性支持可能会产生一系列成功教育革新所需要的资源：学习和教学资料、人力资源、资金和各种形式的基础设施。

持续性支持。尽管我们努力改变支持教师的方式，但一次性研讨会仍然是最常见的专业学习形式。有关教师有效专业发展的研究综述证实了以下一些发现（Gulamhussein，2013）：

◇短期、一次性和可退出的课程项目对提高教师的教学效果不明显；

◇尽管其缺点众所周知，但90%以上的教师表示说，这是他们参加的最常见的专业学习形式——但大多数教师也承认这种学习形式无效；

◇ 14小时以下的专业学习课程或项目通常不会提高学生成绩或改变教学实践。

许多专业学习模式的缺点并不仅仅是学习任何主题或举措的时间有限。短期专业学习机会背后隐含的假设是，通过参加课程学习，教师将拥有有效实施新策略的知识，或者仅仅通过听说新策略，教师就可以在课堂上使用它。根据这种假设，专业发展是自然而然发生在教师身上的事情，其情况是：某个地区对他们的教师进行研讨会培训，然后就期望教师在他们的课堂上应用这些理念。但不幸的是，很多人并没有认识到"改变教师的教学实践是困难的，因为它涉及改变长期以来形成的习惯"（William，2010）。改变习惯不仅需要时间——有关统计显示，大约重复20次才会改变——并且许多教师在确信学生会成功之前，不愿意改变他们对新教学实践的看法（Guskey，2002）。教师需要的不是零星的、短暂的专业学习形式，而是持续性支持，这种支持不仅仅局限于研讨会的范围。

哪些实践支持连贯、全面和持续性专业探究?

如图 13.1 所示,用于培养思维课堂的框架也可以用来指导连贯、全面和持续性专业学习支持。如果教育工作者要理解一个举措,他们必须获得机会调查该举措对他们的教学实践意味着什么。学校和辖区团队必须成为专业的学习社区。在这里,所有的参与者都能感到安全并获得来自社区的支持,都可以质疑、尝试新的想法,甚至体会失败感。正如学生必须拥有进行深思熟虑地探究所需要的智力工具那样,为了获得和使用必要的工具来理解他们打算采取的教学举措,教师也必须得到充分有效的支持。与实现特定预期结果相关的反馈是支持学习的五大最强有力的因素之一(Hattie & Timperley,2007)。这种指导可能来自多种渠道,包括其他同事、教育领导、学生和家长。

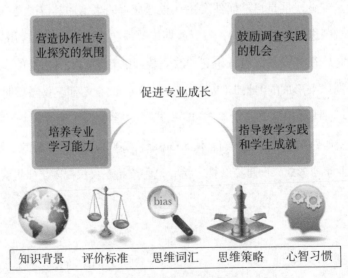

图 13.1　促进专业成长

营造支持协作性专业探究的氛围

教育工作者很容易认识到课堂气氛在学生学习中所起的重要作用。同样，提高教师教学实践的一个关键方面是营造协作性专业探究的氛围。在众多建立这种氛围的有效实践中，我们建议以下可作为有效起点的两种方法。

建立革新思维模式。许多教师认为专业学习对他们形成了一种压力。相反，教师应该将专业学习视为他们教学实践的不断自我更新。正如第 12 章"通过数字技术增强学习"中所讨论的那样，通过融入数字增强学习的标准来改进技术的使用，以及通过融入第 9 章"保持探究"中所讨论的持续性探究的标准来改进常见的探究结构，这些都是本书中所描述的指导原则如何帮助教师更新现有教学实践而不需要大规模替换它们的示例。

"肯定、改进和追求"这一取向可以有效地支撑专业的革新精神：

◇肯定：关于……（例如，氛围）方面，我目前正在采取的哪些措施有效地支持了我所希望的功能革新（例如，学生选择）？

◇改进：关于……方面，我能对我目前所做的事情轻易做出哪些改进，从而更有效地支持我希望革新的方方面面？

◇追求：关于……方面，我还能寻求进行哪些更实质性的变革，从而有效地支持我希望的功能革新？

培养一个专业的学习社区。最有效的学习支持包括创建探究社区（Sergiovanni，1994）。在该社区中，教育工作者与其同事一起探究并反思共同的目标、教学实践和经验。校长和其他教育领导者必须致力于建立基于学院内部负责制的学习社区（Elmore & City，2007），而不是惩罚性责任制的学习社区（Fullan，2012）。第 4 章讨论的营造思维课堂氛围的方法同样适用于培养专业学习社区。营造一种氛围，支持教师进行安全而缜密的集体探究，这需要建立适当的期望、创建有益的常规活动、塑造可期望的行为、监控专业互动以及安排实体空间以适应开放而富有成效的讨论。

为调查实践创造机会

除了营造支持专业探究的氛围之外，教师还需要更多的机会来调查他们的教学实践。

不断提出和寻求探究性问题。 在专业学习社区的背景下，调查实践的机会可以采取探究性问题的形式，以促进深度调查。这些探究性问题可以让教育工作者们对一个理论、可能性解决方案或各种实践进行基于行动的调查。教师可能会追问"实际上，在我自己的教学中，我可以对思维课堂的四个方面中的哪些方面加以肯定、改进和追求，从而有效地支持批判性、创造性和协作性思维？"应该从"我，作为一位自觉（self-enabling）的教育工作者，需要知道什么以及做什么以深思熟虑地适应创新"的角度来构建所有的问题，而不是从一位盲从的教育工作者的角度出发，追问"为了遵从一个我必须贯彻的倡议，我必须做什么"。

探索替代性解释和解决方案。 在进行探究性提问时，教师应该了解并评估替代性策略的优点及其可能性。否则，他们可能只是在已知参数范围内修改他们的教学实践。专业支持的有效性不在于向教师解释如何做事情，而在于让他们意识到他们在选择如何做事情时会有一些新的可能性。专业文献是产生替代性想法的良好渠道。本书讨论的和表 13.1（见下页）总结的教学实践就是各种可能性的例子，而且教师可以将这些可能性作为专业学习的一部分。

表 13.1　建议做法概述

	营造氛围	创造机会	培养能力	提供指导
思维课堂	创造益于思考的实体环境。 设定明确的思维期望。 建立支持思考的常规活动。 鼓励培养思维的人际互动。 示范优秀思考者的特质。	在课程中嵌入关键性挑战，使学习问题化。	教授每项任务所需要的各种智力工具。	评估思维和表现。 让每个人都参与提供有效的反馈。
深入理解	期望学生理解为什么和怎么做，而不仅仅是什么。 尽可能避免提供答案。	围绕"促进思考"组建日常教学。 围绕总体想法、问题或任务规划学习。	给学生提供构建理解的工具。	在继续学习之前，每次要检查学生是否理解。 评估理解而不是回忆。
现实生活能力	期望学生思考如何完成一项任务，而不仅仅是完成它。	围绕现实生活任务构建能力发展。	帮助学生组建每种能力的工具库。	实时捕捉真实的东西。
真正的承诺	创造持续增强的环境，培养所期望的承诺。	强调一些承诺，并把它们做好。	支持学生自行确认他们的承诺。 支持学生认真并灵活地履行承诺。	评估常规而非模范行为。
参与度	培育鼓励性教室、学校、家庭和虚拟空间。	提供更有吸引力的学习机会。	开发应对挑战的工具。	提供及时、有益和鼓励性反馈。
保持探究	创建持续调查的期望。	嵌入日常性探究。 规划迭代结构化探究。	支持持续的生成性和建设性反思。	提供连续不间断的同伴和教师反馈。
自我调节	让学生认可并期望自我调节学习。	频繁嵌入自我调节学习的机会。	制定各种学习策略，包括有效使用的标准。 支持学生独立使用工具和持续性监控。	评估自我调节学习的具体情况和总体水平。

	营造氛围	创造机会	培养能力	提供指导
富评估学习	帮助学生发现评估的重要价值。	创造及时的师生交流。 更多地利用同伴和自我评估。	帮助学生熟练掌握自我和同伴评估。 帮助学生学会从反馈中受益。	确保教师评论促进学生学习。
技术增强学习	期望学生使用数字技术作为学习工具。	使用各种技术来扩大学习的机会和视角。	教授学生熟练选择和使用数字技术。	鼓励教师和学生使用技术，提供及时有用的反馈。

培养专业学习能力

支持有效的专业发展也意味着确保必要的工具和资源都能准备就绪。除非大多数教师拥有他们所需要的工具或资源——无论是以提供资源的形式，还是以完成和汇集资源的时间的形式，否则，我们不能指望他们的变革努力会取得很大进展。

搭建支架，以拓展专业学习支持。有效的专业学习包括各种学习活动、实践机会、反馈辅导以及获得优质专业和学生资源。在我们的工作中，我们使用"彗星"这一比喻来强调研讨会和在研讨会期间提供的支持这两者之间的关系。这颗彗星的头部可能涵盖了激励性的研讨会和演示，旨在介绍关键想法和激发教师兴趣。然而，正如彗星的头部那样，这些研讨会激发兴趣，并阐明一个话题。虽然它们可能令人兴奋，但通常情况下，它们的影响是短暂的。彗星的尾部是教师专业发展的漫长时期。持续成长的基石包括与同事对话、创建学习和评估活动、获取专业资源以及课堂建模。我们专业学习课程的目标是使教师在三年或更长的时间里保持每周一次或更多次的教师对话。

第9章"保持探究"中所描述的级联式探究法可用作规划专业学习支持的结构。作为持续探究的一个不可或缺的组成部分，总体探究和关键性挑战是连续多年专业学习和各种举措的统一焦点。最重要的是，级联法有助于教师和领导者们了解各种举措和专业学习如何协同致力于已确定的改革重点。一所学校可能会考虑这样一个首要问题："我们如何能够连贯、全面、持续性地培养思维课堂，同时有效地实施学校、地区和省级其他教育举措？"这将得到大量的相关专业探究的支持。每项探究都旨在支持教师在更多的特定领域中学习。专业学习的级联挑战方法的示例模板详见表13.2。

首要探究问题。 我们如何能够连贯、综合、持续性地培养和支持思维课堂，同时有效地实施学校、地区和省级其他教育举措？

关键挑战。 以实施举措的四个方面和思维课堂的五个核心原则为指导，确定哪些教学实践可以得到肯定、改进或追求，从而培养思维课堂，同时有效地实施学校、地区和省级其他教育举措。

表13.2 专业学习的级联挑战方法

路径A（第一年）	路径B（第二年）	路径C（第三年）
发展教师在培养批判性、创造性和协作性学习者方面的有效性	发展在支持学生能力方面的教学效率	通过深度学习培养有能力的学习者
嵌入思维课堂的四个方面①，以支持学生批判性、创造性和协作性思维能力（C3思维）。	培养思维课堂的五大指导原则②，以支持发展学生在……［学区/学校教育目标（如读写能力、交际能力、社会责任）］方面的能力。	将思维课堂的原则和实践融入到……［学区/学校教学举措（例如，基于问题的学习、卓越教学、学校重新设计）］的实施中，以支持发展学生在……（学区/学校教育目标）方面的能力。

---

① 思维课堂的四个方面是营造氛围、创造机会、培养能力和提供指导。
② 五项指导原则是吸引学生参与、保持探究、培养自我调节型学习者、创建富评估学习以及通过数字技术增强学习。

路径 A（第一年）	路径 B（第二年）	路径 C（第三年）
探究性问题：实事求是地讲，在我的教学中，我能肯定、改进和追求思维课堂四个方面中的哪些方面，以有效地支持 C3 思维？	**探究性问题**：实事求是地讲，在我的教学中，我能肯定、改进和追求思维课堂五个有利条件中的哪些方面，以有效地支持学生在……（学区 / 学校 / 教育目标层面）方面的能力？	**探究性问题**：实事求是地讲，在我的教学中，我能肯定、改进和追求……（学区 / 学校教学举措）的哪些方面以有效地支持学生深度学习的能力？
关键挑战：在演示文稿 / 作品集中，分享您在自己的教学中使用思维课堂的四个方面来支持 C3 思维的经验。其中，您需要用到支持学生的例子，而这些例子是建立在您改编、教授和修改的一系列微型课程的基础之上的。	**关键挑战**：在演示文稿 / 作品集中，分享您在自己的教学中使用思维课堂的四个方面来支持……（学区 / 学校教育目标）的经验。其中，您需要用到支持学生的例子，而这些例子是建立在您改编 / 设计、教授和修改的一系列课程的基础之上的。	**关键挑战**：在演示文稿 / 作品集中，分享您在自己的教学中使用……（学区 / 学校教学举措）来支持……（学区 / 学校教育目标）的经验，其中，您需要用到支持学生的例子，而这些例子是建立在您改编 / 设计、教授和修订的单元 / 课程的基础之上的。
教育目标：通过进行严谨思考来培养学生批判性、创造性和协作性思维能力。作为我们课堂学习的主要手段，这种思考不仅具有反应性，而且具有想象力，可以单独开展，也可以与他人一起进行。	**教育目标**：通过将批判性、创造性和协作性思维作为学生掌握能力的主要手段，培养他们在……（学区 / 学校教育目标）方面的能力。	**教育目标**：通过将批判性、创造性和协作性思维作为学生掌握能力的主要手段，培养他们在……（学区 / 学校教育目标）方面的能力。
教学重点：通过让学生参与严谨的批判性、创造性和协作性探究活动来增强思维课堂 / 学校。	**教学重点**：通过让学生参与持续性探究活动来增强思维课堂 / 学校，这种探究活动在富评估的环境中是自我调节且数字化的。	**教学重点**：通过使用思维课堂 / 学校的四个方面和五大原则把……（学区 / 学校教学举措）融入到我们的教学中，以丰富思维课堂 / 学校。

路径 A（第一年）	路径 B（第二年）	路径 C（第三年）
可能的探究路径（第一年） 1. 理解 C3 思维和思维课堂的效能。 2. 将有效的 C3 思维机会嵌入日常教学中。 3. 通过教授 C3 思维工具来培养学生的能力。 4. 确保及时有效地指导表现和思维。 5. 培养支持 C3 思维的家庭和学校环境。	可能的探究路径（第二年） 1. 理解（学区 / 学校的教育目标）以及思维课堂指导原则的重要性。 2. 播下学生参与的种子。 3. 规划持续性学生探究。 4. 确保自我调节工具开发。 5. 创建一个富评估学习环境。 6. 利用数字技术增强教学和学习。	可能的探究路径（第三年） 1. 了解（学区 / 学校的教育目标）和（学区 / 学校的教学举措）如何在思维课堂中发挥作用。 2. 嵌入（学区 / 学校的教育举措）的 A 方面或 A 维度。 3. 嵌入（学区 / 学校的教育举措）的 B 方面或 B 维度。 4. 嵌入（学区 / 学校的教育举措）的 C 方面或 C 维度。 5. 嵌入（学区 / 学校的教育举措）的 D 方面或 D 维度。

确保所需要的工具和资源到位。全面性支持包括确保必要的有形资源（如支持变革的教科书、学习时间）和进行思考性探究的智力工具都已到位。确定支持成功教育改革所需资源的综合清单，这需要从多个来源寻求教师所需要的有形和无形支持的相关建议。最明显的有形资源包括与新的倡议、管理政策和教师协作时间相关的教学和学习资源。最近有人提醒我们，提供教学资源的重要性，而且不能想当然地认为教师自己可以轻松地创建这些资源。一看到我们团队为支持一门新的社会研究课程而开发的综合资源，一位认真的初级教师就哭了起来。她必须上这一门新课程，并完成这一艰巨的任务。她预计要花大量的课后时间去理解和安排课程内容，并收集大量的资料以达到新课程的期望，对此，她一直感到不知所措。有了我们提供的教学资源，她轻松了许多。她意识到教授一门新课程不再是一项艰巨的任务。

不那么明显但同样重要的是那些在任何变革中努力取得成功所需要的智力工具。研讨会和其他正式报告的一个重要作用是向教师介绍他们可能需要的一系列工具，以探讨各种举措，并思考他们如何通过改进自己的教学实践来汲取这些举措的各个方面。教师需要的工具类型如表 13.3 所示。

表 13.3　专业探究所需要的智力工具

背景知识	了解各种改革举措及其利弊。
评判标准	了解有效使用各种举措的标准（例如，数字增强学习的标准）。
思维词汇	理解关键概念，帮助探究专业实践。
思考策略	使用规划模板、想法生成策略、行动研究方法等。
心智习惯	拥有专业素养，如思想开明、关注细节和坚持不懈。

指导教育实践和学生成就

有效的进展需要指导。提供与预期目标直接相关的数据和信息"对于激励和鼓励教育工作者坚持进行具有挑战性的改进工作至关重要"（Elmore & City，2007，p.2）。

创建持续的学院反馈机制。指导的一个重要来源是协作式专业学习背景下同事给予的反馈。这可能会涉及同行评课、集体教学观摩以及持续性讨论。近年来，有研究已经证实了学校校长通过教学巡视以及反馈和指导等其他形式发挥领导作用的重要性。

创建学生和家长定期反馈机制。学生和家长是另一个有价值的指导来源。学生发言权的重要性已得到公认，这使得人们更加重视正式和非正式学生反馈和指导的必要性与价值。与分析形成性和总结性评估的结果一样，行动研究也是收集信息的一种方法。与家长咨询小组协商非常有用，地方、州或全国范围内的家长和学生调查所收集的数据同样有用。

结　语

　　理解学校各种改革呼声，其本身就是一项挑战，也是一项艰巨的任务。但与支持教师适应这些备受推崇的教学实践改革措施的艰巨任务相比，这简直就是"小巫见大巫"了。传统的方法要求教师必须取代现有的教学实践做法，从而实施全方位变革，但这种方法并不成功，而且可能适得其反。因此，我们提出革新思维模式来表明一种方法，并以此要求教师在深思熟虑的探究基础之上，在连贯、全面和持续性支持下，改进他们的教学实践。

支持教师专业成长的实践	
营造协作式专业探究的氛围	◇建立革新思维模式。 ◇培养一个专业的学习社区。
鼓励探究实践的机会	◇不断提出和寻求探究式问题。 ◇探索替代性解释和解决方案。
培养专业学习能力	◇搭建支架，以拓展专业学习支持。 ◇确保所需要的工具和资源到位。
指导教育实践与学生成就	◇创建持续的学院反馈机制。 ◇创建学生和家长定期反馈机制。

参考文献

800ceoread blog.(2013, March 5).Thinker in residence: Bruce Nussbaum, author of *Creative Intelligence*. Retrieved August 11,2017, http://in the books.800ceoread. com/news/articles/thinker-in-residence-bruce nussbaum-author-of-creative-intelligence

Abbott, M.(n.d.).Reading as thinking: "Critically" constructing meaning of text. *Critical Discussions*. Vancouver, BC, Canada: The Critical Thinking Consortium. http://tc2.ca/cd.php

Achenbach, J. (2015, March). The age of disbelief. *National Geographic*, *227*, 30–47.

Ananiadou, K., & Claro, M. (2009). *21st century skills and competences for new millennium learners in OECD countries* [OECD Education Working Papers, No.41]. Paris, France: OECD Publishing.

Antonelli, F. (2004). *From applied to applause*. Toronto, ON, Canada: Ontario Secondary School Teachers' Federation.

Barnum, M. (2017, June 12). Are virtual schools the future? Retrieved July 2, 2017,https://www.theatlantic.com/education/archive/2017/06/arevirtual-schools-the-future/529170

Beers, B. F.(1996).*Patterns of civilization* (Vol.2).Upper Saddle River,NJ: Prentice Hall.

Beyer, B.(2001).Putting it all together to improve student thinking.In A. Costa (Ed.), *Developing minds: A resource book for teaching thinking* (3rd ed.,pp. 417–424). Alexandria, VA: Association for Supervision and Curriculum Development.

Bialik, M., Bogan, M., Fadel, C., & Horvathova, M. (2015). *Character education for the 21st century: What should students learn?* Boston, MA: Center for Curriculum Redesign.

Bluestein, J. (2001). *Creating emotionally safe schools: A guide for educators and parents.* Deerfield, FL: Health Communications.

Boaler, J. (2002). *Experiencing school mathematics.* Mahwah, NJ: Erlbaum.

Boyce, W. (2004). *Young people in Canada: Their health and well-being.* Ottawa, ON, Canada: Health Canada.

Bridgeland, J., Dilulio, J., Jr., & Morison, K.(2006). The silent epidemic: Perspectives of high school dropouts.https://docs.gatesfoundttion.org/Documents/ thesilentepidemic3-06final.pdf

Busteed, B. (2013, January 7). The school cliff: Student engagement drops with each school year. http://www.gallup.com/opinion/gallup/ 170525/school-cliff-student-engagement-drops-school-year.aspx

Butler, D.(2002). Idividualizing instruction in self-regulated learning. *Theory Into Practice*, 41(2), 82.

California Council on Science and Technology. (2011). *Digitally enhanced educat-ion in California.* Sacramento, CA: Author. http://www.ccst.us/ publications/2011/2011digital.pdf

California Task Force on K–12 Civic Learning.(2014). *Revitalizing K–12 civic learning in California: A blueprint for action.* http://www.cde.ca.gov/eo/in/ documents/cltffinalreport.pdf

Case, R. (2013). The unfortunate consequence of Bloom's taxonomy. *Social Educa-tion,* 77(4), 196–200.

Case, R., Gini-Newman, G., Gini-Newman, L., James, U., & Taylor, S. (2015, December). The "basics" and inquiry teaching: Can they be reconciled? *Education*

Canada, 55(4), 40–43.

Case, R., Harper, K., Tilley, S.,& Wiens, J. (1994). Stewart on teaching versus facilitating: A misconstrued dichotomy. *Canadian Journal of Education*, 19(3), 287–298.

CBS News.(2011, June 14). Ulysses S. who? US history stumps students. Retrievedfrom http://www.cbsnews.com/news/ulysses-s-who-us-history-test-stumpsstud-ents

Cleese, J. (n.d.). Lecture on creativity. Retrieved August 11, 2017, http://genius.com/ John-cleese-lecture-on-creativity-annotated

Costa, A., & Kallick, B. (2000). *Discovering and exploring habits of mind.* Alexandria, VA: Association for Supervision and Curriculum Development.

The Critical Thinking Consortium. (2010). *Imagine Action: Making a difference— Grades 5–8.* Ottawa, ON, Canada: Canadian Teachers' Federation.

Crockett, L. W.(2016, August 2).The 21st century skills every student needs and why. https://globaldigitalcitizen.org/21st-century-skill every-student-needs

Csikszentmihalyi, M. (2002). *Thoughts about education.* http://www-bcf.usc. edu/~genzuk/Thoughts_About_Education_Mihaly_Csikszentmihalyi.pdf

Cuban, L. (2010, July 21). How history is taught in schools. https://larrycuban. wordpress.com/2010/07/21/how-history-is-taught-in-schools/

Daniels, L., & Case, R. (1992). *Charter literacy and the administration of justice in Canada. Ottawa, ON, Canada*: Department of Justice.Darling-Hammond, L., & Bransford, J. (Eds.).(2005).*Preparing teachers for a changing world.* San Francisco, CA: Jossey-Bass.

Dewey, J. (1910). *How we think.* New York, NY: D.C. Heath.

Dewey, J. (1938). *The experience of education.* New York, NY: Simon & Schuster.

Duke, D. (1978). Looking at the school as a rule-governed organization. *Journal of*

Research and Development in Education, 11(4), 116–126.

Edmunds, J., Willse, J., Arshavsky, N., & Dallas, A.(2013). Mandated engagement: The impact of early college high schools.*Teachers College Record,*15(7),1–31.

Elmore, R., & City, E. (2007, May/June). The road to school improvement. *HarvardEducation Letter,* 23(3), 1–3.

Falk, J. K., & Drayton, B. (2009).*Creating and sustaining professional learning communities.* New York, NY: Teachers College Press.

Ferriter, W. (2010). Preparing to teach digitally. *Educational Leadership,* 67(8), 88.

Feynman, R. (1997). *Surely you're joking, Mr. Feynman.* New York, NY: Norton.

Fox, S.(2013, August 7).51% of U.S. adults bank online.Retrieved August 25,2017, http://www.pewinternet.org/2013/08/07/51-of-u-s-adults-bank-online

Fullan, M. (2012, February). *Q & A with Michael Fullan* [Lead the Change Series. Issue No.16]. Washington, DC: American Educational Research Association.https:// michaelfullan.ca/wp-content/uploads/2016/06/13514675730.pdf

Fullan, M., & Langworthy, M. (2014). *A rich seam: How new pedagogies find deep learning* London, England: Pearson.

Goodlad, J. (2004). A place called school: *Twentieth anniversary edition.* New York, NY: McGraw-Hill.

Goodman, J. (1995, Spring). Change without difference: Schools restructuring inhistorical perspective. *Harvard Educational Review,* 65, 4.

Goodwin, B. (2011, February). Research says... One-to-one laptop programs are nosilver bullet. *Educational Leadership,* 68(5), 78.

Great Schools Partnership. (n.d.). 21st century skills. Retrieved August 16, 2017, http://edglossary.org/21st-century-skills

Green, J. (2014). *The fault in our stars.* New York, NY: Penguin.

Grolnick, W. S., & Ryan, R. M. (1987). Autonomy in children's learning: An exp-

erimental and individual difference investigation.*Journal of Personality and Social Psychology*, 52, 890–898.

Grossman, P., Wineburg, S., & Woolworth, S. (2000). Towards a theory of teachercommunity. *Teachers College Record, 103*(6), 948.

Gulamhussein, A (2013, September).*Teaching the teachers: Effective professionaldevelopment in an era of high stakes accountability*. http://www. centerforpubliceducation.org/Main-Menu/Staffingstudents/Teaching-the- Teachers-Effective-Professional-Development-in-an-Era-of-High-StakesAccountability/ Teaching-the-Teachers-Full-Report.pdf

Guskey, T. R. (2002). Professional development and teacher change. *Teachers andTeaching: Theory and Practice, 8*(3/4), 381–391.

Hargreaves, D. (2004). *Learning for life: The foundations of lifelong learning* Bristol, England: Policy Press.

Hattie, J. (2015). *What doesn't work in education: The politics of distraction*.London, England: Pearson.

Hattie, J., & Timperley, H.(2007). The power of feedback. *Review of EducationalResearch, 77*(1), 83.

Hirsch, E.D.(2009–2010, Winter). Creating a curriculum for the American people:Our democracy depends on shared knowledge. *American Educator, 33*(4), 10.

Johnson, D., & Johnson, R. (1994). *Leading the cooperative school* (2nd ed.). Edina, MN: Interaction.

Karpinski, A., & D'Agostino, J.(2013).The role of formative assessment in student achievement.In J. Hattie & E. Anderman (Eds.), *International Guide to Student Achievement* (pp. 202–204). New York, NY: Routledge.

Klein, J.(2011, June). The failure of American schools. https://www.theatlantic.com/ magazine/archive/2011/06/the-failure-of-americanschools/308497

Kohn, A. (1999, March). From degrading to de-grading. Originally published in *High School Magazine*. http://www.alfiekohn.org/article/ degrading-de-grading

Kohn, A. (2001, January). Fighting the tests: A practical guide to rescuing ourschools. *Phi Delta Kappan*.http://www.alfiekohn.org/article/fighting-the-tests

Kohn, A. (2004). Challenging students—and how to have more of them. *Phi Delta Kappan, 86*(3), 189.

Kohn, A. (2011, November). The case against grades. *Educational Leadership*.http:// www.alfiekohn.org/article/case-grades

Kohn, K. (1997).How not to teach values: A critical look at character education.*Phi Delta Kappan*. Retrieved August 17, 2017, http://www.alfiekohn.org/article/teach-values

Lederer, R. (1987). Student bloopers. *Language Quarterly, 13*(4).

Lipman, M. (1988). Critical thinking: What can it be? *Educational Leadership, 45*, 38–43.

McQueen, S. (Director). (2013). *Twelve years a slave* [Motion picture]. United States: Regency Enterprises.

Menéndez, R.(1988). *Stand and deliver* [Motion picture]. United States: American Playhouse.

Nater, S., & Gallimore, R. (2010). *You haven't taught until they have learned:John Wooden's teaching principles and practices*. Morgantown, WV: Fitness International Technology, Inc.

National Center for Education Statistics.(2013, June).*The nation's report cardTrends in academic progress 2012*. Washington, DC: Author.

National Education Association. (n.d.). *Preparing 21st century students for a gl obal society: An educator's guide to the "Four C's."* http://www.nea.org/assets/docs/ A-Guide-to-Four-Cs.pdf

National Governors Association Center for Best Practices and the Council of Chi-ef State School Officers. (2010). *Common Core State Standards for English language arts & literacy in history/social studies, science, and technical subjects.* http://www. corestandards.org/ELA-Literacy

National Research Council and Institute of Medicine. (2004). *Engaging schools: Fostering high school students'motivation to learn.* Washington, DC: National Academies Press.

Newmann, F.(1992).*Student engagement and achievement in American secondary sch-ools.* New York, NY: Teachers College Press.

Newmann, F., Bryk, A., & Nagaoka, J. (2001). *Authentic intellectual work and st-andardized tests: Conflict or coexistence?* Chicago, IL: Consortium on Chic-ago School Research.

Organisation for Economic Co-operation and Development. (2015). *Students, comp-ters and learning: Making the connection.* Paris, France: Author. Retrieved from http://dx.doi.org/10.1787/9789264239555-en

Osborne, K.(2004).*Canadian history in the schools: A report prepared for Histor-ical Foundation.* Toronto, ON, Canada: Historical Foundation.

Palmer, P. (2007). *The courage to teach: Exploring the inner landscape of a teacher's life.* Toronto, ON, Canada: Wiley.

Parker, W.(1989). How to help students learn history and geography. *EducationalLeadership, 47*(3), 41.

Partnership for 21st Century Learning. (2007). *Framework for 21st century learn-ing.* Washington, DC: Author.

Paul, R. (1993). The logic of creative and critical thinking. In R. Paul (Ed.) *Critical thinking: How to prepare students for a rapidly changing world* (pp.195−216). Santa Rosa, CA: Foundation for Critical Thinking.

Pellegrino, J. W., & Hilton, H. L. (Eds.). (2012). *Education for life and work Developing transferable knowledge and skills in the 21st century*. Washington,DC: National Academies Press.

Perkins, D. (1993).The connected curriculum. *Educational Leadership, 51*(2),90.

Peters, W.(Producer and Director).(1970).*The eye of the storm* [Motion picture].United States: PBS.

Peters, W. (Director). (1987). *A class divided* [Television series episode]. In *Frontline*. United States: PBS.

Pirsig, R. (1999). *Zen and the art of motorcycle maintenance: An inquiry into values*. New York, NY: HarperCollins.

Planche, B., & Case, R. (2015). Critical, creative and collaborative (C3) think-ing: A three-sided coin? *OPC Register, 17*(1), 8–13.

Raths, L., Harmin, M., & Simon, S.(1966).*Values and teaching: Working with valuesin the classroom*. Columbus, OH: Merrill.

Reaney, J. (2010). *A suit of nettles*. Erin, ON, Canada: The Porcupine's Quill.

Ritchhart, R. (2002).*Intellectual character: What it is, why it matters and howto get it*. San Francisco, CA: Jossey-Boss.

Rotberg, I. C. (2014, October 16). The endless search for silver bullets. *Teach-ers College Record, 1-2*. Retrieved October 24, 2014, http://www.tcrecord.org. ID Number: 17723.

Rotherham, A. J., & Willingham, D. (2009). 21st century skills: The challenges ahead. *Educational Leadership, 67*(1), 16–21.

Rotherham, A. J., & Willingham, D. (2010, Spring). "21st Century" skills: Not new, but a worthy challenge. *American Educator, 34*(1), 17–20.

Ruggiero,V.R.(1996). *Becoming a critical thinker*. Boston, MA: Houghton Mifflin

Ryerson, E. (1847). *Report on a system of public education for Upper Canada*.

Montreal, QC, Canada: Lovell & Gibson.

Schleicher,A.(2016, September 26). Educating for innovation and innovation in education[Weblog post].http://oecdeducationtoday.blogspotca/2016/09/educating-for-innovation-and-innovation.html

Schools Program Division, Manitoba Education.(2010).*Engaging middle school students in learning: Transforming middle years education in Manitoba.* Winnipeg, MB, Canada: Manitoba Education.

Seely Brown, J. (n.d.). Learning in the digital age. Retrieved April 12, 2015, http://www.johnseelybrown.com/learning_in_digital_age-aspen.pdf

Sener, J. (2011, February 22). Do we really need a core curriculum? http://etcjournal.com/2011/02/22/7347

Sergiovanni, T. (1994).*Building community in schools.* San Francisco, CA: Jossey-Bass.

Shanker, S. (2013). *Calm, alert, and learning: Classroom strategies for self-regulation.* Toronto, ON, Canada: Pearson Education Canada.

Shulman, L. S. (2002). Making differences: A table of learning. *Change: The Magazine of Higher Learning, 34*(6), 36–44.

Soley, M. (1996). If it is controversial, why teach it? *Social Education, 60*(1),10.

SparkNotes Editors. (n.d.). Romeo and Juliet [plot overview]. Retrieved August 15, 2017, http://www.sparknotes.com/shakespeare/romeojuliet/summary.html

The State Education Department and the University of the State of New York. (2014, November).*The New York K–12 social studies framework: Introduction* (revised). http://www.p12.nysed.gov/ciai/socst/documents/ ss-framework-k-12- intro.pdf

Statista. (2017). Global number of digital buyers 2014–2021. Retrieved August 24, 2017, https://www.statista.com/statistics/251666/number-of-digitalbuyers-worldwide

Steinberg, L. (2015, February 16). Failings of American high schools. *Teachers College Record.* Retrieved March 6, 2015, http://www.tcrecord.org. ID Number: 17864.

Sternberg, R. (2008). Assessing what matters. *Informative Assessment, 65*(4), 23

Student Achievement Division. (2013, September). *Student voice: Transforming relationships* [Capacity Building Series, Secretariat Special Edition #34]. Toronto, ON, Canada: Ontario Ministry of Education. Retrieved from http://www.edugains. ca/resourcesLIT/ProfessionalLearning/CBS/CBS_StudentVoice.pdf

Tapscott, D. (2008). *Grown up digital: How the net generation is changing your world.* New York, NY: McGraw-Hill Professional.

Tishman, S., Perkins, D., & Jay, E. (1995). *The thinking classroom: Learning andteaching in a culture of thinking.* New York, NY: Pearson.

Tomlinson, C. A.(2015, April).Communication that powers leadership.*Educational Leadership, 72*(7), 90–91.

Tyler, R. (1969). *Basic principles of curriculum and instruction.* Chicago, IL: University of Chicago Press.

Understanding. (n.d.). In *Merriam-Webster's online dictionary* (11th ed.). Retrieved from http://www.merriam-webster.com/dictionary/understanding?show= 0&t=1357871911 Washoe County School District. (n.d.). *21st century competencies: A guide for planning instruction for 21st century learners.* Reno, NV: Author. https://www.washoeschools.net/Page/8186

West Windsor-Plainsboro Regional School District. (n.d.). *21st century competen-cies.* West Windsor, NJ: Author. Retrieved August 15, 2017, http://www.west-windsor-plainsboro.k12.nj.us/departments/Curriculum/21st_century_competencies

Wiggins, G.(2015,March 30). On reading, Part 5: A key flaw in using the gradual release of responsibility model [Web log post]. Retrieved August 15, 2017, https://grantwiggins.wordpress.com/2015/03/30/on-reading-part-5-a-key flaw-in-using-the-gradual-release-of-responsibility-model

Wiggins, G., & McTighe, J. (2005). *Understanding by design*. Alexandria, VA: Association for Supervision and Curriculum Development.

Wiliam, D. (2007). Keeping learning on track: Formative assessment and the regu-lation of learning. In M. Coupland, J. Anderson, & T. Spencer(Eds.),*Makingmathematics vital: Proceedings of the twentieth biennial conference of the Australian Association of Mathematics Teachers* (pp.20–34). Adelaide, Australia: Australian Association of Mathematics Teachers.

Wiliam, D. (2010, March 4). *Teacher quality: Why it matters and how to get moreof it.* Unpublished paper, Schools Revolution Conference, London, England.

Wiliam, D. (2011). *Embedded formative assessment.* Bloomington, IN: Solution Tree Press.

Wineburg, S.,& Schneider, J. (2010). Was Bloom's taxonomy pointed in the wrong direction? *Phi Delta Kappan, 91*(4), 56–61.

Wiske, M. S.(Ed.).(1998).*Teaching for understanding.* San Francisco, CA: Jossey-Bass.

Wolcott, S. (1997). *Student assumptions about knowledge and critical thinking in the accounting classroom.* Unpublished paper, Southwest Regional Meeting of the American Accounting Association, Lakewood Ranch, FL.

Wolters, C. (2011). Regulation of motivation: Contextual and social aspects. *Teachers College Record, 113*(2), 265–283.

译后记

我们或许都曾听过伟大的天才科学家爱因斯坦的那句名言:"想象力比知识更重要,因为知识是有限的,而想象力概括着世界上的一切,推动着社会进步,并且是知识进步的源泉。"事实上,灵活独立地进行思考对一个人的成功是非常必要的。抱持"提出一个问题往往比解决一个问题更重要"的思想,才能不断地提出问题,并在解决这些问题的同时逐渐迈向一个个人生的高峰。著名的布卢姆教育目标分类学也指出教育应该使学习者在认知领域逐级达到记忆、理解、应用、分析、评价、创造等六个层次,其中,思维是学习者实现应用、分析、评价、创造等高阶目标的不可或缺的重要能力。无独有偶,从先秦时代开始,中国传统教育界就一直非常重视思维教育。作为先秦早期儒学的重要代表人物,孔子和孟子在教育方面提出了诸多有价值的见解,两人都曾主张"学思结合"。子曰:"学而不思则罔,思而不学则殆。"孟子曰:"尽信书,则不如无书。"孟子没有关于学思结合的直接论述,但他现身说法,教导人要在学习中大胆思考。可见,学习者的思考能力的培养长期以来受到了广泛关注。

近十几年来,关于"核心素养"的研究与测评日益引起全球关注。在教育教学实践中培养学生思辨、创新及协作素养离不开思维的三个维度,即批判性、创造性和协作性维度。思维应该成为教与学的基础,贯穿并渗透到所有的教学实践中,而"思维课堂"应成为教与学的主导方向。但在当代中国教育实践中,常态课堂存的一个最突出的问题就是缺少思维的"意义流淌",即师生互动的思维含量不高,其具体表现在学生提问意识淡薄,学生自主体验和合作探究等主体性学习活动缺失,以及教师为学生提供的思维活动支点缺位等方面。

基于新时代培养学习者核心素养的需求以及当代中国教育常态课堂缺少思

维渗透这一现状，《创建思维课堂：引领当今教育变革》的翻译和校对工作终于完成了。正如本书作者在前言中指出的那样，本书是为课堂、地区和大学教育工作者所著。他们致力于通过有效的学校教育，培养学生严谨而富有想象力的思维能力。本书的最大贡献在于它试图阐明、澄清、梳理和贯通当前大量的教育改革举措，提出创建思维课堂这一理念及其培育框架。本书首先剖析当前教育工作者在教育改革工作中面临的机遇和挑战，针对学习成绩差、学生不满意、毕业生准备不充分等学校教育中的现状问题以及教育改革中的三大隐患——寻求简单的解决方案、实施参差不齐的改进措施和仓促实践，提出目前教育改革措施应着眼于改变学校体系中学校和课堂实践、指导原则、教育目标、基本信念等四个领域的操作方式，从而确立追求更丰富的成果、激活现有教学实践、转变思维方式等三大教育改革前景方向。在引导读者理解当代教育改革重大问题的基础上，本书从理论层面阐述了思维是教与学的基础，对比分析了发现式课堂、讲解式课堂和思维课堂这三类课堂中的不同学习观和教师角色，并深入探讨了思维的批判性、创造性和协作性三个维度，以及它们之间的关系模式。任何一种理念，如果仅仅是停留在理论层面而没有落实到实践中，那么它永远只是口号而已。

　　本书难能可贵之处在于，在阐述理论的同时，提出了由营造支持思考的氛围、创造思考机会、培养思考能力和指导思维四个方面组成的"思维课堂培养框架"，并在该框架的架构下，探讨哪些教学实践可以培养深入理解能力、现实生活能力和真正的承诺。此外，结合有效学习的五个关键原则，探索哪些教学实践支持教育参与、促进持续性探究、培养自我调节型学习者、支持富评估学习，以及加强数字化增强学习。本书最大的亮点在于它倡导的理念，即将学校教育变革定义为革新或振兴，而不是一种革命，为全体教师提供了实用有效的方法，并以这些方法在整个探究式学校教育中培养创造性、批判性和协作性思维，大力提倡"对现有好的做法稍加调整就能显著提高学习效果"的方法。书中大量的图表及实例也为我们提供了创建思维课堂的具体想法和切实可行的方法，非常实用！因此，每一位致力于将发现型或讲解型课堂转变为思维课堂的教师都能从本书中受益。它不仅提出了一种全新的课堂教学改革理念，还提供了大量的旨在将思维融入课堂中的可操作性教学实践和各种工具。

值得一提的是，本书的两位作者均与"批判性思维联盟"（TC^2）有着密切联系，加菲尔德·吉尼·纽曼是该联盟的高级国家顾问，而罗兰·凯思于1994年与他人共同创立了"批判性思维联盟"（TC^2）。TC^{2}是一个由70多个学区、学校和教育机构组成的非营利性协会。该协会与20多万名教育工作者合作，致力于将思维融入到教学和专业实践中。TC^{2}团队为本书创建并绘制了大量的插图，为读者理解本书内容提供了极为有效的途径。

最后要特别感谢华东师范大学出版社的大力支持，感谢出版社的各位编辑为本书的出版所做的一切！

参与本书翻译工作的有：浙江万里学院陈红美（推介语、致谢、目录、前言、作者简介、第1至6章、全书校对统稿、参考文献整理），浙江万里学院邓奕华（第7至10章），浙江万里学院甄桂春（第11至13章）。浙江大学盛群力教授策划指导并对全书译稿作了审订。感谢所有参译人员为本书的默默付出！

恳请读者对本书翻译中存在的错误和不足予以指教，希望读者悦见此书并能够在教学实践中践行本书倡导的理念和做法。

2021 年 6 月 8 日

图书在版编目（CIP）数据

创建思维课堂：引领当今教育变革 /（加）加菲尔德·吉尼·纽曼，（加）罗兰·凯思著；陈红美，邓奕华，甄桂春译.—上海：华东师范大学出版社，2022

ISBN 978 - 7 - 5760 - 2904 - 8

Ⅰ.①创…　Ⅱ.①加…　②罗…　③陈…　④邓…　⑤甄…　Ⅲ.①课堂教学—教学研究—中小学　Ⅳ.① G632.421

中国版本图书馆 CIP 数据核字（2022）第 095868 号

大夏书系·培养学习力译丛　盛群力　主编

创建思维课堂：引领当今教育变革

著　者	［加］加菲尔德·吉尼·纽曼　罗兰·凯思
译　者	陈红美　邓奕华　甄桂春
审　订	盛群力
策划编辑	李永梅
审读编辑	韩贝多
责任校对	杨　坤
封面设计	奇文云海·设计顾问

出版发行	华东师范大学出版社
社　址	上海市中山北路 3663 号　邮编　200062
网　址	www.ecnupress.com.cn
电　话	021 - 60821666　行政传真　021 - 62572105
客服电话	021 - 62865537
邮购电话	021 - 62869887　地址　上海市中山北路 3663 号华东师范大学校内先锋路口
网　店	http://hdsdcbs.tmall.com

印　刷　者	北京季蜂印刷有限公司
开　本	700×1000　16 开
印　张	19.5
字　数	276 千字
版　次	2023 年 1 月第一版
印　次	2023 年 1 月第一次
印　数	6 000
书　号	ISBN 978 - 7 - 5760 - 2904 - 8
定　价	65.00 元

出版人	王　焰

（如发现本版图书有印订质量问题，请寄回本社市场部调换或电话 021-62865537 联系）